ANGELA KÖCKRITZ

WOLKENLÄUFER

GESCHICHTEN
VOM LEBEN
IN CHINA

Das Projekt »Wolkenläufer« wurde von der Robert Bosch Stiftung im Rahmen des Programms »Grenzgänger China – Deutschland 华德无界行者« unterstützt.

Besuchen Sie uns im Internet:
www.droemer.de

© 2015 Droemer Verlag
Ein Imprint der Verlagsgruppe Droemer Knaur
GmbH & Co. KG, München
Alle Rechte vorbehalten. Das Werk darf – auch teilweise –
nur mit Genehmigung des Verlags wiedergegeben werden.
Covergestaltung: ZERO Werbeagentur, München
Coverabbildung: © Cultura Travel / Philip Lee Harvey
Satz: Adobe InDesign im Verlag
Druck und Bindung: CPI books GmbH, Leck
ISBN 978-3-426-27654-9

2 4 5 3 1

Inhalt

XINJIANG

GANSU

LIQIAN .

QINGHAI

TIBET

CHENGDU .

SICHUAN

MEINE REISEROUTE

旅行路线

YUNNAN

PEKING

TIANJIN

JILIN

LIAONING

INNERE MONGOLEI

SHANXI

HEBEI

SHANDONG

HUASHAN

SHAANXI

HENAN

JIANGSU

HEFEI

ANHUI

HUBEI

HANGZHOU

ZHEJIANG

XIANGTAN

NANCHANG

HUNAN

JIANGXI

FUJIAN

IZHOU

GUANGXI

GUANGDONG

SHENZHEN

Ich sitze in einem Berliner Café und schreibe. Ich habe China sehr plötzlich verlassen. Meine Assistentin wurde verhaftet, ich wurde verhört, man warf mir vor, ein Agent Provocateur zu sein. Wenn ich an China denke, denke ich an Taubenschwärme, die in weiten Kreisen über mein Hofhaus ziehen. Die Züchter haben ihnen Pfeifen an die Krallen gebunden, sie erzeugen ein wunderbar sirrendes Geräusch, das mit dem Flug auf- und abebbt. Ich denke an die prickelnde Schärfe des Feuertopfs. An die Schreie, mit denen sich Pekings Eisschwimmer in den Stadtsee werfen. Ich denke an eine Handvoll Menschen und die Hartnäckigkeit, mit der sie ihre Sehnsucht verteidigen. Und schon bekomme ich wieder Lust, loszulaufen.

*»Ein guter Reisender hat kein Ziel
und keine feste Absicht anzukommen.«*

Daoistisches Sprichwort

1. Der Wandersänger

In einer Spätsommernacht, die nach Herbst riecht, schnüre ich die Stiefel und ziehe los. Es ist fünf Uhr morgens, die Gasse ist ganz still, kein Laut außer dem Hallen meiner Schritte. Peking hängt noch seinen Träumen nach.

Ich gehe durch untergehende Welt. Häuserruinen säumen den Straßenrand, sie liegen in der Dunkelheit, gestrandeten Walen gleich, tags kommen die Wanderarbeiter, sie auszuweiden. Sie tragen Kabel, Stromzähler, Fensterscheiben, Fensterrahmen, Türklinken, Dachziegel, Dachbalken zusammen und fahren sie auf kleinen Dreirädern fort. Mein Viertel, das Trommelturmviertel, wird abgerissen, nichts ist mehr, wie es war. An einer einsamen Wand, die vom Rest des Hauses verlassen wurde, hängt ein Plakat. Eine Lehrtafel, mit der ein Kind einst lesen lernte. Ich sehe die Zeichen für: Mund, Auge, Auto, Vogel, Elefant, Stadt. Von der Live Bar steht nur noch die hintere Wand, dort, wo einst die Toilette war. Irgendwer hat mit einem Stift einen Hintern auf die Wand gekritzelt. Darüber hat einer ein Leonard-Cohen-Zitat geschrieben: »Dance me to the end of love.«

Ich scharre mit dem Fuß ein paar Steine zur Seite, schaue über mein nächtliches Viertel. Seit vier Jahren lebe ich hier, unzählige Male bin ich von hier losgezogen, kreuz und quer durchs ganze Land. An diesem Tag beginnt meine letzte große Reise, nur weiß ich das damals noch nicht. Ich habe eine ungefähre Route, ein paar Menschen, die ich neu kennenlernen will, ein paar, die ich schon getroffen habe. Zwölf von 1,35 Milliarden. Sie sind nicht repräsentativ, wie sollte irgendwer repräsentativ sein in einem Land wie diesem? Vielleicht träumen sie ein bisschen mehr als andere, vielleicht sind sie ein wenig dickköpfiger als andere, vielleicht habe ich sie deshalb ins Herz geschlossen.

Kalte Morgenluft füllt meine Lungen, der Schritt wird leicht, als freuten sich die Stiefel, unterwegs zu sein.

Ich winke nach einem Taxi. Mit der Handfläche nach unten, wie man es in China macht, der frühere »New Yorker«-Korrespondent Peter Hessler schrieb einmal: »als streichle man einen unsichtbaren Hund«. Ein einsames Taxi kommt zum Stehen. »Wohin«, knurrt der Fahrer statt eines Grußes, sein Wagen riecht nach kaltem Rauch. Wir gleiten über leere Straßen zum Flughafen, vorbei an unwirklich stiller Stadt. Über den Hochhäusern zieht die Morgendämmerung auf, in den Häuserschluchten hängt noch die Dunkelheit.

Ich fliege südwärts, nach Nanchang, Hauptstadt der Provinz Jiangxi. Eine Fünf-Millionen-Stadt im chinesischen Hinterland. Nanchang ist ein Verkehrsknotenpunkt, an dem sich wichtige Eisenbahnstrecken kreuzen, außerdem ist es Zentrum der Landwirtschaftsindustrie. Die Kommunistische Partei hat Nanchang zur »Stadt der Helden« erklärt, zum »Ort, an dem die Flagge der Volksbefreiungsarmee zum ersten Mal gehisst wurde«. Im Jahr 1927 erhoben sich hier erstmals kommunistische Aufständische gegen die Republik. Nanchang ist eine Stadt, die nicht arm ist, aber auch nicht reich. Sie besteht größtenteils aus schmucklosen Wohnblöcken, nur im Zentrum erheben sich ein paar Glitzerhochhäuser. Auf der anderen Flussseite steht eine Geisterstadt, weil Entwickler ehrgeizige Pläne verfolgten, aber nur wenige das Geld haben, dafür zu zahlen. In China folgen fast alle Städte dem Modell Pekings, deshalb sehen sie oft so gleich aus, deshalb kann man ihre Entwicklung anhand einiger Merkmale messen. In Nanchang habe ich weder internationale Kaffeeketten gesehen noch rosagetünchte Villencompounds namens »General's Home«, »Berlin Symphony« oder »Paris Dreams«. Auch habe ich auf der Straße nur einen roten Ferrari ausgemacht. Nanchang ist damit ein typisches Beispiel für das, was man in China Provinzstadt dritter Ordnung nennt. Später werde ich lesen, dass in der Stadt eines der größten Riesenräder der Welt steht. Ich war nicht da. Ja, ich habe es noch nicht einmal von weitem gesehen. Italo Calvino schreibt in »Die unsichtbaren Städte«: »Du wirst dein Vergnügen nicht in den sieben oder siebzig Wundern einer Stadt finden. Sondern in der Antwort, die sie auf eine deiner Fragen bereithält.«

Am Abend stiefele ich in Nanchang über die Pekingstraße. In jeder Stadt Chinas gibt es eine Pekingstraße, außer in Peking. Ich halte einen Zettel in der Hand. »黑铁 – Hei tie« steht darauf. »Schwarzes Eisen.« Doch alle, die ich frage, schauen mich ratlos an. Die Frau, die den Lippenstift weit über die Lippen hinausgemalt hat, zuckt die Schultern. Der Mann, der den hinkenden Hund spazieren führt, schüttelt den Kopf. Der Straßenfeger hält inne, überlegt kurz und fegt weiter. Ich laufe an einem Pianoladen vorbei, die ganze Straße ist voller Pianoläden, in der Auslage stehen müde Plastikblumen, die roten Blätter von der Sonne gebleicht. »Freude durch Klavierspielen« verheißt ein vergilbtes Banner. Ich habe fast das Ende der Häuserzeile erreicht, weiter vorn beginnen schon die Eisenbahnschienen, da entdecke ich es.

Der Eingang ist so schmal, dass ich ihn fast übersehen hätte, nur eine Lücke in der Hauswand. »Hei tie« steht in Zeichen darüber, »Schwarzes Eisen«. Ich gehe hinein, den schmalen Gang entlang, taste mich an nackten Betonwänden vorwärts, eine Kette aus Glühlämpchen führt nach oben, beleuchtet ausgetretene Treppenstufen. An ihrem Ende wartet eine schwere Eisentür, halb angelehnt.

»Hei tie«, der stolze, der einzige alternative Live-Club Nanchangs. Hinter der Bar steht ein Typ mit tätowiertem Hals, die Abenteuer vieler Nächte haben dunkle Spuren unter seinen Augen hinterlassen. Er nickt mir zu. An den Wänden kleben Heavy-Metal-Poster und ein Bild von Galeerenschiffen auf weitem Meer. Ich bleibe kurz stehen und denke über eine mögliche Verbindung von Schifffahrt und Heavy Metal nach, doch mir fällt keine ein. Egal, erst mal ein Bier, über den abgewetzten Perserteppich schlurfe ich Richtung Musik.

Da steht er schon auf der winzigen Bühne. Lang, schlaksig, doch mit breiten Schultern. Zhang Yide, 28. Seine Augenbrauen sind breit, die Ohren stehen leicht ab, seine Arme sind ungewöhnlich lang. Er trägt Schlabberhose, Nerdbrille und eine Frisur, die man von Playmobilfiguren kennt. Um den Hals hängt seine Gitarre, darauf hat er ein Smartphone geklebt, mit dem Musikprogramm kann er sich Drums und kreischende E-Gitarren heranholen. Mehr braucht er nicht für diesen Abend. Seinetwegen bin ich hierhergereist. Einen wie ihn habe ich gesucht. Einen Wandersänger, Vagabunden, Wolkenläufer.

Kreuz und quer zieht er durchs Land, von Bühne zu Bühne, von Stadt zu Stadt. Über Berge, durch Wüsten und endlose Städte, immer den Eisenbahnschienen nach. »Denn wo es eine Eisenbahn gibt in China, da gibt es auch Rock 'n' Roll.« Ich will meine Reise in Begleitung eines Profis starten, von den Großen lernen.

Zhang Yide greift in die Saiten, schrubbt mit einem Drumstick darauf herum, er singt, springt, schreit, jault wie ein Wolf. Er singt Phantasie-Kisuaheli, er jodelt, er scheint sich prächtig da oben zu amüsieren. Er macht Nerdmusik. Er spielt Folk, experimentellen Folk, »… lieber wär ich Rockmusiker geworden, doch dafür musst du ein Schrank sein. Schaut mich an, Schlaks, der ich bin, mir blieb doch gar nichts anderes übrig, als Folk zu spielen.«

Dann wird er plötzlich leise. Sehnsucht kriecht ihm in die Gitarrensaiten, seine Stimme wird ganz weich. Er singt von dem Mädchen in Xi'an, das so schön war, das diese Blicke warf, und doch ist nichts zwischen ihnen passiert. Dann schaltet er um, wird sarkastisch, ironisch, trocken, liefert seine Pointen in rollendem Nordchinesisch ab. Er singt über die Ungerechtigkeit der Ordnungswärter und die Selbstgerechtigkeit, mit der sie die kleinen Leute drangsalieren. Er spielt die Melodien alter Fernsehserien und macht sich über Ikonen der Popkultur lustig. Er spickt seine Texte mit Andeutungen auf Politik, Zeitgeschehen, chinesische Pop- und Untergrundkultur.

Auf dieser winzigen Bühne ist Zhang Yide ganz das Bühnentier. Und ich muss an die Sänger denken, die einst von Teehaus zu Teehaus zogen und das Volk mit ihren Geschichten unterhielten. Sie waren Historiker, Gaukler, Komiker, Nachrichtensprecher in Personalunion. Lieferten den neuesten Klatsch und wetterten manchmal gegen die Obrigkeit. Doch die fahrenden Sänger gibt es nicht mehr, die Teehäuser, in denen sich das einfache Volk traf, haben fast alle dichtgemacht. Im Teehaus Tee zu trinken ist heute ein Vergnügen der Mittelklasse. Die Sagen, Geschichten, Skandale und Lieder kommen inzwischen aus dem Netz, das ist der Salon, in dem sich die Nation trifft. Und doch gibt es einen wie Zhang Yide. Und zehn haben an diesem Abend gezahlt, ihm zuzuhören. Studenten. Keine, die gekommen wären, um zu trinken, rauchen, rumzuknutschen. Sie haben ihre Stühle im Halbkreis um die Bühne gestellt, als säßen sie um ein Lagerfeuer. Und hören andächtig zu. Nach dem Konzert wollen sie zu ihm, ist ja nicht weit, nur ein paar Schritte vom Stuhl zur Bühne, sie machen Fotos, sagen schüchterne Nettigkeiten, dann sind sie weg, und er steht alleine dort. Er packt Verstärker und Soundsystem in seinen Rucksack, Scheinwerfer malen lilafarbene und grüne Schatten auf sein Gesicht. Ich löse mich aus dem Dunkel des Clubs und gehe zur Bühne.

»Hey«, sage ich.

»Hey«, sagt er.

Er weiß, dass ich komme, ich habe es ihm am Telefon gesagt.

»Das war gut«, sage ich.

Er grinst.

»Was machst du morgen, Yide?«

»Ich lass mich treiben, bis der Nachtzug kommt.«

Das gefällt mir. »Dann lass uns das zusammen machen.«

»Wann?«

»Wann du willst.«

»Zehn Uhr dreißig vor dem Club.« Er schultert den Rucksack, geht zur Kasse und steckt die Reichtümer ein, die er an diesem Abend verdient hat, siebzig Prozent der Einnahmen, das sind zehn mal sechzig Yuan, insgesamt fast neunzig Euro. Dann schlurft er vorbei am Pianoladen in das Hotel nebenan, es kostet hundertsechzig Yuan die Nacht, umgerechnet dreiundzwanzig Euro, der Rezeptionist ist mit dem Kopf auf der Theke eingeschlafen.

Wolkenläufer. »云游 – Yunyou.« »Auf Wolken gehen.« So haben es die Daoisten genannt, die Anhänger von Chinas ältester und ureigener Religion. Die Unsterblichen wandeln auf Wolken, frei und unbeschwert, und die Menschen können versuchen, es ihnen auf Erden nachzutun. Wer auf Wolken geht, der lässt sich treiben, schweift umher, wird zum Vagabund. Der macht sich auf die Suche nach dem »道 – Dao«, dem Weg (im Deutschen wird es meist mit »Tao« übertragen). Der wunderbare Schriftsteller und Kosmopolit Lin Yutang schrieb in den 1930er Jahren: »Reisen scheint eine verlorene Kunstform geworden zu sein.

Menschen sollten reisen, um sich zu verlieren, zu Unbekannten zu werden, sich zu vergessen. Der wahre Reisende ist ein Vagabund, der sich den Freuden, den Verlockungen, dem Abenteuergeist des Streuners hingibt.« Es sei dabei völlig gleichgültig, wohin einer gehe, ob er in nächster Nachbarschaft herumirre oder die Wunder der Welt besichtigen wolle. Die What's Bar in Peking zum Beispiel, ein kleiner Live-Club westlich der Verbotenen Stadt, wird bisweilen von einem daoistischen Wandermönch frequentiert. Zwischen seinen daoistischen Reisen durchs Land trinkt er bei guter Musik gern mal ein Bier am Tresen. Das Dao ist überall, solange einer nur offen ist. In der chinesischen Geschichte und Literatur wimmelt es von wundersamen Streunern. Der Streuner verkörpert, so Lin Yutang, die Nonchalance, Lebensfreude und Ironie desjenigen, der loslassen kann – und damit die Essenz der chinesischen Philosophie. Lu Tong, der Dichter der Tang-Dynastie, beschreibt einen solchen Vagabunden. Er zieht durchs Land, besteigt die fünf heiligen Berge und trifft nach langer Reise auf ein paar junge Gelehrte, mit denen er sich ganz prächtig amüsiert. Sie essen, trinken, dichten, der Reisende tut sich durch seine Dichtkunst hervor, die Gelehrten fragen, wie er denn heiße. Er antwortet: »Wozu wollt ihr das wissen? Nennt mich einfach ›den Bauern der Wolken und Wasser‹.« Ein Streuner benötige weder besondere Talente noch eine herausragende Vision, schreibt Lin Yutang, es genüge, »sich treiben lassen zu wollen«. Die Mindestvoraussetzung habe ich schon mal erfüllt. Und vielleicht kann ich mir von Zhang Yide noch etwas abschauen.

Am nächsten Tag herrschen hervorragende Streunerbedingungen. Die Sonne scheint, ich habe phantastisch geschlafen, am Hotelbüfett gibt es etwas, das wie Kaffee aussieht. Als Koffeinjunkie habe ich meine Ansprüche in der chinesischen Provinz entschieden heruntergeschraubt, ein paar Tage lang kann ich mit Kaffee in homöopathischen Dosen oder als Placebo-Dreingabe auskommen, Hauptsache, es sieht entfernt nach Kaffee aus. Ich mache mich auf den Weg zum Club, Zhang Yide wartet bereits auf mich.

Er hat sich über die Brüstung gelehnt und schaut auf die Autos herunter, die durch die Unterführung brausen. Ein Schlaks, einmal über die Brüstung gefaltet. Er hört mich nicht kommen.

»Hey.«

Er schreckt auf. »Hey«, antwortet er.

»Groß bist du«, sage ich, weil ich gelernt habe, dass es nie eine schlechte Idee ist, fremden Männern zu schmeicheln.

»War ich mal. Ich schrumpfe schon«, sagt er und grinst.

Er will jetzt losloslos. In meiner Vorstellung war »sich treiben lassen« eine gemächliche Angelegenheit, ein entschleunigtes Flanieren, doch das hier ist nicht Wien, sondern China. Yide stürmt voran. Sprintet unter der Unterführung hindurch, die vierspurige Straße entlang. Am Straßenrand bieten braungebrannte Bauern ihre Waren feil, Socken, Kartoffeln, Jacken, Knoblauch. Wir schlängeln uns an ihnen vorbei, drücken uns durch hupenden Verkehr, weichen heranbretternden Bussen aus, rennen über Todeskreuzungen. Ich immer Yide hinterher. Spazierengehen war für mich bislang kein potenziell tödlicher Zeitvertreib, schon habe ich dazugelernt. Neben uns drücken Wanderarbeiter in Lederschläppchen Presslufthammer in den Asphalt, brechen Männer mit Eisenstangen Steine aus dem Boden, wirft ein Schutzbebrillter den Bunsenbrenner an, es zischt, gleißt und wirft Funken. Nanchang ist eine Baustelle, ganz China ist eine Baustelle. An Konversation ist nicht zu denken.

»Können wir irgendwohin gehen, wo es ruhiger ist?«, schreie ich Yide ins Ohr.

»Was?«, schreit er zurück.

»Ruhiger«, brülle ich.

»Gute Idee«, brüllt er zurück.

Zhang Yide biegt in eine baumbestandene Straße ein, zu beiden Seiten stehen Villen im westlichen Stil der 1930er, 1940er Jahre. Die Herbstsonne wärmt, ihr Licht ist träge wie Honig, alles wird ganz langsam darin, die Schritte, die Blicke, die Gesten. Es riecht nach Akazien. Ah, denke ich, vielleicht wird das noch was mit dem sich Treibenlassen.

Vor vielen Jahren absolvierte ich mal ein Praktikum beim Goethe-Institut in Peking. Es gab eine Ausstellung, die viele Aspekte deutscher Kultur präsentierte, Derrick, Nena, Loreley. Chinesische Reisegruppen drängten hinein, man konnte sie an ihren blauen, roten oder gelben Kappen auseinanderhalten. Ich saß am Infotisch, ein junger Mann näherte sich mir vorsichtig, er trug eine rote Kappe. »Ich hätte mal eine Frage«, sagte er. »Was ist denn nun eigentlich der Unterschied zwischen Deutschland und China?« Damals blinzelte ich ihn ratlos an, heute wüsste ich die Antwort: das Ruhebedürfnis. Es gibt im Chinesischen keine adäquate Übersetzung für den sehr deutschen Satz: »Ich will meine Ruhe haben.« Wieso denn auch? Will ein Chinese zum Ausdruck bringen, dass er sich ganz prächtig amüsiert hat, dann sagt er: »热闹 – renao«. Die Übersetzung für: Es war laut und heiß.

Zhang Yide lässt seine Arme neben sich herschlenkern und erzählt aus seinem Nomadenleben. Ein Polizist sieht das Land in Kriminalstatistiken, ein Kartograf in der Beschaffenheit des Terrains, Zhang Yide misst es in Live-Clubs. Mädchen und Essen sind auch nicht unwichtig.

»In Städten wie Chengdu, Wuhan«, erzählt er, »sind die besten Fans. Da haben die Clubbesitzer eine echte Szene aufgebaut, die

Leute verstehen was von Musik. Und in Chengdu, Mann, die wissen das Leben zu genießen. Aber nichts geht über den Club in Yiwu. Ist ein alter daoistischer Tempel. Die Fenster vibrieren richtig, wenn du den Verstärker aufdrehst, ein Wahnsinnssound.«

Fast in jeder Stadt hat er Freunde. Clubbesitzer. Andere Musiker. Leute, mit denen er nach den Auftritten feiern geht. Er weiß von aufwendigen lokalen Trinkspielen zu berichten, die mir in nüchternem Zustand schon zu kompliziert erscheinen. Die Expertise eines Wandermusikers, das lerne ich bei Zhang Yide, besteht in Live-Clubs, Trinkspielen und einer exakten Kenntnis der Streckenführung der chinesischen Bahn.

Wir treten auf einen Platz, den ein Heldendenkmal von erlesener Hässlichkeit ziert. Eine steinerne Flamme ragt in den Himmel, sie ist der »ruhmreichen Volksbefreiungsarmee« gewidmet.

Eines meiner imaginären Langzeitprojekte – so nenne ich bei mir die Projekte, die ich gerne verwirklichen würde, wenn ich die Zeit hätte – ist ein Fotoband über Kunst im öffentlichen Raum in China. Ich hätte Abenteuerliches zu präsentieren. Ein 15 Meter hohes Radieschen in Beton. Ein Brunnen in Gestalt springender Fische, rot, gelb und blau angemalt, ein jeder ist zehn Meter groß. Meine Lieblingsstatuen befinden sich indessen in Taiyuan, einer Stadt in der Provinz Shanxi. Taiyuan liegt mitten im Kohleabbaugebiet, Kohlestaub überall. Dort gibt es einen Park, der, glaube ich, »westlicher Kulturpark« heißt. Unten, am Eingang, stehen Statuen griechischer Götter. Es geht eine Treppe hinauf, entlang der in Stein gehauenen Passionsgeschichte. Oben auf dem Hügel befindet sich ein Versailles-artiges Säulentor, nur ist dieses Tor hier viel, viel größer. Erschlagen von so viel Stein, stand ich bei meinem ersten Besuch regungslos da und staunte, als ein Kohlearbeiter an mir vorbeikam.

»Na, fühlst du dich wie zu Hause?«, fragte er mich.

Nichts entsprach in diesem Moment weniger meinem Gefühl.
»Wie meinst du das?«, fragte ich ihn.
»Na, sieht doch haargenau aus wie bei euch«, sagte er.
»Fehlt nicht viel«, sagte ich, was nicht der Wahrheit entsprach, ihn aber freute.

Zhang Yide und ich umrunden das Denkmal, ein Mann radelt vorbei, er verkauft bunte Luftballons, Hello Kitty, Pocahontas, Bernd das Brot, es sieht aus, als würden sie ihn gleich emporheben, als würde er weiterradeln über das hässliche Denkmal hinweg, geradewegs in den Himmel hinein. Ein anderer Mann kommt ihm entgegen, er trägt einen Panzer aus zwei Pappen, nur sein Kopf ragt heraus, eine Schildkröte auf zwei Beinen, »Kredite, super Kredite bei Ihrer Landwirtschaftsbank« steht auf den Pappschildern.

Wir bleiben stehen und lachen. Ich lerne, lachen mit Yide, das geht.

Wenn ich jetzt noch einen Kaffee bekomme, der nicht nur nach Kaffee aussieht, wird alles gut.

»Wo gehen wir eigentlich hin?«, frage ich Yide.

»Zum Wasser«, sagt er. »Ich gehe immer zum Wasser.«

»Ich war schon mal hier«, sage ich. »Es gibt einen riesigen See. Soll ich mal auf dem Smartphone nachschauen?«

»Neeeeein, bloß keine Karte. Wir finden, was wir finden sollen.« Er steckt sich eine Zigarette an. »Wo war der See?«

Ich zucke die Schultern, ich versuche, mich an eine Karte zu erinnern, die ich irgendwann vor drei Jahren mal zu Gesicht bekommen habe. »Norden?«, sage ich vorsichtig.

»Okay«, sagt er.

Sehr gut. Wenn das mal nicht treiben lassen ist. Wir schauen auf keine Karte und fragen auch niemanden. Jedes geschlechtsspezifische Suchverhalten entfällt damit. (Sie: jeden nach dem

Weg fragend. Er vorwurfsvoll: »Was fragst du dauernd jeden? Wir finden das schon selbst!« Er verzweifelt auf einer Karte rumsuchend, sie die Augen verdrehend.) Zu beiden Seiten ragen eintönige gelbe Mietshäuser auf, Alte trainieren mit Sportgeräten, die die Stadtverwaltung am Straßenrand aufgestellt hat. Zwei von ihnen laufen plaudernd auf einem Laufgerät, ein Dritter reibt sich den Rücken an einem Massagegerät, wie es die Rehe an Bäumen tun. Ein Vierter hangelt sich ein Gerüst entlang, seine Hausschuhe baumeln in der Luft.

Wir kommen an einer Wand vorbei, die übersät ist mit Propagandaplakaten. Traditionelle Zeichnungen, glückliche Alte sind darauf zu sehen und spielende Kinder, Frauen, die auf dem Feld arbeiten, ein dörfliches China, das es so fast nicht mehr gibt. Die Poster zählen chinesische Tugenden auf, Kindesliebe, Freundlichkeit, Fleiß, über allem steht: »Der chinesische Traum.«

Ich deute auf den Schriftzug. »Eigentlich wollte ich mein Buch so nennen«, sage ich. »Im Frühjahr 2012. Ich kam gerade von den Bergen herab, wo ich einen Eremiten besucht hatte. Und dachte, es wäre schön, über Träume zu schreiben.« Dann aber wurde im Herbst 2012 Xi Jinping erst zum Generalsekretär der Kommunistischen Partei, dann im März 2013 zum Präsidenten gekürt, und plötzlich stand der chinesische Traum an jeder Hausmauer. Er wurde zum Lieblingspropagandaschlagwort des Präsidenten, Verjüngung der Nation, Rückkehr zur Weltmacht. Seither wird in China geträumt, was das Zeug hält. Auf den Lehrplänen der Kinder steht der chinesische Traum, genauer gesagt: »Aktivitäten auf der Basis des chinesischen Traums«, Universitäten bieten »vergleichende Forschungs- und Studienprojekte zu systematischer Struktur und Arbeitsebenen des Chinesischen Traums«, Häftlinge in Sichuan sind gehalten, Rede- und Essaywettbewerbe zum Thema »Chinesischer Traum, Gefängnistraum, mein Traum« abzuhalten.

Es ist wie mit dem Glück. Eine Zeitlang war die Regierung ganz versessen darauf, den Glücksindex zu messen. Sie hörte das Volk ab wie ein lungenkrankes Kind. Besorgt, dass ein Huster schwere Krankheit bringen könnte. Den Sturz der Partei etwa. Gerne gibt die Partei sich als wohltätige Herrscherin, ganz wie es die konfuzianische Tradition gebietet. Die Herrscher sind die Eltern, die Bürger die unmündigen Kinder, und wer wüsste besser als die Eltern, was gut für die Kinder ist? Die Bürger sollen sich in Kindespietät üben, das heißt, folgsam, dankbar und idealerweise auch noch glücklich dabei sein. In einigen Städten wurde der lokale Glücksindex zur Bewertung der Beamten herangezogen. Im Fernsehen sah man mit einem Mal weinende Beamte, die ihren Posten verließen, weil sie, so schluchzten sie in die Kameras, »das Volk nicht glücklich gemacht hatten«. Der Staatssender CCTV zog aus zur großen Volksbefragung, ganze dreitausendfünfhundert Chinesen wurden weltweit interviewt. Reporter fingen die Menschen auf der Straße ab und fragten vor laufender Kamera: »Ni xingfu ma? – Bist du glücklich?« Die Sonderserie trug den Untertitel: »In freudiger Erwartung des 18. Parteikongresses«. Ein Wanderarbeiter in Taiyuan gab nach allgemeiner Einschätzung die beste Antwort, der Satz »Ni xingfu ma?« klingt nämlich wie: »Heißt du mit Nachnamen Fu?« Der Wanderarbeiter antwortete also seelenruhig: »Nein, ich heiße Zeng.« Und wurde dafür vom Volk gefeiert, ein Dadaist im chinesischen Staatsfernsehen.

Zhang Yide schaut auf den Slogan und grinst. »Der Präsident hat dir also deine Idee geklaut.«

»Kann man so sagen. Am Ende konnte ich mein Buch natürlich nicht mehr so nennen. Hätte ja ausgesehen, als käme es direkt aus dem Propagandaministerium.«

»In zwei Jahren kommt eh wieder was Neues«, sagt er tröstend. »Davor waren es die drei Repräsentationen, danach die

Harmonische Gesellschaft und jetzt eben der Chinesische Traum. Denen fällt immer was Neues ein.«

»Und«, frage ich grinsend, »hast du deinen chinesischen Traum schon gefunden?«

Er grinst zurück. »Nur im Alkohol.«

Hundertfünfundsechzig Tage im Jahr ist Yide auf Tour, zweihundert daheim, in der nordchinesischen Hafenstadt Tianjin, weniger als eine Schnellzugstunde von Peking entfernt. Er reist, weil er auftreten will, »am liebsten jeden Abend. Denn auf der Bühne bin ich der König. Nur ich habe ein Mikrofon, harhar.« Gelernt hat Yide Ingenieur, und genau so komponiert er auch. »Ich mag Mechanik. Text, Rhythmus, Melodie, alles ist Mechanik. Die Einzelteile greifen ineinander, setzen sich in Bewegung, kommen in Fahrt, klackklackklack.« Er sagt, er brauche keine Inspiration. »Ein Wissenschaftler braucht Inspiration, jemand, der künstlerisch tätig ist, braucht nur Ernsthaftigkeit. Ich nehme mir einfach vor, jeden Monat ein neues Lied zu schreiben. Es ist wie beim Sport, man darf nicht aufhören.«

Mit fünfzehn bekam er eine Gitarre, mit siebzehn begann er zu komponieren, mit vierundzwanzig brachte er seine erste CD raus. Damals kündigte er seine Arbeit. Er hatte Maschinenbau studiert und bekam den ersten Job, für den er sich bewarb. Nicht, weil er mit den Muttern und Schrauben, die sie ihm zeigten, etwas anfangen konnte. Doch er konnte ein wenig Englisch, das reichte. »Ich sag nicht, wie die Firma heißt, noch, was sie herstellt. Es gibt in China nämlich nur diese eine. Ein Staatsunternehmen, das von den Amerikanern gekauft wurde, damit die Marktzugang bekommen.« Es war der perfekte Job. Kapitalistisches Gehalt für sozialistischen Arbeitseinsatz. »Wenn ich morgens im Büro ankam, las ich Zeitung. Danach ruhte ich mich aus. Plauderte mit den Kollegen, dann arbeiteten wir ein bisschen bis zum Mittagessen. Nach dem Mittagessen ruhten wir uns aus. Dann arbeiteten wir ein bisschen, duschten im Betrieb und gingen nach Hause.« Er kündigte für die Musik. »Gut, ich verdiene nicht mehr so viel Geld wie früher. Aber Geld? Mein Gott, dafür kann ich auch arbeiten.«

»Sagen das nicht immer alle über euch von der Nach-Achtziger-Generation? Früh kündigen, schnell heiraten, sich schnell scheiden lassen?« Der Generationsbruch zwischen den Älteren und Jüngeren in China ist gewaltig. Die Älteren wuchsen in Armut auf, sie haben das maoistische China erlebt, die Kulturrevolution, die internationale Isolation. Dann kam der gewaltige Wandel der Reformpolitik. »Sie warfen sich ins Meer«, so nannte man das damals, wenn sich einer ins Geschäftemachen stürzte. Sie kämpften sich nach oben. Erlebten die Zeit des politischen Tauwetters, die 1980er Jahre, als in Städten wie Peking und Shanghai Salons entstanden, in denen man über Kultur, Psychologie, politische Reformen diskutierte. Damals war die Führung gespalten, es gab Hardliner und Reformer. Die Reformer träumten von einem aufgeklärten Sozialismus, manche gar auch von Demokratie. Im Juni 1989 aber schlug die Führung die Studentenproteste auf dem Pekinger Tiananmen-Platz und in anderen Städten Chinas gewaltsam nieder. Die Reformer wurden von der Macht verbannt, die Führung blies zur Hexenjagd auf alle, die den Wandel wünschten. Seither gilt: Stabilität über alles. Reich darf das Volk werden, solange es nur keine politischen Freiheiten fordert.

Die Jungen wuchsen in einem ganz anderen Zeitalter auf. Viele von ihnen sind Einzelkinder, die Einkindpolitik trat nach 1979 in Kraft. Der Augapfel von sechs Erwachsenen, zwei Eltern und vier Großeltern, auf den sich alle Ängste und Hoffnungen projizieren. Verweichlichte, egozentrische kleine Könige seien sie, so schimpfen viele der Älteren. Nie hätten sie gelernt, sich durchzubeißen. Was ihnen am leichtesten fiele, sei die Kündigung. Einfach zu gehen.

Yide zuckt die Schultern. »Ist doch nur ein Label. Ich halte von alldem nichts, das ist doch nur so hochgekocht, weil es in unserer Zeit Internet gibt und alle mitdiskutieren.«

Unbestreitbar aber ist ihm Geld nicht mehr so wichtig wie seinen Eltern, er strebt nach Selbstverwirklichung. Er ist ein wenig Rebell, doch nie so sehr, dass er die Eltern damit schockieren würde. Bisweilen trägt er auf der Bühne einen Rock, fährt er aber nach Hause zu seinen Eltern, tut er, als habe er nie gekündigt. Der Vater weiß es nicht, die Mutter deckt ihn seit Jahren.

Ich lache. »Oh Mann, was Vätern in chinesischen Familien alles verheimlicht wird. Die chinesische Mutter ist ein Mysterium.«

Er grinst.

Wir gehen seit Stunden. Die Häuser werden immer kleiner, die Stadt franst aus, wird mit jedem Schritt mehr zum Dorf. Am Rande der Städte siedeln sich die Wanderarbeiter an, sie nehmen ein wenig Dorf mit in die Stadt. Wir gehen an einem Gleis entlang, es muss eine sehr kleine Eisenbahn sein, eine chinesische Jim-Knopf-Eisenbahn, das Gleis verliert sich im hohen Gras, irgendeiner hat Kohlköpfe zwischen die Schienen gepflanzt. Auf der anderen Seite stehen Häuser aus Ziegelsteinen, übereinandergetürmt, als habe da einer Tetris gespielt, dazwischen hängen Wäscheleinen. Es sind die Häuser armer Leute. Kinder laufen durch das hohe Gras, sie haben die Arme ausgestreckt und spielen brummend Flugzeug, sie tanzen über die Gleise wie Mücken im Nachmittagslicht. Sie rennen ineinander, quietschen vor Freude. Und ich muss an die Mittelklasse-Einzelkinder denken, die ich manchmal im Park in Peking sehe. Die spielen so: winziger Grünstreifen zwischen Hochhäusern. Hinter jedem Kind steht ein Erwachsener, passt auf, kommentiert, moderiert: »Willst du nicht diesem Kind hier hallo sagen?« – »Guck mal, das Kind dort spielt mit einer Schaufel, willst du nicht mitspielen?« Und zwei Kinder schreiten aufeinander zu, gleich Präsidenten auf Staatsbesuch, im Schlepptau ihre Berater, je ein Erwachsener, der besorgt ist, dass das Kind nicht umfällt, dass es nicht schlechter, langsamer, dümmer ist als das andere.

Wir haben uns verlaufen. Am See sind wir vorbeigegangen. Die Hilfe meiner Smartphone-Karte weist Yide immer noch empört zurück, immerhin aber darf ich Menschen nach dem Weg fragen. Zeigefinger deuten in alle Richtungen, nach Süden, Norden, Westen. Wir können uns nicht entscheiden, welchem Zeigefinger wir vertrauen sollen, Yide zuckt die Schultern. »Dann gehen wir halt zum Fluss«, sagt er.

Wir passieren eine Bahnunterführung, direkt daneben steht ein Haus, klein und weiß, mit Stuck verziert, doch der Stuck ist so wahllos verteilt, als habe ihn jemand einfach gegen das Haus geschleudert. Ein Adler, ein Engel mit Pausbäckchen, ein Weihnachtsbaum, sie hängen krumm und schief, als habe das Haus Stuckpocken. Wir schlängeln uns durch einen kleinen Straßenmarkt, Händler bieten die billigen Wunder der Welt feil. Tanzschuhe, Haarschleifen, Nähnadeln, rosa Spielzeugeinhörner, Schuheinlagen, Pinzetten, Trompeten, singende Feuerzeuge.

Hinter dem Markt beginnt die Altstadt. Kleine windschiefe Häuschen, gelb und blau gestrichen. Eines hat Meter über dem Boden eine Tür, sie geht geradewegs ins Nichts. Auf fast alle Häuser ist bereits »拆 – chai« gepinselt, das allgegenwärtige Zeichen für: »zum Abriss bestimmt«. Auch hier ist eine Welt am Verschwinden wie bei mir daheim in Peking. An der Ecke steht noch ein altes Teehaus, Rentner sitzen davor und spielen Mahjong. In einem kleinen Friseursalon wird einem Dicken der Nacken ausrasiert, schnarchend liegt er in seinem Stuhl. Am Straßenrand steht ein Kind und zielt mit einem Spielzeuggewehr auf uns. Wir gehen und sagen eine Zeitlang nichts. Man kann das nicht mit jedem. Mit Yide schon.

Endlich erreichen wir den Fluss. Träge und silbern glänzend fließt er dahin, ein Schlepper zieht Kähne voll Sand vorbei. Hochhäuserfronten glitzern im Abendlicht. Würde in unserem Rücken jetzt keine Stadtautobahn vorbeibrausen, wäre es hier fast idyllisch, doch das ist China, und natürlich ist da eine Stadtautobahn. Eine junge Frau joggt neben den Autos her, sie überholt sie, die Fahrzeuge stehen im Stau. Wir schauen zu, wie die Sonne untergeht. Ein alter Mann hat Felder am Ufer angelegt, er gießt ein paar Kohlköpfe. Ein paar Männer schwimmen im Fluss, sie haben sich rote und gelbe Bojen an den Rücken gebunden und kämpfen gegen die starke Strömung. Wenn sie, ächzend und Wasser spuckend, ans Ufer kommen, schütten sie sich sauberes Wasser über den Körper, lachen und reiben sich gegenseitig den Rücken ab.

»Ein bisschen berühmt sein, das wäre schön«, sagt Zhang Yide ganz unvermittelt.

Ich denke an ausverkaufte Stadien und Europatourneen.

Er aber sagt: »Fünfzig Leute bei jedem Konzert. Das wär's. Hundert sind zu viel. Ich habe einmal vor hundert gespielt, das war nichts. Da trinken welche und unterhalten sich, sie hören dir gar nicht richtig zu. Das Geld ist mir dann auch egal, für Geld kann ich arbeiten.«

»Waren es auch mal richtig wenige?«, frage ich und denke an das Konzert am Vorabend.

»Einmal war's nur einer.«

»Hast du trotzdem gespielt?«

»Na klar, ich spiele immer. Irgendwie mach ich das ja auch…«, er zeigt nach oben, »… für den da oben.«

»Und wie sieht der aus?«

»Keine Ahnung. Eigentlich bin ich Muslim von der Minderheit der Hui. Eine Zeitlang habe ich mich mit Daoismus beschäftigt. Und jetzt? Keine Ahnung.«

Yide und ich gehen in Richtung Glitzerstadt, ins Stadtzentrum. Wir passieren den berühmten Pavillon am Flussufer, den jeder in China kennt, weil einst ein großer Dichter hier seinen Blick schweifen ließ und den Fluss in einem Gedicht besang. Die Stadtverwaltung findet den schönen Pavillon offensichtlich ein wenig zu mickrig, jedenfalls ist sie dabei, anzubauen, dreimal so groß und mit Rolltreppen. Selbst seine Vergangenheit ist China neuerdings zu klein.

Es ist Zeit, zum Bahnhof zu fahren. Yide zieht einen gelben Rollkoffer hinter sich her, er trägt einen Rucksack mit der Technik darin, auf seinen Gitarrenkasten sind unzählige Zugtickets geklebt.

»Wow«, sage ich und fahre mit den Fingern darüber.

»Pfff, eine Zeitlang habe ich das gemacht, jetzt finde ich's albern.«

Wir hieven unsere Koffer die nicht funktionierende Rolltreppe hinauf, aus unerfindlichen Gründen funktionieren Rolltreppen in chinesischen Bahnhöfen so gut wie nie. Drängen uns mit Studenten, Wanderarbeitern, Beamten, Angestellten zum Zug.

Immer wenn ich in China einen Bahnhof betrete, fällt es mir wieder ein – falls ich es auch nur für einen klitzekleinen Moment vergessen haben sollte –, ich lebe in einem Land mit sehr, sehr vielen Menschen. Und in China bedeutet »sehr viele Menschen« etwas ganz anderes als in Deutschland. Am eindrücklichsten ist das Gedränge in Ferienzeiten, zur Goldenen Woche im Oktober etwa, rund um den Nationalfeiertag. Dann krabbeln die Massen auf die Große Mauer, so viele, dass man die Mauer nicht mehr sieht. Sie erholen sich am Strand, auf Fotos erkennt man tau-

31

sendfach Arme, Beine, Bäuche und Bikinis, doch leider kein Wasser mehr. Einmal beging ich den Fehler, an einem Ferientag im Botanischen Garten in Peking picknicken gehen zu wollen. Wir standen stundenlang im Stau. Stiegen schließlich entnervt aus, liefen kilometerweit an wartenden Autos vorbei, erreichten endlich den Park, wo wir beinahe zwei Stunden nach einem lauschigen Plätzchen suchten. Es war so gut wie unmöglich. Der Park ist viele Quadratkilometer groß, doch war er mit picknickenden Menschen förmlich gepflastert. Kinder rannten herum, Rentner schmetterten revolutionäre Hymnen oder spielten Flöte, Teenies drehten ihr Smartphone mit Popsongs auf, Reiseleiter liefen mit plärrenden Megaphonen umher. Als wir endlich einen Ort für die Picknickdecke fanden, waren wir für ein romantisches Picknick nicht mehr in Stimmung. Wir legten uns auf die Decke und schliefen, während um uns herum der Freizeitwahnsinn toste.

Gemeinsam mit den Menschenmassen drängen sich Yide und ich zum Gleis. Hier trennen sich unsere Wege. Er hat eine Liege im Hardsleeper, ich habe nur noch einen Platz im Softsleeper bekommen. Die Abteile im Hardsleeper sind offen, drei Stockbetten auf jeder Seite, Reisende, Schaffner und Verkäufer drängen den Gang entlang, es riecht nach Fertignudeln, Pomade und Socken. Man hört das Schnarchen, Lachen, Flüstern der Mitreisenden, wer die Liege ganz unten hat, muss sich darauf einstellen, dass sich dort tagsüber die Mitreisenden versammeln, Karten spielen und Sonnenblumenkerne knacken. Als ich zum ersten Mal die untere Liege im Hardsleeper bezog, regte ich mich über all die sockigen Männer auf, die es sich auf meinem Bett bequem gemacht hatten. »Bitte gehen Sie doch«, bat ich sie, worauf sie mich entgeistert anstarrten. »Aber Fräulein«, wandte schließlich einer ein. »Die untere Liege ist *kollektiv!*«

Die Softsleeperabteile haben eine Tür zum Zumachen und nur zwei gegenüberliegende Stockbetten, Decken und Kissen sind weicher. Oben im Bett schräg gegenüber hat ein Mann mittleren Alters Quartier bezogen. Er sieht aus wie ein Beamter. Ordentlich hängt er sein Jackett auf, ordentlich kämmt er die Haare vor dem Zubettgehen zurück, ordentlich legt er sich auf die Liege, damit sein weißes Hemd nicht zerknittert. Neben mir säuselt ein junges Mädchen Nettigkeiten ins Handy, sie ist ein wenig mollig und offenbar schwer verliebt, sie will gar nicht mehr aufhören und säuselt mich in den Halbschlaf.

Der Zug rattert Richtung Norden, schlafende Landschaft huscht an uns vorbei. Berge, Wälder, Städte. Ich liege halbwach und freue mich still. Ich schmecke die Freiheit.

Am nächsten Morgen um fünf öffnet die Schaffnerin mit dominahafter Strenge die Tür und bellt: »Hefei, Provinzhauptstadt von Anhui, alles aufstehen und aussteigen.« Der Vielleichtbeamte steht unzerknittert auf, kämmt sich das Haar und steigt in sein unzerknittertes Jackett, er sieht aus wie frisch aus der Fabrik, ein neuer Beamter, gerade erst hergestellt. Ich hingegen sammle meine müden Knochen ein, der Nacken tut mir weh, ich fühle mich durchaus zerknittert, wie eine Journalistin aus dem Secondhandshop.

Ich falle aus dem Zug, Zhang Yide wartet schon auf mich. Die Rolltreppe ist kaputt, wir zerren unser Gepäck die Treppe hinab, laufen einen langen Tunnel entlang, der mit Propagandaplakaten gepflastert ist, chinesischer Traum, chinesischer Traum, chinesischer Traum. Am Ende wartet ein schweigender langhaariger Kerl mit einem Kleinbus, ein Freund des Barbesitzers, in dessen Club Zhang Yide am Abend erwartet wird.

Wir fahren durch eine weiße Stadt. Sie ist nicht schön, und doch liebkost das Licht ihre Fassaden, dass sie im Morgenlicht zu schwe-

33

ben scheint. Noch ist kaum einer unterwegs, die Stadt gehört uns fast allein. Wir erreichen das Green Inn am Stadtrand, ein kleines Hotel, billig, aber sauber. Ich stolpere in mein Zimmer, falle ins Bett, die Klimaanlage kämpft röchelnd unter dem Fenster. Ich sinke in totenähnlichen Schlaf.

Werbezettel flattern durch den Türschlitz. Die lokale Prostituiertenszene stellt sich vor. Viele Visitenkarten, manche unschuldig romantisch, andere wild verrucht. »Stewardess«, »süße Angestellte«, »unschuldige Studentin«.

In der Nacht werde ich sie kennenlernen, keine Ahnung, ob es die Stewardess, die Studentin oder die Angestellte ist. Morgens um drei wird in den drei Zimmern gegenüber eine Party gefeiert. Sie lärmen und grölen, zweimal stehe ich auf und schimpfe: »Seid endlich leiser.« Im Zimmer links sehe ich durch die geöffnete Tür zwei Kerle in billigen Nappalederjacken vor einem Bett stehen, eine Frau liegt darauf, ich kann nur ihre seidenbestrumpfhosten Beine und Fransenstiefel erkennen. Ein nackter Dicker, ein weißes Hotelhandtuch um die Hüften geschlungen, kommt aus Tür zwei und watschelt so selbstverständlich über den Gang, als befände er sich in seiner eigenen Bude. »Jaja«, sagt er, »wir sind schon leiser, geh du mal schlafen.« Sie lärmen bis morgens um sechs.

Doch noch ist nicht Nacht, sondern früher Abend. Ich wähle Zhang Yides Nummer. »Bin schon beim Soundcheck, komm vorbei.«

Er gibt mir eine Adresse durch.

Kurze Zeit später stehe ich auf dem Parkplatz eines Walmarts mitten im Nichts und frage mich, ob ich mich verlaufen habe. Da entdecke ich in der Ferne eine gewaltige, buntblinkende Shoppingmall. Dort sind wir verabredet. Riesige LED-Wände werben mit einer Picasso-Ausstellung, es klingt, als sei der Meister von den Toten auferstanden und persönlich in diese Shoppingmall am Ende der Welt gekommen.

Ich nehme die Rolltreppe. Oben warten Zhang Yide und ein Kerl mit langen Haaren in grüner Guerillero-Kluft, der aussieht, als käme er geradewegs vom Langen Marsch. Er ist ein sanfter Mann mit weichen Augen, der Clubbesitzer.

»Kommt«, sagt er, »ich lade euch zum Essen ein.« Er führt uns vorbei an der »Freudenstadt«-Spielhölle, am Falsche-Wimpern-Studio »Sommernachtstraum«, am »Karibische Nächte«-Joghurteis-Stand geradewegs in die Fressmeile der Shoppingmall. Neben uns stochern Hausfrauen in ihren Nudeln, bekriegen sich Kinder mit Plastikschwertern, wirbt ein Lautsprecher für »Supergünstige, superbequeme, sei eine Lady, die Männer verrückt macht«-Seidenstrumpfhosen. Der Clubbesitzer holt uns was zu essen.

»Was würdest du mich fragen?«, fragt mich Yide. »Ich meine, wenn du Herausgeber eines Rockmagazins wärst?«

Ich ziehe die Augenbrauen hoch. »Ich frage dich doch die ganze Zeit schon Sachen.«

»Na ja, aber so komische. Dir gehört ja kein Rockmagazin.«

»Sollte mir eines gehören?«

»Es ist nämlich so: Das größte Rockmagazin Chinas will eine Geschichte über mich machen. Aber sie sagen, sie hätten keine Zeit, sich mit mir zu treffen. Ich soll mich selbst interviewen.«

»Können sie dich nicht anrufen?«

»Nein. Auch dafür haben sie keine Zeit.«

»Wow, Journalismus der Extraklasse.«

»Und jetzt weiß ich nicht, was ich mich fragen soll.«

»Was würdest du dir denn gerne antworten?«

»Ich weiß nicht, ich bin verwirrt.« Yide schaufelt stirnrunzelnd ein paar Auberginen in sich rein.

Ich wende mich dem Clubbesitzer zu. »Wo ist denn nun dein Club?«

»Na hier im Kaufhaus, gleich da drüben.« Er deutet auf eine

Tür direkt gegenüber der Fressmeile, vor der sich gerade zwei Kinder balgen.

»Findest du den Ort nicht ein bisschen ungewöhnlich für einen alternativen Live-Club?«

»Nein, überhaupt nicht. Die Besitzer wollen Kultur in die Shoppingmall bringen. Fünf Jahre muss ich keine Miete zahlen.«

Der Clubbesitzer ist eine Art Pionier, zwei Clubs hat er schon eröffnet, er hat den Rock nach Hefei gebracht. »Früher waren die Bands sehr viel deutlicher. Da hat auch schon mal einer auf der Bühne geschrien: ›Fick die Regierung!‹ Macht jetzt fast keiner mehr.«

»Pschhhhh«, macht Yide und schaut sich um. »Nicht so laut.«

Wir schlängeln uns durch die Fressmeile und betreten den »On the way«-Club. Ist man erst mal drin, wähnt man sich in einer alten Fabrik, Betonwände, abgesessene Couchen, alte Poster. Wir kickern eine Runde.

Dann erklimmt Yide die Bühne. Elf zahlende Gäste sind gekommen, einer mehr als beim letzten Auftritt zwei Tage zuvor. Er spielt heute besonders sanft und gefühlvoll, das Publikum liebt ihn dafür.

Nach dem Konzert laufe ich mit Zhang Yide durch die menschenleere Shoppingmall. Wir sind die Letzten hier. Die Einarmigen Banditen der »Freudenstadt«-Spielhölle blinken einsam vor sich hin.

»Weißt du«, sagt er. »Eigentlich hatte ich vor, mit fünfunddreißig Jahren aufzuhören mit dem Reisen. Wollte sesshaft werden und so. Aber dann habe ich eine Dokumentation über B. B. King gesehen. Der hat ja auch weitergemacht, bis er ganz alt war.« Er steckt sich eine Zigarette zwischen die Lippen. »Ich glaub, das will ich auch.«

Die Rolltreppe befördert uns in die kühle weite Nacht hinaus. Ein Werbejingle dudelt leise.

»*Der Bürostuhl ist eine große Arena. Nimm darauf Platz, und du bist ein menschliches Wesen, ein Beamter, du hast eine Karriere. Behalte deine Position, und deine Zukunft wird glorreich und wohlhabend sein. Verliere sie, und du wirst im Schlund des Tigers landen.*«

Wang Xiaofang, »The Civil
Servant's Notebook«

2. Der Hochstapler

Am Tag darauf stehe ich vor einem heruntergekommenen Hochhaus, das den Namen »Internationaler Turm zum kaiserlichen Ausblick« trägt. Ich schaue mich um, in Erwartung, irgendetwas zu entdecken, das mir kaiserlich erscheint. Doch da ist nur das Stadtpanorama Xiangtans, einer Kleinstadt in der Provinz Hunan: Mietshäuser unterschiedlichen Tristessegrades, ein paar Villen in Sienagelb, ein Kindergarten, der sich »Englund International Kindergarten« nennt. Auf die blätternde Farbe der Hochhauswand hat ein phantasievoller Mensch ein Tor montiert, das an Tausendundeine Nacht erinnert: goldene Säulen, ein goldener Rundbogen, gewaltige Lüster. Doch auch das Gold blättert schon, die Karaoke-Bar hat ihre besten Zeiten offensichtlich hinter sich. Der Aufzug liegt auf der anderen Seite, ich gehe einmal um das Gebäude herum.

Vor dem Aufzug warten viele Menschen, drei von ihnen halten Töpfe mit Kakteen im Arm. Der Aufzug kommt, Menschen und Kakteen drängen hinein, der Lift ächzt und ruckelt in den vierzehnten Stock, ich werde sehr wahrscheinlich nie wieder zurückkommen. Egal, solange es die Sache wert ist. Im vierzehnten Stock, das hat mir das Internet verraten, liegt Anwalt Chengs Büro. Und nur über Anwalt Cheng komme ich an Zhao Xiyong. Ich kann nicht wirklich sagen, dass ich eine Verabredung mit Anwalt Cheng habe. Er hat mich nicht eingeladen, ja er weiß nicht einmal, dass ich komme. Ich bin sonst nicht so der Typ, der wildfremde Männer in ihren Büros überfällt. Jetzt aber muss es ausnahmsweise mal sein. Denn ich bin auf der Suche nach Zhao Xiyong.

Zhao Xiyong war nicht irgendein Hochstapler. Er war ein ziemlich perfekter Hochstapler. Drei Jahre lang spielte er seine Rolle so gut, dass er auf Banketten im ganzen Land den Ehrenplatz einnahm. Er hielt Reden auf Veranstaltungen, die so wundersame Namen trugen wie »Goldenes Herbsternte-Forum« oder »Nationales hochrangiges Kohlebergwerks-Maschinen- und Rettungsausrüstungs-Forum«. Zhao sagte Dinge, die keiner so recht verstand, die aber alle mit einem guten Gefühl zurückließen. Sätze wie: »Die Regierung sollte ihren wirtschaftlichen Vorteil voll auskosten, aktiv von den Erfahrungen anderer lernen und einen neuen Pfad erkunden, der wissenschaftliche Recherche, Produktion und Marketing vereint.« Er war verbindlich, er schien wohlinformiert zu sein, er sprach vage und doch so klingend von der Zentralregierung, dass es schien, als käme er direkt von dort. Erwähnte er einen Minister, nannte er ihn bisweilen nur beim Vornamen, als ginge es um einen intimen Freund. Zhao war ein gerngesehener Gast von Lokalregierungen und Universitäten, man zeigte sich gerne mit ihm auf Fotos. Unternehmen schätzten ihn als einflussreichen Mittelsmann. Er inspizierte Kindergärten und Solarzellenanlagen, Gewächshäuser und Tourismusprojekte. Ja sogar einen Erziehungspark zur nationalen Landesverteidigung.

Er sah aus wie ein Beamter. Er gab sich wie ein Beamter. Er hatte den Titel eines Beamten. Für die Menschen, die er in den Provinzen traf, war Zhao ein hohes Tier aus der Zentralregierung, kostbar wie ein jadegeschnitztes Flugentenpaar. Er trug den Titel eines Abteilungsleiters unterministerieller Ebene, Chef der Rechercheabteilung des Staatsrates, des höchsten Regierungsorgans. Ein Titel, der den Menschen in den Ohren klang wie das Singen der Erhu, des traditionellen Saiteninstruments, an einem lauen Sommertag. Ein Titel, der ihm Türen und Tore öffnete.

Nur leider war er falsch.

Als ich zum ersten Mal von Zhao Xiyong, 59, hörte, wusste ich, dass ich ihn finden musste. Hochstaplergeschichten habe ich immer geliebt. Schlaraffenland, Bel Ami, warum sind eigentlich so viele Hochstapler Journalisten? Zhao war kein Journalist, er gab sich auch nicht als einer aus, das wäre unter seiner Würde gewesen, er strebte nach Höherem: ein Beamter zu sein.

Ich weiß nicht, warum, doch ich glaube, China ist das Weltzentrum der Hochstapler. Schlägt man die Zeitung auf, findet man abenteuerliche Hochstaplergeschichten. Im vergangenen Jahr fuhr eine Gruppe Halbweltgestalten, als Soldaten verkleidet, mit falschem Armeevehikel bei einer Polizeistation in Henan vor, sie zeigten falsche Dienstausweise und begehrten, ihren eingesperrten Kumpel mitzunehmen. Dann waren da die drei Bauern, die sich als Vizeverteidigungsminister, Oberst und General ausgaben und insgesamt vierunddreißig Millionen Yuan von Baufirmen erschwindelten, indem sie diese in dem Glauben wiegten, an einem geheimen Militärprojekt beteiligt zu sein. Bisweilen exportieren Chinesen das Hochstaplertum. Der falsche General Deng Yupeng rekrutierte in Kalifornien frisch angekommene Auslandschinesen für seine Phantasiearmee, er stellte ihnen gefälschte Ausweise aus und knüpfte ihnen viel Geld ab. Hunderte schlossen sich ihm an, in der Hoffnung, schneller eingebürgert zu werden. Das Ganze flog auf, weil die »Rekruten« vor der Polizei mit ihren »Dienstausweisen« wedelten, sie glaubten, damit könnten sie Parktickets umgehen. Deng Yupeng wurde 2011 gefasst.

Auch bei meiner Arbeit bin ich immer wieder auf Schwindler gestoßen. Ich traf den falschen Mönch, die falsche Unternehmerin, den falschen Frauenretter. Der Frauenretter war ein Privatdetektiv, der in chinesischen Zeitungen hymnisch dafür gefeiert wurde, Hunderte gekidnappter Frauen befreit zu haben. Ich wollte ihn interviewen, war stundenlang angereist und hatte gerade auf einem Stuhl in seinem Haus Platz genommen, da wollte er mir schon mehrere hundert Dollar »Interviewprämie« abknöpfen. Als ich gehen wollte, versperrte er mir mit seinen Kumpels den Weg. Ich floh im Sprint, verfolgt von ihm und seinen Gangsterfreunden, ein Schäferhund an der Kette sprang uns hinterher.

Vielleicht ist es der Boom mit allen seinen neuen Chancen, der dazu verführt, eine andere Identität anzunehmen. Vielleicht ist es das Spielerische, das in jedem Neuanfang liegt. Die Netzwerke, Regeln und Gepflogenheiten des neuen Chinas entstehen gerade erst. In einem Land voller Aufsteiger gibt es noch wenig Stallgeruch.

Außerdem ist China das Land des »fake«. Das Land der falschen Adidas-Schuhe und Louis-Vuitton-Taschen, der kopierten europäischen Kleinstädte, der falschen Sphinx-Statuen, Harry-Potter-Schlösser und Eiffeltürme. Einige Privatmuseen, das hat die Presse neulich enthüllt, stellten zu neunzig Prozent falsche Artefakte aus. Ja, selbst die Tiere im Zoo sind nicht immer echt. Ein Privatzoo in Henan machte Schlagzeilen. Zoobesucher wunderten sich über das Gebell, das aus dem Löwenkäfig drang. Darin lebte ein gelber Hund. Ein Hund war auch der angebliche Wolf, der Leopard wurde von einem Fuchs verkörpert, im Schlangenkäfig tummelten sich die Ratten.

Schein und Sein liegen in China oft nah beieinander. Und irgendwie kann ich das verstehen. Denn welche Wanderarbeiterin hätte nicht gerne eine Louis-Vuitton-Handtasche? Welcher kleine Provinzzoo möchte sich eingestehen, dass er kein Geld für

Löwen hat? Wer würde nicht eines Tages gerne mal aufwachen und ein ganz anderer sein?

In der Stadt Yuxi, Provinz Yunnan, wurden die Beamten erstmals stutzig. Irgendwas an diesem Zhao Xiyong kam ihnen merkwürdig vor. Sie fragten beim Staatsrat nach. Der erklärte am 8. März 2013: »Wir wurden kürzlich darüber informiert, dass ein gewisser Zhao Xiyong vorgibt, Chef einer Forschungsgruppe des Zentralrates und ein Beamter vom Rang eines Vizeministers zu sein. Wir teilen hiermit mit, dass er nicht für den Staatsrat arbeitet und dass auch kein Forschungsteam je in die Provinz Yunnan geschickt wurde.« Am 19. März stellte die Polizei in Kunming einen Haftbefehl aus, drei Tage später wurde Zhao in seiner Heimatstadt im Nordosten Chinas gefasst und des Betrugs angeklagt. Die Südliche Metropolenzeitung schrieb über die Kreisstadt Yuxi, » sie wurde zu Zhao Xiyongs Waterloo«.

Nach Zhaos Festnahme berichteten die Zeitungen. Kurz darauf versuchte ich zum ersten Mal, Anwalt Cheng Xuping von der »Gemeinsam Aufsteigen Rechtsanwaltskanzlei« in Xiangtan zu erreichen. Er ist, das entnehme ich der Presse, Zhao Xiyongs Anwalt. Über ein Jahr lang rief ich immer wieder bei ihm an. Doch Cheng war kein einfacher Fall. Er war nett, erzählte mir, dass Zhao auf Bewährung freigekommen sei, weil er sich durch seine Hochstapelei nicht bereichert und auch niemandem geschadet habe. Einen Interviewtermin zu arrangieren gestaltete sich aber als äußerst kompliziert. Mal stimmte Cheng zu, dann war er unerreichbar. Mal zeigte er sich verschlossen, um beim nächsten Gespräch wieder äußerst kooperativ aufzutreten. Mal rief er zurück, dann wieder nicht. Endlich machten wir einen Interviewtermin aus. Er sagte, er freue sich. Und rief dann einfach nicht mehr zurück. Antwortete weder auf Mails noch auf SMS, blieb einfach verschwunden.

Gut, dachte ich. Alles oder nichts. Xiangtan ist nicht allzu weit von Hefei entfernt. Ich flog in die Provinzhauptstadt Changsha und nahm von dort einen Bus nach Xiangtan, die Busfahrt dauerte gerade mal vierzig Minuten.

Mal sehen, ob ich Anwalt Cheng nicht doch zu fassen bekomme. Der Never-come-back-Aufzug öffnet im 14. Stock des »Internationalen Turms zum kaiserlichen Ausblick« die Türen, ich dränge mich an Menschen und Kakteen vorbei. Ich entdecke ein Schild, »Gemeinsam Aufsteigen Rechtsanwaltskanzlei«, atme einmal tief durch und klopfe. Ein Mann mittleren Alters öffnet, er trägt einen Bürstenschnitt und ist allerbester Laune.

»Oooooohhhh, Halloooooooo, aber, ach wie schade, Anwalt Cheng ist umgezogen, gleich da drüüüben, der Bau hinter dem Amtsgericht. Ich bin jetzt alleine hier, bisschen schade, bisschen einsam, haha, aber was will man machen? Oho.«

Ich fahre mit dem Aufzug wieder hinunter, ein Dutzend Passagiere, aber dafür keine Kakteen, überquere die Straße, gehe am Amtsgericht vorbei. Es ist riesig, grün und verglast, es sieht aus wie ein gewaltiges Raumschiff. Das passt zu China, denke ich mir, Rechtsprechung from outa space.

Die neue Anwaltskanzlei liegt in einem brandneuen Gebäude und ist tatsächlich ein echter Aufstieg. Chengs Firmenmotto hat sich offensichtlich bewahrheitet. Dunkle Holzmöbel, Kunst an den Wänden, geschniegelte Anwälte, die geräuschlos durch die Gänge gleiten.

»Ich würde gerne mit Anwalt Cheng sprechen«, sage ich der Sekretärin.

»Haben Sie einen Termin?«

»Mmmmh, nicht direkt«, sage ich.

Cheng ist unterwegs, sie bittet mich, in seinem Büro zu warten. Chengs Büro ist eine Mischung aus Teesalon und Rumpelkammer. Ein edler hölzerner Teetisch und erlesenes Teeservice verliehen dem Raum Gemütlichkeit, wäre er nicht mit Kisten und unausgepackten Paketen zugestellt. Auf dem Schreibtisch steht eine Mao-Büste, sie trägt ein frisches rotes Halstuch. Der Große Vorsitzende ist gleich hier in der Nähe geboren worden, ich bin darauf gefasst, eingefleischte Mao-Fans in diesem Winkel des Landes zu treffen.

Ich schaue mich um. Ich bin extrem hungrig. Bin nach mehr oder weniger durchwachter Nacht im Green Inn um sechs Uhr morgens aufgestanden und zum Flughafen geeilt, jetzt ist es halb fünf Uhr nachmittags. Meine Mahlzeit bestand bislang aus einem Schokoriegel. Ich werde sehr wahrscheinlich gleich verhungern. Ich könnte jetzt rausgehen und mir etwas zu essen holen, doch dann verpasse ich vielleicht Anwalt Cheng. Ich denke nach. Anwalt Cheng würde es wahrscheinlich nicht gutheißen, wenn ein ungebetener Gast in seinem Büro sämtliche Nahrungsmittel verzehren würde. Andererseits ist eine Hungerleiche im Büro auch kein schöner Anblick. Auf Anwalt Chengs Tisch liegen ein Päckchen extrem teurer Zigaretten und ein paar trockene Orangen, die sollen den Tee verfeinern. Nichts, was mich retten könnte.

Die Tür geht auf, ein hagerer älterer Mann kommt rein, er setzt sich neben mich, er wirkt nervös und zeigt mir als Erstes seine Ausweise. Sie weisen ihn als Abgeordneten des Stadtparlaments aus. Er redet ohne Unterlass, er hat eine Firma für Pestizide, Abgeordneter zu sein ist gut fürs Geschäft. Ich höre mit halbem Ohr zu, während ich an scharf angebratenes Hühnchen denke, Gott sei Dank erwarten chinesische Gesprächspartner oft nicht mehr als ein verständnisvolles und in richtiger Tonlage ausgesprochenes »Mmmmhh... hmmmmmhhh... aaaaaahh«.

Einmal rief mich eine Frau an und quatschte mich eine Viertelstunde voll, ich machte nur »Mmmmmmhhhh... hmmmmmmhhhhhhh... aaaaaaaaaaah« und sonst nichts weiter.

Ich wollte gerade auflegen, da sagte sie noch: »Ihr Chinesisch ist wirklich gut.« Sie sehen also, Chinesisch lernen ist gar nicht so schwer.

Draußen geht die große Tür auf. Die Sekretärin flötet ein besonders lautes »Hallo«, ich schätze, es ist Anwalt Cheng, der da kommt. Ich versuche zu lauschen.

»Eine Ausländerin ist hier«, sagt die Sekretärin.

»Eine Deutsche?«, fragt er.

Er scheint sofort zu wissen, wer ich bin.

»Keine Ahnung«, sagt die Sekretärin.

»Journalistin?«, fragt er.

»Ja«, sagt sie.

»Na, ich weiß Bescheid«, sagt er.

Ich bin gespannt. Was wird er jetzt machen? Mich rausschmeißen? Durch einen Hinterausgang flüchten?

Die Tür schwingt auf, Anwalt Cheng kommt herein. Er sieht ein wenig verwirrt aus. Er trägt Glatze, seine Hände sind riesig, seine Augen quellen ein bisschen hervor, um seinen Hals baumelt eine große buddhistische Holzkette. Doch er spricht klug, wach, er ist, das wird schnell klar, blitzgescheit. Der Abgeordnete eilt auf ihn zu und flüstert ihm ins Ohr, ich vernehme etwas von der Verpestung eines ziemlich großen Feldes und ob man da nicht was machen könne. Cheng flüstert zurück, der Abgeordnete zieht ab.

Cheng scheint kein bisschen überrascht über mein Kommen zu sein. Er überreicht mir seine Visitenkarte. Darauf steht: »Cheng Xuping. Anwalt. Gründer der Gemeinsam Aufsteigen Rechtsanwaltskanzlei. Mitglied des Staatsrats von Xiangtan. Mitglied des Unterkomitees der Anwaltskammer der Provinz Xiangtan für Strafrecht. Mitglied der Expertenberatungsgruppe für junge Unternehmer. Mitglied des Rates für die intellektuelle Brüderschaft der Provinz Hunan. Meistverehrter Anwalt des einfachen Volkes.« Den letzten Punkt schaue ich mir besonders gut an.

Cheng hat die Hände vor dem Bauch gefaltet. »Gut«, sagt er. »Schieß los.«

Im April 2013 trafen Anwalt Cheng und sein Kollege ihren neuen Mandanten Zhao Xiyong zum ersten Mal in einem Gefängnis in Kunming. Seine Familie hatte die Anwälte kontaktiert. »Er sah ziemlich normal aus, doch er war nicht gut drauf. Klar, er war in Haft, und er ist nicht mehr der Jüngste, er hatte ein paar Zipperlein. Er sah aus wie ein Beamter.« Vor allem aber, sagt Cheng, habe er diesen ganz besonderen Magnetismus gehabt. »Er war wie die Sonne. Selbst wenn sie untergeht, bleibt noch ein wenig von ihrem Strahlen zurück.« Sie fragten ihn, warum er es getan habe. »Er sagte, ihm sei langweilig gewesen. Er habe nichts zu tun gehabt. Dabei habe er doch das Gefühl gehabt, noch so viel zur Gesellschaft beitragen zu können.«

Zhao Xiyong, 1955 im nordöstlichen Shenyang geboren. Ein Mann, der Träume und Ehrgeiz besaß. Ein Mann, der viel zu früh zu einem Rentnerleben in Puschen verdammt worden war. Sein ganzes Leben lang war er in der Autobranche tätig gewesen, hatte verschiedene Firmen und Fabriken geleitet, doch keine seiner Unternehmungen war von besonderem Erfolg gekrönt. Dann bewarb Zhao sich 2004 um eine Position beim Staatsrat, aber seine Prüfungsergebnisse waren nicht gut genug, er bekam den Posten nicht. Kuang Jinmei, der andere Anwalt Zhaos, sagt in einem Interview mit der Östlichen Morgenzeitung: »Er fühlte, dass er ein großes Talent hatte, doch er sah keine Möglichkeit, es zu zeigen. Nachdem er 2004 den Test zu dem Posten im Staatsrat nicht geschafft hatte, hatte er das Gefühl, dass jene, die den Posten erlangt hatten, längst nicht so gut wie er darin waren, Reden zu halten und Berichte zu schreiben. Er hatte das Gefühl, seine Begabung werde nicht anerkannt.«

Zhao arbeitete weiter in seinem Familiengeschäft, aber er stritt sich immer öfter mit seinem Sohn über Geschäftsfragen. Er überschrieb dem Sohn die Fabrik und zog sich aus dem Geschäftsleben zurück.

Vor meinem inneren Auge sehe ich Zhao durch die Parks von Shenyang streichen, er lässt die Arme schlenkern, das ist gut für das Qi, er nickt hundertmal mit dem Kopf, auch das ist gut für das Qi. Er macht Gesundheitsübungen wie die anderen Rentner, denkt bei sich: »Was soll ich mit denen, ich gehöre noch lange nicht zum alten Eisen.«

Eines Tages ging Frührentner Zhao auf ein Branchentreffen in seiner Heimatstadt Shenyang. Irgendeiner, erzählt Cheng, hielt ihn dort für einen Wissenschaftler des Staatsrates. Und mit einem Mal wurde Zhao klar, welchen Einfluss ihm eine solche Position verleihen könnte. Wie wunderbar es doch sein könnte, ein Beamter zu sein.

»Er wollte etwas erreichen, seinen Teil zur Gesellschaft beitragen«, sagt Anwalt Cheng. Er habe etwas für die Entwicklung der Autoindustrie tun wollen, schließlich habe er eine Menge Erfahrung auf dem Gebiet. »Er gibt gerne Befehle, er erteilt gerne Ratschläge. Er weiß zu reden und ist gut darin, schnell Freundschaft zu schließen.« Er hatte alles. »Er brauchte nur noch einen Titel.«

Im Jahr 2008 erschien Zhao Xiyong als Investorenvertreter einer Hongkonger Automobilfirma. Zwei Jahre später stellte er sich als Wissenschaftler für die Entwicklungsabteilung des Staatsrates vor.

»Das ist kein offizieller Titel«, sagt Anwalt Cheng, »sich als ein solcher auszugeben wäre also kein Verbrechen gewesen.« Eines Tages aber präsentierte ihn irgendjemand als Abteilungsleiter auf unterministerieller Ebene. »Das gefiel ihm, und er nahm es an.« Der fälschliche Gebrauch eines offiziellen Titels aber ist strafbar. »In minder schweren Fällen wird das mit bis zu drei Jahren Gefängnis und dem Verlust der politischen Rechte bestraft. In schweren Fällen drohen bis zu zehn Jahre Haft.« Auf die umfangreichen politischen Rechte zu verzichten, die der chinesische Staat seinen Bürgern gewährt, dürfte den meisten nicht allzu schwerfallen. Viel schwerer wiegt die angedrohte Haft.

In den folgenden Jahren reiste Zhao zwischen den Provinzen Liaoning, Hunan, Yunnan, Shandong und den Städten Peking und Shanghai umher. Er vermittelte zwischen Autofirmen und Regierungen, brachte Businessdeals zum Abschluss. Für die Geschäftsleute wurde er wegen seiner offiziellen Kontakte und seinem angeblichen Status zu einem äußerst begehrten Mittelsmann. Seine Expertise in der Automobilbranche verlieh ihm Glaubwürdigkeit. Doch schon bald erweiterte Zhao sein Portfolio. Egal, ob es um grüne Energie, Erziehung, Tabak und Landwirtschaftsprodukte ging, Zhao hatte etwas zu sagen, wenn es auch ein wenig wolkig blieb. Selbst zu Verteidigungsfragen wusste er sich zu äußern.

Je länger Zhao im Geschäft war, desto glaubwürdiger wurde er. Zeitungen berichteten über ihn, Beamte empfahlen ihn – all das diente späteren Einladenden als Referenz. Es gab Fotos, Artikel und Websites, jeder dachte: Irgendeiner muss ihn ja empfohlen haben.

Ein Professor an einer Universität für Automobiltechnik sagte: »Er ist ein Beamter. Wie hätten wir seinen Hintergrund checken können?« Ein Geschäftspartner gab zu bedenken: »Er ist so ein hohes Tier. Natürlich trauten wir uns nicht, ihn nach seinem Amtsausweis zu fragen.« Ein Weggefährte erinnerte sich: »Als ich mit Zhao sprach, sagte er mir, nach dem 18. Parteitag würden neue Politikinitiativen kommen. So wie er sprach, vermittelte er mir den Eindruck, er sei auf einem ganz besonderen Rang.« Herr Duan, der Vorsitzende der China-Montessori-

Vereinigung, der den Phantasieinspektor empfing, seufzte: »Ich hatte Zweifel und ging online, um seine Identität zu überprüfen. Doch da waren so viele Informationen und Fotos über ihn. Das überzeugte mich.«

Laut der »Vereinbarung über heimische Geschäftsempfänge von Partei- und Regierungsbeamten«, die im Jahr 2006 von Staatsrat und Zentralbüro der Kommunistischen Partei veröffentlicht wurde, sollen Beamte aus Partei und Regierung zuerst Anträge stellen, bevor sie auf Geschäftsreise gehen. Sie sollen der zu besuchenden Einheit Inhalt, Zeit, Dauer, Zahl und Status der besuchenden Beamten mitteilen. »Betrachtet man Zhaos Reisen genau«, so schreibt die Südliche Metropolenzeitung, »so fällt auf, dass er diese strengen Auflagen zu umgehen wusste. Er bewegte sich immer in der Grauzone offizieller und semioffizieller Anlässe.«

Bei der Gerichtsverhandlung plädierte Anwalt Cheng auf unschuldig. Zhao hatte weder Geld erschwindelt noch der Gesellschaft Schaden zugefügt. »Der falsche Titel hat ihm nur dabei geholfen, seine Ideen umzusetzen. Er glaubte einfach, er sei ein besserer Beamte als die wirklichen Beamten.« An Geld mangelte es seiner Familie nicht, das hatte seine Frau in einem Interview mit der Chinesischen Geschäftszeitung bestätigt. »Wir haben Geld. Es hat uns nie Vorteile gebracht, indem er tat, was er tat. Sein ganzes Handeln hatte nur ein Ziel: seinen Traum zu verwirklichen.«

Das Gericht ließ sich überzeugen, Zhao bekam nur eine Bewährungsstrafe.

Anwalt Cheng reibt sich die Hände, er möchte mich jetzt loswerden, das spüre ich schon. Er schmeißt mich raus, doch er tut es auf so charmante Weise, dass ich ihm gar nicht böse sein kann.

»Ach, ich würde dich jetzt wirklich gerne zum Essen einladen, doch ich bin leider schon verabredet. Nächstes Mal unbedingt.«

»Könnten Sie Zhao Xiyong bitte fragen, ob er mich empfangen würde? Ich würde ihn so gerne sehen.«

»Klar«, sagt Cheng. Und macht dabei ein Gesicht, das sagt: Vergiss es.

Ich stolpere aus dem Büro und hinein in das nächste Restaurant, ich mache mich über köstliche scharf-salzige Gerichte her, das sogenannte »duftende Essen«, die Küche Hunans. Anders als Besucher von Chinarestaurants in Deutschland vermuten mögen, ist die chinesische Küche eine der besten der Welt. Sie hat mit dem, was in Deutschland unter diesem Namen serviert wird, schlichtweg nicht das Geringste zu tun. Die wahre chinesische Küche kann euphorisieren, wärmen, trösten, in China habe ich die Bedeutung des Begriffs »soulfood« zum ersten Mal wirklich verstanden. Sie können sich in der misslichsten Lage auf der ganzen Welt befinden, nach einer Schale vom scharf-wärmenden Kartoffeleintopf nach Lijianger Art ist garantiert alles nur noch halb so schlimm. Sollte Ihnen Ihr Leben zutiefst fad vorkommen, empfehle ich eine scharf-saure Hühnersuppe im Bambussud, das weckt die Lebensgeister. Vor allem aber müssen wir uns über den Feuertopf nach Sichuan-Art unterhalten, den »火锅 – huoguo«. Vielleicht haben Sie eine ungefähre Vorstellung des Begriffs »scharf«. Der Sichuan-Feuertopf wird alles, was Sie sich darunter vorstellen, von Grund auf erschüttern. Dem Restaurantgast wird ein Messingtopf gebracht, in dem eine verräterisch rote Flüssigkeit schwappt. Der Topf wird mit Holzkohle befeuert. Blubbert der teuflische rote Sud, ist es an der Zeit, Lammfleischscheiben, Kartoffelschnitze, Pilze, Tofu, Süßkartoffeln, Lotuswurzeln und andere Leckereien hineinzuwerfen. Nach ein paar Minuten werden sie wieder herausgefischt, kurz in Sesamsauce getunkt und in den Mund gesteckt, der im Folgenden Schauplatz eines Feuerwerks unterschiedlicher Schärfenuancen wird. Zuerst tanzt die blumige Schärfe des Sichuan-Pfeffers auf der Zunge, bis der Gaumen ein wenig taub davon wird. In dem Moment setzt die Wirkung des Chilisuds ein, füllt den Rachen, brennt die Speiseröhre hinunter, wärmt den Magen, ja den ganzen Menschen. Der Restaurantbesucher kommt ins Schwitzen, Euphorie breitet sich im ganzen Körper aus. Träges Glück vernebelt das Gehirn, alle geistreiche Restaurantkonversation erstirbt, die Tischgesellschaft schwitzt mit naiv-seligem Lächeln auf dem Gesicht. Nach ein paar Stunden orgiastischem Feuertopfessen geht der Esser erschöpft nach Hause, er fühlt sich, als habe er gerade einen der fünf heiligen Berge erklommen. Seufzend gleitet er ins Bett, nachts schleichen sich Gespinste in seine psychedelischen Träume, vielleicht ein Nebeneffekt der Schärfe, vielleicht auch eine Spur von Opium. Eine Zeitlang machten einige Restaurants Schlagzeilen, weil die Besucher aus ihnen unerklärlichen Gründen Tag für Tag wiederkamen. Die Restaurantbesitzer hatten ihrem Feuertopf heimlich Opium beigemischt.

Am nächsten Tag will ich nach Luodi, nur eine Autostunde von Xiangtan entfernt. Luodi war die Stadt, die Zhao Xiyong unwissentlich zum Durchbruch verhalf. Luodi war die Stadt, der Zhao Xiyong als falscher Kader auch tatsächlich etwas brachte. Ich hoffe, dort ein paar heimliche Fans von ihm zu treffen. Ich miete mir ein Taxi, es trägt mich durch saftig grünes, bergiges Land, die Provinz Hunan ist oft von atemberaubender Schönheit und noch ein ziemlicher Geheimtipp. Am schönsten ist sie dort, wo nur Holperstraßen hinführen und noch ausladende alte Holzhäuser am Berghang stehen. Wo es nichts gibt außer Berg und Wald.

Im Taxi lese ich über Zhaos großen Auftritt in Luodi. Im März 2010 verhalf Zhao der Lokalregierung zu einem großen Geschäftsdeal mit einer Autofirma. Zum Dank wurde Zhao zum Berater der wirtschaftlichen Sonderentwicklungszone berufen, man machte ihn zum Mitglied des »Komitees für den Rat von Experten für die Überlegung von größeren administrativen Entscheidungen«. Das Komitee wird von einer Regierungswebsite der Provinz Hunan in den höchsten Tönen gelobt, es helfe Beamten, »ihren Geist zu befreien und nach dem ›Hohen und Edlen‹ zu streben«. Ich fahre nach Luodi hinein. Luodi sieht aus wie Xiangtan, nur ist es grüner. Zwei weitere Unterschiede habe ich ausgemacht: In Luodi hängt Schmuck in Form patriotisch beschrifteter Herzen an den Straßenlaternen, die gibt es in Xiangtan nicht. Außerdem sind die Regierungsgebäude größer, nein, sie sind gewaltig. Wir passieren ein Gerichtsgebäude, das der Hauptstadt eines Großreiches anstünde, die Abteilung für Grund und Boden ist noch größer, am allergewaltigsten ist aber das Regierungsgebäude. Es sieht aus wie das Weiße Haus in Washington. Nur größer. Etwa dreimal so groß. Davor liegt ein gewaltiger Platz, etwa so ausladend wie der Rote Platz in Moskau, nur dass Palmen darauf wachsen. Luodi ist übrigens eine Kleinstadt in der Provinz, die auch in China fast keiner kennt.

»Mann, euer Regierungsgebäude ist ja mal 'n Kasten«, sage ich zum Pförtner.

»Toll, oder?«, sagt er. Er wirkt stolz. Zur Belohnung hebt er die Schranke und lässt das Taxi auf den Roten Platz fahren.

»Ich möchte gerne den Leiter der Propagandaabteilung sprechen«, sage ich dem Pförtner.

»Der isst zu Mittag«, sagt der.

»Wie lange?«

»Na ja, das kann schon von halb zwölf bis zwei dauern, und danach muss er sich ja auch kurz ausruhen.«

Ich warte. Um halb drei rufe ich den Leiter der Propagandaabteilung an, ich stünde quasi vor seinem Büro, wir könnten uns ja kurz treffen. Er möchte das nicht. Erstens sei er nicht da.

»Aber der Pförtner sagt ...«

»Ein Missverständnis.«

Zweitens findet er, die Geschichte berühre ein zu sensibles Thema. Und drittens erinnere er sich gar nicht mehr daran. Seine Chefs hätten ihn nach den Zeitungsberichten bereits gefragt, wer denn eigentlich dieser Zhao Xiyong sei. »Ich habe ihnen gesagt: keine Ahnung. Ist schon so lange her.«

Ratlos stehe ich auf dem Roten Platz. Anwalt Cheng hat mich rauskomplimentiert, Zhao Xiyong ist weit weg, nicht mal der Propagandatyp möchte mich treffen. Vielleicht sollte ich mich ein bisschen treiben lassen. Ich könnte Mao Zedongs Geburtshaus in Shaoshan besuchen, das ist gleich hier in der Nähe, außerdem kann mich dort keiner rausschmeißen.

Nach einer Stunde Fahrt erreichen wir Shaoshan. Es ist ein überraschend idyllischer Ort. Am Horizont erheben sich dichtbewachsene Hügel von dunklem Grün, davor schmiegen sich kleine Reisfelder von hellerem Grün aneinander. Es riecht nach Wasser und frischem Laub, eine Grille zirpt. Ich habe erwartet, Massen an Touristen anzutreffen, chinesische Reisegruppen, doch es sind nicht viele Besucher da. Vielleicht liegt es daran, dass es schon spät am Nachmittag ist. Ich bereite mich darauf vor, einige eingefleischte Linke anzutreffen. Auch in China spalten sich die politischen Lager in links und rechts, nur dass die Linke und die Rechte sich anders verteilen als im Rest der Welt. Als links gelten die Mao-Anhänger. Ihr Ideal ist der starke Staat, der nicht von Gewaltenteilung, Verfassung oder Rechtsstaat dressiert wird. Sie träumen von einem starken Führer, wie seinerzeit Mao Zedong. Der habe sich vom Ausland nicht zu kleinmütigen Kompromissen hinreißen lassen, sagen die Linken, er habe der Welt die Stärke Chinas gezeigt. Die Linken sehnen sich nach gesellschaftlicher Gleichheit, die es, so sehen sie das zumindest, unter Mao gegeben habe. Tatsächlich waren unter Mao zwar alle arm, doch war die Gesellschaft in politische Klassen geteilt. Achtzig Prozent der Bevölkerung, nämlich alle Bauern, waren zudem an ihre Scholle gebunden, die sie nicht verlassen durften. Sie kamen nicht in den Genuss der Privilegien, die Städter genossen. Und doch, für einige in China fühlt sich, zumindest in der Rückschau, dieser Staat gleicher und reiner an. Die Beamten waren nicht so korrupt, die Kluft zwischen Arm und Reich war nicht so groß, Bauern und Arbeitern wurde zumindest in der Propaganda gehuldigt. Im rechten Lager befinden sich jene, die sich für Konstitutionalismus, Rechtsstaat und freie Marktwirtschaft aussprechen, die Rolle des Staates begrenzen wollen. Das ist, grob gesehen, die Unterteilung, tatsächlich gibt es noch eine ganze Reihe von Mischformen.

Ich schlendere eine Runde durchs Dorf, bevor ich mir Maos Geburtshaus ansehe. In einer Gasse bieten kleine Stände jede Devotionalie feil, die das Maoistenherz begehren könnte. Mao-Bibeln und -Poster, Mao-Anzüge und -Taschen, Mao-Kugelschreiber und -Feuerzeuge. Das heißt: fast jede Devotionalie. Zu meinem Missfallen gibt es das Feuerzeug mit dem Porträt des Großen Vorsitzenden nicht mehr, das aufleuchtet und »Der Osten ist rot« spielt, sobald man es öffnet. Damit habe ich einst in einem kubanischen Zug für Furore gesorgt, ich musste es so oft öffnen und schließen, bis das Gas alle war. Mein Herausgeber hat mich gebeten, ihm eines mitzubringen.

»Pffff, altes Modell«, sagt der Verkäufer abfällig, »nimm das hier«, und reicht mir ein Feuerzeug in Form einer Mao-Bibel. Der Herausgeber wird not amused sein, ich kaufe es trotzdem.

Ich trete auf einen Parkplatz, dort stehen drei Busse. Gutgelaunte Maoistinnen fortgeschrittenen Alters quellen heraus, sie tragen die grüne Uniform der Volksbefreiungsarmee. Sie sind in Festtagsstimmung. Seit Wochen befinden sie sich auf einer Tour durchs ganze Land, »wir wollen Maos Taten und Worte propagieren, denn Mao hat uns Glück gebracht«, singt eine mit rotgefärbtem Haar und hängt sich begeistert an meinen Arm, um mit mir Selfies zu machen. Shaoshan ist der Höhepunkt ihrer Reise. »Außerdem«, sagt die Rotgefärbte verschwörerisch, »ist heute ein ganz besonderer Tag.« Maos zweite Frau würde heute ihren 113. Geburtstag feiern, wenn sie noch leben würde, denn sie ist schon lange tot. Vielleicht eher ein Gedenktag für Spezialisten.

Ich befreie mich aus den Armen der Maoistinnen und gehe weiter zur großen Mao-Statue. Dort lerne ich das Mao-Double kennen. Er ist von beeindruckender Größe, so wie seinerzeit der Große Vorsitzende. Er eilt auf mich zu und schüttelt mir salbungsvoll die Hand. Seine Stimme ist ein schwingender Bassbariton. Nachmittags, erzählt er mir, wirke er bei dem großen Theaterstück mit, bei dem ausgiebig aus den Worten des Großen Vorsitzenden zitiert wird. Es sei »absolut faszinierend«. Ich will das sofort glauben, aber nicht unbedingt miterleben. Schon drängt sich der Nächste an mich, er sagt voller Stolz, er könne Maos Kalligrafie am besten imitieren. Auf seinem Smartphone zeigt er mir ein paar Beispiele, lässt aber bald ab, als er merkt, dass ich als Käuferin imitierter Mao-Kalligrafien nicht in Frage komme.

Ich fliehe zu Maos Geburtshaus. Idyllisch. Ein kleiner Teich liegt davor, es ist aus Lehm und Holz gebaut, rustikal und doch weiträumig, die Maos waren wohlhabende Bauern. Ich stehe vor Maos Bett, eine Art Himmelbett mit einem Baldachin, das über einen Holzrahmen fließt, und frage mich, wie ein Mensch, der inmitten von so viel Frieden aufwuchs, so viel Kampfeswillen entwickeln konnte. Im Esszimmer steht der Tisch, an dem die

Familie zum Essen zusammenkam. Darüber hängt eine Fotografie. Sie zeigt Mao mit ein paar Bauern der Nachbarschaft, alle lachen, darunter steht: »Mao Zedong führt ein herzliches Gespräch mit Bauern in Shaoshan. Juni 1959.«

Juni 1959. Das war die Zeit des Großen Sprungs nach vorn. Nicht unbedingt das Jahr, das der Nation als Zeit fröhlichen Gelächters in Erinnerung geblieben ist. Damals arbeiteten die Menschen rund um die Uhr, warfen Töpfe, Kannen, Musikinstrumente, Dosen, Messer, Löffel, Haarnadeln, Spiegel, Möbel in Hinterhoföfen. Das hatte der Große Vorsitzende so befohlen. Mao wollte das Land über Nacht zu einer Industrienation machen, die Stahlproduktion um ein Vielfaches steigern. Doch die Hinterhoföfen produzierten nur wertlose Klumpen Stahl. Die Wirtschaftserfolge blieben aus, stattdessen kam es im Land zu einer gewaltigen Hungersnot. Keiner hatte im blinden Aktionismus die Zeit gefunden, die Felder zu bestellen. Die Partei räumt zwanzig Millionen Tote ein, unabhängige Experten gehen von fünfzig Millionen aus.

Die Katastrophe war menschengemacht, entsprang sie doch Maos heiligster Überzeugung: dass der revolutionäre Wille alles, aber auch wirklich alles überwinden konnte. Mao interessierte sich nicht für technische, wirtschaftliche oder wissenschaftliche Einwände, für ihn zählte allein das revolutionäre Subjekt. Er war idealistischer, als es Marx, Engels oder Stalin je gewesen waren: Mao träumte von der totalen Transformation des Menschen, von seiner völligen Neuerschaffung. Das chinesische Volk sei wie ein großes weißes Stück Papier, sagte Mao einmal, wie gemacht, die allerschönsten Zeichen darauf zu malen.

Mao wurde am 26. Dezember 1893 in Shaoshan geboren, dort, wo ich jetzt stehe. Das Reich der Qing-Dynastie lag damals in den letzten Zügen, ausgehöhlt von Rebellionen und Naturkatastrophen, bedroht von äußeren Mächten. Seit den Opiumkriegen Mitte des 19. Jahrhunderts forderten fremde Mächte immer entschiedener Zugeständnisse und eigenes Land ein. China, schrieb eine englische Zeitung damals, sei nichts als eine große dicke Qualle, die nur darauf warte, zerteilt zu werden. Jahrtausende hatten sich die Chinesen in der Überzeugung eingerichtet, dass ihr Land der Mittelpunkt der zivilisierten Welt sei, 中国 – Zhongguo, das Reich der Mitte. Jetzt aber sah es sich von militärisch überlegenen Mächten bedroht und war in seinen Grundfesten erschüttert. Jahrtausende hatte das Land auf Tradition gesetzt, hatten die Klügsten des Landes die immer gleichen konfuzianischen Texte studiert, China hatte dabei die technologische Revolution verschlafen. Verzweifelt suchten Intellektuelle nach einem Weg aus der Krise, die Tradition schien ihnen Wurzel allen Übels zu sein. Sie liebäugelten mit Demokratie, Sozialismus und Anarchie. Doch auch als China 1912 Republik wurde, blieb der neue Staat ein zerbrechliches Gebilde, erschüttert von Warlords, Bürgerkrieg und japanischer Invasion.

Vielleicht wäre China heute ein anderes Land, hätten sich die Westmächte nach dem Ersten Weltkrieg China gegenüber fairer verhalten. Doch sprachen sie die einstigen deutschen Gebiete in China dem Erzfeind Japan zu, China fühlte sich verraten und verkauft. Die Sowjetunion mit ihrer Forderung des Antiimperialismus erschien vielen nun als der bessere Verbündete. Der Kommunismus gewann Anhänger.

Eine Handvoll Männer nur gründete 1921 mit Hilfe der Komintern die Kommunistische Partei Chinas auf einem Vergnügungsboot in der Nähe von Shanghai. Dorthin waren sie geflohen, um vor Verfolgung sicher zu sein. Unter ihnen befand sich auch Mao Zedong.

Anfangs hatte Mao keine besonders wichtige Rolle inne, erst auf dem Langen Marsch konnte er seine Machtposition sichern.

Und er baute sie immer weiter aus. Gerissen, grausam, stets bereit, auch einstige Weggefährten ins Abseits, ja in den Tod zu befördern.

Der Lange Marsch, auf den sich im Jahre 1934 neunzigtausend Anhänger der Kommunisten begaben, um der Einkreisung durch die Nationalisten zu entfliehen, wurde zum Gründungsmythos der Partei. In dreihundertsiebzig Tagen legten sie zwölfeinhalbtausend Kilometer zurück, passierten einige der unwirtlichsten Gegenden Chinas, ertrugen entsetzliche Härten. Nur zehn Prozent derer, die ausgezogen waren, erreichten schließlich Yan'an.

Die Kommunisten, so schwärmten die Bauern damals, plünderten und vergewaltigten nicht, sie teilten und predigten die Befreiung der Ärmsten. Sie wirkten so anders als die Soldaten der Guomindang, der Nationalistenarmee, die korrupt und großspurig auftraten. Und viele hofften, dass die Kommunisten diesem gebeutelten, hungernden, verunsicherten Rumpfrest eines einst so stolzen Reiches einen Neuanfang schenken könnten. China werde freier und demokratischer sein als die USA, hatte Mao einst gesagt. Und als er 1949 die Volksrepublik ausrief, da glaubten viele an eine Utopie, so frisch wie neu gefallener Schnee.

Für Mao war der Marxismus nie mehr als ein theoretischer Rahmen gewesen, eine kraftvolle Legitimation, als Praxisleitfaden hielt er ihn für unbrauchbar. Marx und Engels hatten die Revolution gepredigt, Mao wollte viel mehr: den permanenten Volkskrieg gegen reale oder eingebildete Revisionisten. Er wollte das Bewusstsein verändern. Auch andere kommunistische Länder entwickelten elaborierte Propagandatechniken, doch in keinem anderen Land der Welt wurde so viel Energie und Kapital darauf verwendet, Menschen zu verändern. In keinem anderen Land gab es buchstäblich eine 思想改革 – »sixiang gaige«, eine Gedankenreform.

Denn im Grunde waren die chinesischen Kommunisten noch immer zutiefst im Konfuzianismus verwurzelt. Und Konfuzius hatte gelehrt, dass der Mensch von Grund auf verändert werden könne. Mao trieb sein Volk von Kampagne zu Kampagne. Der Geist jedes Einzelnen sollte in unzähligen Kampagnen, Studien- und Selbstkritiksitzungen wieder und wieder geschliffen werden, bis er rein war im revolutionären Eifer. Und unverzeihlich gegen alles, was ihm entgegenstand: Religion, Liebe, alte Bindungen. Ein ganzes Volk war gehalten, den Traum seines Großen Vorsitzenden zu träumen. Und jeder, der sich weigerte, wurde zum Volksfeind erklärt und unerbittlich bekämpft.

Nach den verheerenden Folgen des Großen Sprungs nach vorn gelang es den Wirtschaftspragmatikern Deng Xiaoping und Zhou Enlai am Ende, Mao an den Rand zu befördern. Ihn aber drängte es zurück an die Macht. Dann, 1966, rief Mao die Große Kulturrevolution aus. Er bediente sich dabei der Jungen, die ihm durch sorgfältig gepflegten Personenkult treu ergeben waren. »Schlagt die alte Welt kaputt«, gab er ihnen mit auf den Weg, »bombardiert die Hauptquartiere.« Und sie stürzten ihr Land ins Chaos. Demütigten ihre Lehrer, demolierten die Tempel, zerstörten jahrtausendealte Kulturgüter. Unzählige fanden damals den Tod, in den Selbstmord getrieben, zu Tode geprügelt. In nur wenigen Jahren schlug Mao eine tiefe Schneise in die jahrtausendealte chinesische Kultur. Er fegte die alten Werte fort und setzte an ihre Stelle die große sozialistische Vision. Doch auch die neuen Werte sollten nur für kurze Zeit gelten. Als Mao 1976 starb, führte der Reformer Deng Xiaoping das Land auf einen Kurs von Modernisierung und Öffnung. Der revolutionäre Eifer hatte ausgedient, reich zu werden war jetzt das Gebot der Stunde.

Der doppelte Wertebruch hat das Land zutiefst verunsichert. Es stürmt voran in die neue, von der Regierung vorgegebene

Richtung. Es sonnt sich im Aufstieg. Doch hinter der Euphorie lauert die Unsicherheit, fehlt der Gesellschaft der Halt.

Die Partei regiert weiter. Sie hat den Kapitalismus umarmt und trägt noch immer das sozialistische Gewand, doch die sozialistische Utopie ist schal geworden. Sie stützt sich auf die Pfeiler, die die Herrschaft in China schon immer trugen: den Autoritarismus, den autoritären Beamtenstaat. Die Klügsten und Fähigsten sollen den Staat verwalten. Stets waren die Beamten das Gerüst des Staates, sie waren so wichtig, dass man sich selbst ein Jenseits ohne sie kaum vorstellen konnte. In Peking gibt es einen Tempel, den Dongyue-Tempel, der die daoistischen Himmel und Höllen zeigt, den Weg, den die Seele im Jenseits nimmt. Und siehe da: Auch das Jenseits ist eine gigantische Hierarchie. Nach dem Tod wird die Akte des Verstorbenen von unzähligen Stellen geprüft, gewogen, gestempelt, weitergeleitet, abgelegt, revidiert, bis die Seele in genau der ihr zustehenden Hölle oder dem Himmel landet. Jede Hölle wird von einer streng dreinblickenden Tonfigur überwacht, natürlich einem Beamten.

Die Welt der Beamten ist eine sehr eigene. Keiner schildert sie treffender und schillernder als der Schriftsteller Wang Xiaofang. Wahrscheinlich, weil er sie so gut kennt. Wang arbeitete einst als Privatsekretär des Vizebürgermeisters von Shenyang, der im Jahr 2001 zum Tode verurteilt wurde, weil er umgerechnet 3,6 Millionen Dollar an öffentlichem Geld in Kasinos verspielte. Wang beschreibt eine komplizierte Welt, ein Universum der Seilschaften und Intrigen, der Fallstricke und des allgegenwärtigen Speichelleckens. Es ist eine Welt, die ihren Bewohnern viel abverlangt, und doch, wer wünschte, sie freiwillig zu verlassen? »Die Erde mag vielleicht mit einem Gewehr erobert werden, regiert wird sie mit einem Kugelschreiber«, schreibt Wang in »The Civil Servant's Notebook«. Süß ist die Macht. »Auch eine Ratte kann, wenn sie erst mal auf dem Sitz der Macht Platz genommen hat, über die Macht eines Tigers walten. Auch Erdklumpen glänzen, wenn man sie vergoldet.«

Noch süßer ist sie, wenn sie mit Geld, Autos, Häusern, Luxusuhren einhergeht. Ausgerechnet das Personal der Kommunistischen Partei, die doch angetreten war, die korrupte Regierung der Nationalisten zu vertreiben, unterhält das Volk heute mit unzähligen Skandalen. Swingerpartys, Pornovideos, ganz große Korruption.

Der amtierende Präsident Xi Jinping hat seiner Beamtenschaft jetzt eine Antikorruptionskampagne verordnet, um Legitimität zurückzugewinnen. Inspektoren ziehen durchs Land, Beamte müssen in Studiensitzungen der Vergnügungssucht abschwören, Zeitungen berichten von ertappten Beamten, die in Luxusrestaurants auf die Knie fallen und um Erbarmen flehen.

Die Korruption scheint seither tatsächlich zurückgegangen zu sein – fragt sich nur, für wie lange. Denn noch immer gibt es weder Gewaltenteilung noch unabhängige Kontrollen, noch immer müssen Beamte ihr Vermögen nicht offenlegen. Die Cleveren lassen sich ohnehin immer etwas Neues einfallen. Eine Freundin, die einst bei der mächtigen Kommission für Reform und Entwicklung arbeitete, verriet mir folgenden Trick: Zwei Geschäftspartner treffen sich in der Sauna, nackt bis auf die Badeschlappen, so kann keiner mit dem Smartphone Beweisfotos machen. Der eine hat eine Plastiktüte dabei, prallgefüllt mit Geldscheinen, die wechselt vor dem ersten Aufguss den Besitzer, die Scheine sollen ja nicht nass werden. Am Ende watschelt der Beschenkte in Badeschlappen und mit einer Plastiktüte voller Cash heraus.

So gesehen war mein Betrüger Zhao Xiyong vielleicht wirklich ein guter Beamter.

Der Abend ist gekommen. Dämmerung legt sich über Maos Geburtshaus, die Grillen zirpen lauter, die Maoistinnen sind zurück in ihren Bus gekrabbelt und fahren fröhlich zum nächsten Pilgerort. Ich suche Chengs Visitenkarte aus meinem Geldbeutel heraus. »Meistverehrter Anwalt des einfachen Volkes.« Ich wähle seine Nummer.

»Anwalt Cheng, hast du schon mit Zhao Xiyong gesprochen?«

»Mache ich, mache ich, morgen, morgen«, sagt er, und ich ahne, es wird nie geschehen. Im Hintergrund klappern Teller, lachen Restaurantbesucher, mir ist, als könnte ich köstliches Hunan-Essen durch den Hörer riechen. Ich lege auf. Es bringt ja nichts. Dann halt zu Tisch.

»Mit Städten ist es wie mit Träumen: Alles nur Vorstellbare kann geträumt werden, doch noch der unerwartetste Traum ist ein Bilderrätsel, das eine Sehnsucht oder eine Angst verbirgt.«

Italo Calvino, »Die unsichtbaren Städte«

3. Die Architekten

Zhao Xiyong hat sich mir entzogen, Mao Zedong ist auch schon tot. Ich finde, es ist an der Zeit, lebende Menschen zu treffen. Ich fahre nach Hangzhou.

Nach Hangzhou fahre ich besonders gerne. China ist fast immer: spannend, aufregend, absurd. Es gibt Orte von erhabener Schönheit und solche von erschreckender Hässlichkeit, es gibt Monotonie, selten aber überkommt mich das Gefühl, das mich jedes Mal in Hangzhou befällt: Genieße, alles ist gut. Ich verschreibe mich dem süßen Leben. Wandere durch Teeplantagen. Streife durch verwunschene Bambuswälder. Sitze stundenlang mit Freunden in Teehäusern. Flaniere in herrlichen Parks. Umrunde den wunderschönen Westsee.

Hangzhou war die Hauptstadt der Song-Dynastie, Marco Polo (einige bezweifeln, dass er China wirklich bereist hat, sie glauben, er habe aufgeschrieben, was er vom Hörensagen wusste) beschrieb sie als die feinste und prächtigste Kapitale der Welt. Alles hier ist ein bisschen schöner. Die Restaurants, Cafés und Teehäuser sind von schlichter Eleganz. Die Menschen sind besser angezogen, die Jungen pflegen den Chic des »小清新 – Xiao qing xin« des »Jungen Reinen Frischen«, so heißt der Stil der Nachwuchsliteraten und Fotografen – und solcher, die es gerne wären. Das Pompöse, Neureiche, Schrille schallt einem in dieser Stadt weniger deutlich entgegen als anderswo. Ruhiger ist es deshalb nicht. Ich bin mit meiner Vorliebe für Hangzhou nicht

allein, chinesische Touristen lieben die Stadt, vor allem feierwü-
tige Rentner. Abends verwandelt sich die Uferpromenade zur
Stadtseite hin in einen großen Rentner-Outdoor-Vergnügungs-
park. Hunderte, nein Tausende kommen, um sich zu amüsieren.
Sie tanzen Tango, Disco, Salsa, Foxtrott. Sie schwingen die Arme
zu den Takten von »Der Osten ist rot« im revolutionären Son-
nentanz, sie spielen Schach, Karten und Mahjong. Sie streiten,
flirten, singen. Etliche haben einen Verstärker und ein Mikro dabei. Jeder dreht den Regler auf, in der Hoffnung, die Nachbarn zu
übertönen. So trällern, plärren, krächzen sie ihre Lieblingslieder
ins Mikrofon. Es klingt schauderhaft, doch alle haben großen
Spaß.

In Hangzhou angekommen, buche ich mich in ein kleines Hotel
in der Altstadt ein und falle in tiefen Schlaf.

Am nächsten Tag geht die Welt unter, die Sintflut ist jedenfalls
schon da. Hangzhou verschwindet im Regen. Es gießt in Strömen, das Wasser bildet Sturzbäche am Straßenrand, über-
schwemmt die Fahrbahn. Den Schirm hätte ich mir sparen können, das Wasser kommt von allen Seiten, innerhalb von Sekunden bin ich durchnässt.

Ich stehe am Straßenrand und wirke von Minute zu Minute
mehr wie etwas, das die Katze gerade zur Tür hereingetragen
hat. Trotz meines armseligen Anblicks fährt ein weißer Toyota 4
Wheel Drive nicht einfach vorbei, sondern hält an, um mich zu
retten.

Am Fenster erscheint ein rundes Gesicht, braungebrannte
Haut, Igelschnitt, neugierige Augen. »Hallo, hallo, steig ein.«

Das Gesicht gehört Wang Shu, 52, blaues T-Shirt, ausgebeulte
Cargohosen, preisgekrönter Architekt. Der erste Chinese, der
2012 den renommiertesten aller Architekturpreise erhielt, den
Pritzker-Preis. Im Jahr 1983 bekam ihn I. M. Pei, auch in Deutsch-

land ein Begriff, dank seiner gläsernen Louvre-Pyramide und vieler anderer Bauten. Der allerdings ist Amerikaner chinesischer Abstammung.

Liegt es daran, dass ich so weich im Rücksitz versinke? Dass Wang Shu und seine am Steuer sitzende Frau Lu Wenyu, die mit ihm das Amateur Architecture Studio gegründet hat, so federleicht plaudern und lachen? Dass die Ablagen des Autos zum Bersten vollgestopft sind, Briefe, Zettel, ein Kinderhandschuh? Jedenfalls fühle ich mich innerhalb von Minuten, als ginge es auf einen Familienausflug.

Die beiden sind, das muss gleich zu Anfang festgestellt werden, ein besonderes Paar, charmant, glamourös und sehr gegensätzlich. Wang ist groß und imposant, Lu klein und beweglich, mit ihrem lang geflochtenen Zopf wirkt sie sehr mädchenhaft. Sie lernten sich an der Uni kennen, seit langem arbeiten sie zusammen. Er ist für den künstlerischen Entwurf zuständig, sie für die Umsetzung.

»Er fliegt hoch am Himmel, ich ziehe ihn auf die Erde herab«, sagt sie.

»Ich rege mich schnell auf, sie hat eine umgänglichere Art«, sagt er. »Sie wirkt weich nach außen, ist aber hart in der Sache. Ich wirke hart nach außen, bin aber leichter rumzukriegen. Deshalb ist es besser, wenn sie die Verhandlungen führt.«

Beide lachen.

Wir fahren durch verregnete Welt, am Westsee vorbei, still liegt er im Regen. Selbst die sonst hartgesottenen chinesischen Touristen haben sich heute nicht rausgetraut. Wir erreichen den Campus der Xiangshan-Akademie. Wang ist Dekan des Architekturinstituts, beide lehren Architektur, dort kann man besichtigen, worum es ihnen geht bei ihrer Baukunst. Sie haben den Campus selbst entworfen.

69

Wang Shu springt aus dem Auto und zündet sich eine Zigarette an. Eine von vielen weiteren.

Beim Besuch ihrer Bauten stellt sich ein eigenartiges Gefühl ein. Eines, das man sonst eigentlich nur von guten Büchern kennt. Die Gebäude werden einem zum Freund. Sie erzählen Geschichten, so wie das Museum der Stadt Ningbo, eine Trutzburg, auf deren Dach man weit über den Dächern wandeln kann wie ein Burgfräulein, immer einen neuen Ausblick, ein neues Detail entdeckt. Man sieht auf einen kleinen See, den kleine Gebäude säumen, das ganze Ensemble wurde von Wang gestaltet.

Auch dieser Xiangshan-Campus in Hangzhou, zu dem die beiden mich mitgenommen haben, steckt voller Geschichten. Er liegt in einem üppig grünen Park, fast ist es ein Dschungel. Schwer zu sagen, wo die Natur anfängt und die Architektur aufhört. Pflanzen klettern die Mauern empor, ein Teich schmiegt sich in einen Innenhof, Brücken führen über den Fluss geradewegs ins Grüne. Die Natur wird Teil der Architektur, die großen Fenster der Sporthalle gehen auf Berg und Fluss hinaus, man fühlt sich, als stünde man mitten im Wald. Ewig kann man hier umherstreifen. Alle Gebäude sind unterschiedlich, sie schlängeln sich am Fluss entlang, folgen der Form des alten Dorfes, das hier einst stand.

Wang ließ sieben Millionen alte Ziegel verwenden, die beim Abriss übrig geblieben waren. »Material«, sagt er, »ist für mich mehr als Material. Es enthält die Erinnerungen von Menschen.«

Ganz individuell wurden die Ziegel und alten Steine in die Mauern eingesetzt, formen Muster. So vieles gibt es zu entdecken. Die alten bunten Glasflaschen, die in eine Steinwand eingefügt wurden und das Wort »Tomorrow« bilden, als hätten Bauern ihre ganz eigene LED-Wand geschaffen. Das kleine Atelier, das über einem Teich thront. Ein sanft geschwungenes Dach. Kleine grüne Oasen, die sich mal im Hof, mal auf dem Dach verbergen. Man denkt an alte chinesische Gärten, an Pavillons, in denen sich die Gelehrten zu Rausch und Poesie trafen. Und ertappt sich beim Lustwandeln. Der Campus ist ein zutiefst modernes Ensemble. Und doch eines, das die Vergangenheit umarmt, die Sinnlichkeit alten chinesischen Bauens wiederentdeckt.

Wie sehr ist diese Sinnlichkeit dem Land abhandengekommen im rauschhaften Bauboom der vergangenen Jahrzehnte. Häuserbrei, kilometerweit, Fassaden, so glatt und öd, dass man beim Hinschauen ganz müde davon wird. Riesige Avenuen und Plätze, auf denen sich der Mensch verliert, die ihn zur Ameise machen. Bauunternehmer reißen sich gewaltige Grundstücke unter den Nagel, die sie viel Dutzend Mal mit dem immer gleichen Hochhausmodell bepflanzen. Hausverkauf in Zeiten der Immobilienblase, an Ampeln verteilen Menschen Flyer, darauf steht: »Kauf ein Stockwerk. Bekomme eins geschenkt.«

Häuser, die keine Geschichten erzählen, sondern nur den Dreisatz können: Bin neu, versuche, teuer auszusehen. Kauf mich jetzt!

Und ist es ein Wunder? In den vergangenen Jahrzehnten hat China die größte Periode urbanen Wachstums in der Geschichte der Menschheit erlebt. Nirgendwo sonst wurde so viel abgerissen, so viel neu errichtet. Das Land baut mehr Hochhäuser, Büros, Shoppingmalls, Hotels, Brücken Autobahnen, U-Bahnen, Flughäfen und Tunnels als irgendeine andere Nation, wahrscheinlich mehr als alle anderen zusammen. Millionenstadt reiht sich an Millionenstadt. China konstruiert den größten Unterwassertunnel, den größten Staudamm, den größten Flughafen, die längste Gaspipeline, die längste Brücke der Welt. Schon immer haben Chinas Machthaber große Infrastrukturprojekte geliebt, das begann schon beim Bau der Großen Mauer.

Nur wenige Chinesen, die älter sind als zwanzig, werden den Ort, an dem sie einst aufgewachsen sind, noch finden können. Längst steht dort ein neuer Compound, eine neue Siedlung, eine neue Fabrik. »Seit dreißig Jahren fühlen sich die Menschen, als würden sie ein Hotel bewohnen«, sagte mir einmal ein chinesischer Therapeut.

Ausländische Architekten drängen ins Land. Wer eine Utopie hat, versucht, sie in China zu verwirklichen. Manches ist spektakulär, anderes albern. Vor kurzem gab Präsident Xi Jinping die Devise aus, es sollten »keine eigenartigen Gebäude« mehr in China hochgezogen werden. Was er wohl meinte? Das Hotel in Form dreier konfuzianischer Gelehrter? Oder das in Form einer Weinflasche? Oder das Haus mit einer Teekanne auf dem Dach? Längst gibt es Top-Ten-Listen der hässlichsten Gebäude des Jahres.

Wang läuft über seinen Campus, raucht und lacht. »Diese ganzen merkwürdigen Gebäude, die hier gebaut werden, repräsentieren auch die Einzigartigkeit unserer Kultur. Sie kann alles aufnehmen, absorbieren, sie wehrt sich gegen nichts. Ich glaube, vieles wird aus Spieltrieb gebaut. Hoffentlich wird es mit der Zeit ein bisschen schöner.« Nach der Kulturrevolution sei das ästhetische Empfinden der Chinesen am Boden gewesen, sagt Wang. »Die Kulturrevolution brachte das Chaos, und jetzt haben wir ein zweites Chaos, nur dass es diesmal ein kommerzielles ist. Der Kommerz vermischt das Echte, Falsche, Gute, Schlechte.« Wang erinnert sich noch genau an den Tag, als er zum ersten Mal ein öffentliches ästhetisches Statement abgab. Er trug ein buntes Hemd. In Zeiten der Kulturrevolution hatten sie nur wenige Farben zur Auswahl, das Grün der Uniform der Volksbefreiungsarmee, das Blau des Mao-Anzugs. »Ende der Siebziger schenkte mir ein Verwandter, der Schauspieler war, eine Jacke.

Nichts Ausgefallenes, sie war einfach nur zweifarbig kariert, doch selbst das war damals wirklich selten. Als ich damit in den Bus stieg, starrten mich alle an. Ich schwitzte. Ich hatte Angst, die Leute würden sagen, es sei moralisch verwerflich, Buntes zu tragen.« Bald trugen mehr und mehr Menschen Farben, in den Läden gab es plötzlich verschiedene Schnitte, Modelle, Accessoires zu kaufen, sie experimentierten, dass es eine Freude war. »Diese Zeit hatte einen besonderen Zauber«, sagt Wang. Alles war frisch. Alles war neu. Zum ersten Mal Rockmusik hören. Zum ersten Mal Jeans anziehen. Zum ersten Mal Tango tanzen. Zum ersten Mal eine Symphonie hören. »Es war so aufregend.« Er lächelt.

Wang geht raschen Schrittes auf den schönsten Bau des Ensembles zu, unter dem weitgeschwungenen Dach liegt die Abteilung für Architektur. Der Regen hat aufgehört. In der Ferne liegt ein Gewächshaus, ein Schwarm schnatternder Gänse zieht vorbei an den Feldern, auf denen Gemüse wächst. Eine »utopische Welt« zu bauen, das war Wangs Traum. Eine, in der nicht nur Platz ist für Gebäude und Menschen, sondern auch für Blumen, Bäume, Berge und Flüsse. »Ein Ort, der immer weiterwächst. Ich stellte mir vor, was für Geschichten hier passieren könnten. Wie ein Filmregisseur.« Es gehe ihm nicht so sehr um ein bestimmtes Bild, sagt Wang. Eher um ein Gefühl. »Als besuchtest du den Garten eines Freundes.« Es ist das neu zum Leben erweckte »utopische Feld« seiner Kindheit.

Als er ein Kind war, zog die Familie durchs ganze Land, lebte mal hier, mal dort. Der Vater arbeitete in einem Staatsunternehmen, das Gleise verlegte. Eintausend Menschen, die der Route künftiger Bahngleise folgten, kreuz und quer durchs ganze Land. Der Vater war Geiger der firmeneigenen Theaterkompagnie, denn während die Arbeiter schufteten, wurden sie von Opern-, Theater- und Gesangstruppen unterhalten. Ein paar Jahre verbrachte die Familie in Xinjiang, im fernen Nordwesten des Landes. Lebte in einem Gebäudekomplex, der auch die Schule der Mutter beherbergte, einer Lehrerin und Bibliothekarin. »In der Kulturrevolution kam der Unterricht zum Erliegen, das galt als revolutionär.« Aus Lehrern wurden Bauern und Gärtner. »Tagsüber bauten sie Obst und Gemüse im Schulhof an, wir Kinder halfen ihnen dabei. Erst abends wurden sie wieder zu Lehrern. Wenn die Familien zusammenkamen, um Kaffee und Pu-Erh-Tee zu brauen.« Es war sein utopisches Feld. »Sie sprachen über alles, über Politik und Literatur. Sie diskutierten leidenschaftlich über ihre Gefühle und Gedanken. Wir Kinder hörten ihnen zu. Für mich war es der Himmel. Die wichtigste Erziehung, die ich je erhielt.« Mitten in der Gewalt, den Verfolgungen, der Hexenjagd erlebte Wang die Freiheit.

Zuweilen hörte Wang Schmerzhaftes, über die Verfolgungen der Kulturrevolution. Und verstand doch nicht ganz. Kritiksitzungen hat er keine erlebt, für ihn war diese Zeit eine ohne Hausaufgaben. Er lacht. »Es war wie mit den Mantous, den Brötchen, die es manchmal bei uns gab.« Die Erwachsenen verabscheuten sie, weil Mantous sie an die Zeit der Armut erinnerten. »Für sie schmeckten sie bitter. Wir Kinder aber konnten nicht genug davon kriegen. Für uns waren sie ganz süß.«

Früh hatte er sich ans Selbststudium gewöhnt, verbrachte Tage in der Bibliothek der Mutter. Barg Schätze aus der Zeit vor der Kulturrevolution, die doch eigentlich auf dem Index standen. Bücher über den chinesischen Film der 1920er Jahre, über Geschichte und Literatur. Er saß alleine in diesem Raum voller verbotener Schätze und vergaß die Zeit um sich herum.

Als er an die Universität kam, rebellierte er. »Die Professoren verstanden nicht, was ich sagte, und mich interessierte nicht, was sie zu sagen hatten.« Sie lehrten westliche Architektur, doch sie taten das anhand von Büchern und Magazinen, ganz und gar aus ihrem Zusammenhang gerissen. Und gerade darum ging es Wang doch: um den Kontext. »Die Art der Architektur, die sie uns beibrachten, war destruktiv. Sie zerstörte die existierende Stadt. Wenn du auch nur fünfzig Jahre damit verbringst, den Geist der Menschen zu ändern, kannst du dadurch fünftausend Jahre Geschichte aus ihrem Gedächtnis löschen. Unser Land ist ein komplett neues Land. Ich weiß nicht, ob man es China nennen sollte.«

Bald wird das Hofhaus der Großeltern in Peking abgerissen werden, in dem Wang einen Teil seiner Kindheit verbrachte. »Sie sagen, dass wir dabei helfen, den sozialen Fortschritt zu gewährleisten.« Solange dieses Haus steht, fühlt er sich der Stadt sehr verbunden. »Ist es erst mal weg, wird mich nichts mehr mit Peking verbinden. Vielen geht es so. Die Stadtbewohner werden zu Migranten. Sie leben mal hier, mal da, und in ein paar Jahren werden sie wieder umziehen. Früher waren die Häuser in einer Stadt wie Baumwurzeln im Boden. Jetzt gibt es keine Wurzeln mehr. Alles ist vorübergehend, unsicher und wird nicht bleiben. Das ist die grundlegende Lebenseinstellung der Menschen.« Es gebe keinen echten Zusammenhalt. »Jeder hat ein Smartphone. Doch wir brauchen eine wirkliche Gemeinschaft.«

Genau deshalb war der Pritzker-Preis für Wang auch ein politisches Signal. In der Begründung der Jury heißt es: »Im Kontext des Urbanisierungsprozesses, den China erlebt, ist die Frage, ob Architektur in der Tradition verankert werden oder nur auf die Zukunft ausgerichtet werden sollte, besonders aktuell.« Einige hoben erstaunt die Brauen, als sie davon erfuhren. Zwar hatte er 2010 den renommierten Schelling-Preis erhalten, 2011 die Goldmedaille der französischen Architekturakademie, doch ist er im Gegensatz zu seinen Vorgängern noch relativ unbekannt. Während eine Zaha Hadid auf der ganzen Welt baut, tat Wang Shu es bislang vor allem in der Provinz Zhejiang, in der auch Hangzhou liegt. Es ist der Ort, der ihm ein bisschen Freiheit ermöglicht. Schon immer hat die Provinz Zhejiang große Händler und Künstler hervorgebracht, hier entsprang die Seidenstraße der Meere, stachen Schiffe nach Korea, Japan und anderswo in See.

»China ist ein großes Land mit vielen Brüchen. Und es gibt Orte, wo du atmen, Dinge tun kannst, die du gerne tun möchtest.«

Wang eilt in den Unterricht. Um den Tisch herum stehen seine Studenten. Sie haben Karten und Satellitenfotos darauf ausgebreitet. Tausende Dörfer im Umland will die Akademie restaurieren helfen. Die Studenten sollen hinfahren und sich ein Bild machen, das Terrain erkunden. »Lasst euch bloß nicht von den Kadern einladen«, schärft ihnen Wang ein. »Die freuen sich, wenn ihr kommt, laden euch in ein schickes Hotel ein und stellen euch ein Auto mit Fahrer. Und werden doch verhindern, dass ihr alles zu sehen bekommt.« Viel Zeit sollen sie sich lassen. Zeichnen, mit den Menschen sprechen. »Ich will eure Hand und eure Augen.«

Ich lasse sie arbeiten und treffe einen taiwanesischen Freund. Am Nachmittag liegen wir auf einer Tempelmauer im Bambuswald und lassen uns die Sonne ins Gesicht scheinen. Wir wandern durch die Teeberge und trinken bis spätabends eine Tasse Tee nach der anderen, Longjing-Tee, einen der bekanntesten des Landes.

Ein paar Tage später bin ich mit Wang und Lu im Café der anderen Kunstakademie gleich am Westsee verabredet. Wir essen Kuchen, plaudern und lachen, Familienausflug zweiter Teil. Wang wirkt heute sehr viel förmlicher, er trägt eine graue chinesische Robe, Lu hat sich eine Military-Weste übergezogen. Yin und Yang. Derzeit arbeiten sie an einem Projekt in einem Dorf in der Umgebung, wo genau es liegt, wollen sie nicht verraten. Sie versuchen dort, eine sinnvolle Synthese traditioneller und moderner Architektur zu schaffen.

»Doch das ist viel schwieriger, als etwas auf der grünen Wiese zu bauen«, sagt Lu. Denn natürlich habe jeder Anwohner seine Vorstellungen.

»Die Bauern«, erzählt Wang, »haben schon einen Traum. Sie wollen nichts Traditionelles. Sie wollen, dass wir alles abreißen und neu bauen. Sie würden gerne wie die Menschen in der Stadt leben, in großen Villen und Häusern. Mit einem großen Wohnzimmer, in das sie einen großen Fernseher stellen können. Das Auto soll in der Nähe ihres Hauses parken, sie wünschen sich einen großen Garten.«

Dabei ist der Grund, auf dem das Dorf gebaut ist, viel zu schmal, um jedem diesen Wunsch zu erfüllen, »trotzdem hegen ihn alle«, selbst wenn die Familie klein sei. »In vielen Häusern leben die Menschen nur in einem Stockwerk. Sie machen Witze darüber und sagen, die anderen Stockwerke seien da, um die Hühner darin zu füttern.«

Wang und Lu versuchen zu überzeugen, Kompromisse zu finden, doch je länger sie sich damit auseinandersetzen, desto mehr beschäftigt sie eine ganz grundsätzliche Frage: Was kann das eigentlich bedeuten, Tradition, in die Jetztzeit übersetzt? »Alle sprechen darüber, dass wir unsere traditionelle Kultur verjüngen sollen. Doch keiner weiß so recht, wie das gehen soll.«

In einem Land, in dem über Nacht neue Städte entstehen, gehen Wang und Lu mit aufreizender Langsamkeit voran. Wang sagte mal, er arbeite wie ein chinesischer Landschaftsmaler. Sehen, verstehen, träumen. Oft verbringen sie Monate an einem Ort, bevor eine Idee entsteht. Sondieren das Terrain, sprechen mit den Menschen. Ein Bau soll organisch wachsen. Nach dem Studium lernte Wang viele Jahre bei chinesischen Handwerkern, auch heute kooperiert er eng mit ihnen. Die Bauhaus-Idee ist ihnen nahe.

Manchmal kämen Arbeiter zu ihnen, erzählt Lu, weil sie Fehler gefunden haben. Sie fragten: Sollen wir das beheben? »Ich sage dann, lasst es einfach. Die Definition des Menschlichen ist, Fehler zu machen. Wenn wir Perfektionisten wären, könnten wir nie irgendetwas zu Ende bringen.«

Auch deshalb nennen sie ihr kleines Architekturbüro Amateur Studio. Gälte das Hastige als professionell, wollten sie lieber Amateure bleiben. Amateur zu sein, sagt Wang, heiße aber, auch »viele Talente und Interessen zu entwickeln«. Ganz wie sein Vorbild Li Yu, Poet und Architekt der Ming-Dynastie, der ebenfalls in Hangzhou lebte. »Li Yu war nicht der Typ, der gesagt hätte: Architektur ist alles im Leben. Sein größtes Interesse war das Leben selbst. Er wollte nicht Beamter werden, sondern ein entspanntes Leben führen. Er interessierte sich für Zeichnen und Kalligrafie, für Kochen und Gartenbau, er schrieb Opern und liebte es, die Operndarstellerinnen zum Tanzen auszuführen. Das war damals ein Skandal, galten die doch als Menschen von niedrigem Stand.«

Nur Architekt sein?

Wang grinst. »Ist doch viel zu langweilig.«

»Mit einem Krug voll Wein saß ich umringt von
Blumen ganz allein.
Ich hob den Becher, den Mond zu bitten, für diese
Nacht mein Gast zu sein.
Da sah ich meinen Schatten und lud auch ihn als
Dritten ein.
Der Mond aber trank keinen Schluck. Der Schat-
ten wollte blind mir folgen.
Und doch in dieser Frühlingsnacht waren beide
mir die liebsten Trinkgefährten.
Ich sang, der Mond feuerte mich an. Ich tanzte, der
Schatten stolperte hinterdrein.
Bei klarem Sinn waren wir wunderbare Gefährten,
erst die Trunkenheit hat uns getrennt.
Lebt wohl, ihr Lieben. Ich suche euch
auf einem Stern am Firmament.«

Li Bai, »Gelage im Mondschein«

4. Der Wanderarbeiterdichter

Ich fahre nach Süden, immer weiter nach Süden. Nach Shenzhen, der Stadt, die sich an Hongkong schmiegt. Shenzhen zu beschreiben fällt mir schwer. Nicht mal, weil sich Städte in China so sehr ähneln, vielmehr beschleicht mich jedes Mal, wenn ich in Shenzhen bin, ein seltsames Gefühl. Als würde sich die Stadt verändern, wenn ich auch nur einen Moment wegsehe. Als wechselten die Gebäude ihre Position, liefen schnell woandershin, als öffneten sich Straßen, wo vorher keine waren, als schlössen sich Einfahrten, an denen ich Sekunden zuvor vorbeigelaufen bin. Ich kann die Stadt nicht greifen, sie wandelt sich zu schnell. In Shenzhen wurde das chinesische Wirtschaftswunder erfunden, hier experimentierte die Führung mit den Wirtschaftsreformen, die später das ganze Land erfassen sollten. Noch vor dreißig Jahren war es ein Provinznest von dreißigtausend Seelen, in das es vor allem jene verschlug, die nach Hongkong flüchten wollten. Bis Deng Xiaoping im Jahr 1980 Shenzhen zur ersten Sonderwirtschaftszone des Landes erklärte und die Devise ausgab: »Lasst den Westwind herein. Reichtum ist ruhmvoll!« Und reich sollte die Stadt werden. Heute hat sie das höchste Pro-Kopf-Einkommen des Landes, von Hongkong und Macao einmal abgesehen. Sie hat zehn Millionen Einwohner und ist das Zentrum der chinesischen Elektro- und Telekommunikationsindustrie.

Viele aber wurden nicht reich. Die meisten der Bauern, die als Wanderarbeiter herbeiströmten, um Möbel, Smartphones, Computer und Kameras für den Rest der Welt zusammenzuschrauben. Millionen billig schaffender Arbeiter, deren Produkte wir täglich in den Händen halten. Einer von ihnen ist Guo Jinniu, 50. Der Wanderarbeiterdichter. Und seinetwegen bin ich nach Shenzhen gekommen.

Guo sitzt auf einem rosafarbenen Plastikschemel und schaut in den Regen. Der Regen beruhigt, der Regen wäscht alles weg, der Regen macht vieles schöner. Wohnblöcke in Weiß und Blau. Wäsche, die in den Fenstern hängend einfach nicht trocken wird. Menschen, die im Schlafanzug über die Straßen laufen, als wandelten sie im Traum.

Guo Jinniu sitzt im Eingang seines Internetcafés. Zwanzig Computer mit Plastikschemeln davor, die türkise Farbe kriecht von den Wänden, der Putz kriecht hinterher. Es riecht nach Feuchtigkeit und dem Schweiß junger Männer, sie spielen hier Computerspiele, stundenlang. Einer, etwa zwanzig, Haare asymmetrisch geschnitten, sie kleben ihm auf der Stirn, hört nicht auf zu rauchen. Er sitzt weit vornübergebeugt, die Hände zucken nervös, die Augen starren unverwandt auf den Bildschirm. Er schiebt sich Chips in den Mund, doch dort hängt schon die Kippe, er hat sie längst vergessen. Manchmal setzt sich Guo zwischen die jungen Männer. Von ihren Computern pfeifen die Schüsse, erschossene Feinde jaulen auf, er aber hört nichts, denn er schreibt ein Gedicht. Taucht zurück in vergangene Zeit. Damals, als er beim Riesenkonzern Foxconn ein gewaltiges Netz unter das Fabrikdach spannte. So weit, dass es Seiltänzer hätte auffangen können, hoch oben am Himmel balancierende Seiltänzer. Doch da waren nur junge verzweifelte Arbeiter, die sich vom Fabrikdach stürzten, weil sie es nicht mehr aushielten, die Arbeit, die Einsamkeit, die tägliche Erniedrigung. Sie flogen, einer nach dem anderen. Dreizehn insgesamt. »Auf dem Papier nach Hause zurückkehren«, heißt das Gedicht, das Guo ihnen widmete.

»Alle Wanderarbeiter träumen davon, eines Tages nach Haus zurückzukehren, doch sie wünschen sich eine glorreiche Rückkehr, Geld und Ruhm im Gepäck«, sagt Guo.

Jene dreizehn aber kehrten nicht zurück, sie wurden in der Stadt eingeäschert. Und alles, was blieb, war das Papiergeld, das die im Dorf Zurückgebliebenen für die Toten verbrannten. Damit sie im Jenseits nicht Not leiden mussten.

Der Junge, im Morgengrauen, zählt vom 1. bis zum 13. Stock.
Am Ende hat er das Dach erreicht. Er. Flieg, flieg. Der Vögel Flügelschlag,
unnachahmlich.
Der Junge zieht eine gerade Linie, so schnell.
Ein Strich von Blitz.
Konnte nur die erste Hälfte sehen.
Die Erde, ein wenig größer als das Longhuaviertel, trifft ihn frontal.

Wir sitzen auf unseren Plastikschemeln, rosa der seine, rosa der meine. Guo schaut in den Regen und zitiert Milan Kundera. Kundera dachte sehr wahrscheinlich nicht an chinesische Arbeiter, als er sein Buch schrieb, und doch, für Guo hätte es kein anderer Ausdruck besser beschrieben: »Die unerträgliche Leichtigkeit des Seins«. »»Das Leben ist so weit wie der Himmel'«, sagt das alte Sprichwort. Doch für uns Wanderarbeiter ist es das nicht.«

Geschwindigkeit, trug fort den Jungen;
Sie, Reis, trug fort ein kleines Körnchen Weiß.
Die Tränen der Mutter, springen von den Rändern der Ziegel.
Das war der dreizehnte Sprung in sechs Monaten. Die zwölf Namen davor.

Staub, frisch gefallen.
Herbstwind weht die ganze Nacht durch Mutters Schilfgras.
Weiße Asche, leichtes Weiß, fährt mit dem Zug nach Hause,
es kümmert ihn nicht das Weiß von Reis.
Das Weiß der Schilfähre
das Weiß der Mutter
das Weiß des ersten Frosts.
So großes Weiß, begräbt das kleine Weiß wie eine Mutter, die
ihre Tochter begräbt.
Im dreizehnten Stock wird ein Selbstmordnetz angebracht,
das ist meine Arbeit.
Das bringt mir einen Tag Lohn.
Ich drehe langsam eine Schraube fest, im Uhrzeigersinn, sie
kämpft und wehrt sich. Je mehr Kraft ich aufwende, umso
größer die Gefahr.

Trotz seiner fünfzig Jahre ist Guos Haar noch immer ganz dicht und schwarz. Groß sind seine Ohren, seine Mundwinkel gehen ein wenig nach oben, es sieht aus, als würde er lächeln, selbst wenn er es nicht tut. Er trägt diese Schuhe mit Einlagen, die ihn ein wenig größer machen sollen, doch er ist trotzdem noch klein. Er hat etwas Aufgewecktes, immer Aufmerksames, gleich einem Nagetier, das blitzschnell auf- und wieder abtauchen kann. Das wartet. Tage. Wochen. Monate. Bis diese eine Chance kommt, die es ergreift.

Chancen schenkt das Leben einem wie ihm nicht viele. Guo Jinniu, vor einem halben Jahrhundert in Huanggang geboren, ein Weiler am Langen Fluss. Wasserbüffel, Schweine, Weizen, Reis. Zum Bauern war er nicht gemacht. Stahl sich lieber fort vom Feld, setzte sich ans Ufer des großen Sees, über den man bis zum Langen Fluss fahren konnte. Und ließ seine Sehnsucht mit dem

Wasser treiben. Im Dorf lebten hundert, vielleicht zweihundert Menschen. Gesichter, an denen er sich sattsah, Tag für Tag. Das Leben nicht reich, aber eintönig und sicher. Winter, Frühling, Sommer, Herbst, ernten, wässern, säen. Manchmal kamen Menschen vorbei, die von der Welt dort draußen erzählten, von Städten so groß, dass sie die Vorstellungskraft aller im Dorf überstiegen. Wachte Guo morgens auf, dann spürte er das Ziehen im Herzen, ging er abends zu Bett, war es immer noch da. Manchmal stellte er sich vor, wie das sei: auszuziehen, um als gemachter Mann zurück ins Dorf zu kommen. Nachbarn und Verwandte, die ihn voll Stolz und Bewunderung empfingen, Mädchen, die ihm plötzlich zulächelten.

Angst hatte er keine. »Wenn man siebzehn oder achtzehn Jahre alt ist, hat man keine Angst.« An die Uni wollte er gehen, Literatur studieren. Er las, was er in die Hände bekam. Am meisten liebte er die Klassiker, den »Traum der Roten Kammer«, die »Reise in den Westen«, »Die Räuber vom Liangshan-Moor«.

»Wir Bauern haben schon immer die Literatur geschätzt.« Wer im Dorf ein Buch besaß, lieh es den anderen, es wanderte von Hand zu Hand, bis Eselsohren die Seiten zierten und der Einband ganz abgegriffen war. In der Grundschule hieß sie der Lehrer Gedichte auswendig lernen, sie formten sich zu Träumen, nachts, wenn er schlief.

Damals im Dorf tat er das, was einem armen Bauernsohn wie ihm blieb: Er ging zur Armee. Stationiert wurde er in der Inneren Mongolei, der chinesischen Provinz gleich an der Grenze zur damaligen Sowjetunion. Auf die kurzen Sommer folgten die ewigen Winter. Schnee folgte auf Schnee. Und immer blies der Wind.

Nach vier Jahren kehrte er ins Dorf zurück, ihn erwarteten dieselben Gesichter, nur waren sie ein wenig älter geworden. Die Sehnsucht war noch immer dort, wo er sie zurückgelassen hatte, nur war auch sie größer geworden. Ein Tag folgte auf den nächsten, gleichförmig, monoton, während er auf seine Chance wartete.

Guos Frau steckt den Kopf heraus, um zu sehen, ob der Regen nachgelassen hat. Sie ist jünger als er, sie hat ein rundes Gesicht. Sie lächelt schüchtern. Die beiden leben hinter dem Internetcafé. Mit den zwei Kindern. Man muss einmal durchs Internetcafé gehen, die Tür hinaus, eine andere Tür hinein. Dort liegt eine Kammer, nachträglich ins Treppenhaus eingebaut. Eine Treppenstube. Guo schließt die Tür auf. »Mal sehen, ob es Licht gibt. Das Licht geht nur, wenn es gut gelaunt ist.« Er wendet mir den Rücken zu, doch ich spüre, dass er ein bisschen verlegen ist. Er drückt ein paarmal den Schalter. Offensichtlich ist das Licht heute schlecht gelaunt. Es gibt kein Fenster, durch die offene Tür dringt nur wenig Helligkeit. Im Dämmerlicht mache ich einen Gasherd aus, ein paar Küchenutensilien, Töpfe, Messer, Löffel. Die Decke besteht aus ein paar Styroporplatten, gleich darüber liegt das Treppenhaus, es muss laut sein, wenn einer die Treppe runtereilt. Am Ende der Kammer steht ein Ehebett für ihn und seine Frau, rosa die Bettwäsche. Darüber hat er ein Hochbett für seine Kinder gebaut. Am Kopfende des Ehebetts thront ein kleines Regal, darin ein paar Poesiebände und die beiden Dichterpreise, die er gewonnen hat.

Die Kammer ist dunkel und klein, doch genau betrachtet ist sie ein Aufstieg. Besser als das Leben, das Guo viele Jahre lang führte.

Eines Tages kam ein junger Nachbarssohn, der ausgezogen war, zurück ins Dorf. Er sah anders aus als die anderen, es war, als bringe er ein wenig weite Welt mit sich. Er erzählte mit aufgeregter Stimme von Shenzhen. Im Jahr 1991 war Deng Xiaoping in den Süden gereist, mitten in die Erstarrung, die der blutigen Niederschlagung der Proteste auf dem Tiananmen-Platz im Jahr

1989 folgte. Und hatte in Shenzhen die wirtschaftliche Liberali-
sierung verkündet. Frei könnt ihr nicht werden, aber reich, das
war seine Botschaft. Shenzhen, das war der Ort, an dem es begann. An dem China anfing, für den Rest der Welt zu produzieren. Und dafür brauchte es viele junge billige Arbeitskräfte. Jungen und Mädchen, die anspruchslos waren, die viel gaben und
wenig dafür verlangten. Jungen wie Guo Jinniu.

Guo packte sein Bündel. Er faltete ein paar Kleidungsstücke
zusammen, steckte Zahnbürste und Seife ein, legte einen Gedichtband dazu. Er zog seine Militäruniform an, weil er glaubte,
eindrucksvoller darin zu wirken. Vielleicht schreckte sie ja ein
paar Diebe ab. »Ich gehe«, sagte er zu den Eltern, lief los und sah
sich nicht um. Er wusste, dass die Mutter jetzt schluchzte, dass
ihr Tränen über das runde Gesicht liefen, doch er schaute nach
vorne. Immer nach vorne. Neben ihm gingen ein paar Freunde
aus dem Dorf, die Bündel hatten sie über die Schulter geworfen,
so liefen sie in ihr großes Abenteuer.

Als Guo auszog, Anfang der neunziger Jahre, hatte er gerade
mal hundert Yuan in der Tasche, heute wären das etwa zehn
Euro. Er wusste den Namen der Stadt, in die er wollte, das war es
auch schon. Die Jungen vom Dorf fuhren Bus, Bahn und wieder
Bus, verirrten sich ein paarmal und kamen endlich in Shenzhen
an. Nicht in der Stadt, die durften Wanderarbeiter bis ins Jahr
2011 nicht betreten, sondern im Fabrikviertel außerhalb. Er stieg
aus und traute seinen Augen nicht. Noch nie hatte er so viele
Menschen gesehen. »Mir war, als habe mir einer mit einem
Hammer auf den Kopf geschlagen.« Er taumelte voran, stieß gegen Ellbogen und schwere Taschen, die hinter ihm Kommenden
schoben ihn ungeduldig weiter. Er ließ sich vom Menschenstrom
treiben, darauf bedacht, dass er seine Freunde nicht verlor. »Ich
wusste nicht, wohin mit mir. Doch keiner wusste, wohin mit
sich. Alles war neu. Für uns alle. Für die Arbeiter, die noch nie in

Fabriken gearbeitet hatten. Für die Fabrikbosse, die noch nie Fabrikbosse gewesen waren. Für die Polizisten, die Beamten, die noch nie mit solchen Menschenmengen konfrontiert gewesen waren. Es war ein einziges großes Experiment. Alle hasteten voran, alle waren wie im Fieber.«

Sie alle spielten gemeinsam ein neues Spiel, das Kapitalismus heißt. Hart, schnell, unerbittlich.

Sie ließen sich in ein kleines Nudelrestaurant spülen, danach wussten sie nicht mehr weiter. Für ein Hotel fehlte ihnen das Geld, Freunde hatten sie hier keine. Sie stiegen den Hügel hinauf, bis sie die Gräber sahen. Kleine Hügel mit Grabsteinen, manche davon waren groß und gewölbt, boten Schutz vor Sonne und Regen. Sie sahen andere in deren Schatten schlafen. Und suchten sich ein Grab, das für drei Jahre ihre Heimat werden sollte.

Tagsüber gingen sie von Fabriktor zu Fabriktor. Fragten nach Arbeit, doch keiner wollte sie. »Wolltest du einen Job in einer Fabrik, brauchtest du einen, der dich vorstellte. Viele Männer waren auf Arbeitssuche, und die meisten Fabriken wollten Frauen, weil ihre Hände kleiner sind, weil sie geschickter sind. Weil sie auf den Chef hören und weniger rebellisch sind.« Immer waren sie auf der Suche, immer auf der Hut vor der Polizei. Sie hatten keine Aufenthaltserlaubnis, nach dem Gesetz durften die Bauern nicht einfach in den Städten leben, auch wenn jeder wusste, dass die Fabriken sie dort brauchten.

Manchmal hatte Guo Glück und ergatterte einen Job, für ein paar Monate nur. »Die Fabriken waren wie Gefängnisse. Du durftest nur einmal die Woche raus, am Wochenende. Was der Chef sagte, war Gesetz. Wenn du aufs Klo musstest, musstest du dich abmelden und Ersatz suchen.« Mittags gab es Kohl. Abends gab es Kohl. Viele Männer teilten sich einen Schlafsaal, doch Zeit zum Schlafen hatten sie fast nicht. Sie machten Überstunden. Manchmal waren es sechzehn, achtzehn, in Stoßzeiten schufteten sie vierundzwanzig Stunden am Stück, für ein paar Pfennige Lohn. »Jede freie Sekunde dachte ich nur ans Schlafen.« Er stand am Fließband. Montierte Schrauben. Versetzte Nägel. Machte Leiterplatten sauber. Schraubte Fernseher zusammen. Tunkte Gegenstände in Flüssigkeiten. Hantierte mit Chemikalien, die er nicht kannte, ohne Handschuhe und Mundschutz, der Vorarbeiter sagte: »Ist ganz ungefährlich.« Später erfuhr er, dass er seine Hände in Giftwasser getaucht hatte. Stets übernahm Guo nur einen winzigen Teil einer gewaltigen Fertigungskette, ohne genau zu wissen, was er da tat. Keiner sagte es ihm, die Chefs hatten Angst vor Industriespionage. Immer nur dieser eine Handgriff. Tausende Male am Tag. Er wusste nicht, wo die Endprodukte landeten und was für Menschen sie dort kauften. Nachts, wenn er schlief, arbeitete er im Traum einfach weiter.

Acht Jahre lang sprach er seine Familie nicht. »Ich hatte noch nie ein Telefon benutzt. Es gab nur in den Fabriken Telefone, sonst nirgends.« Er konnte ihnen schreiben, sie ihm aber nicht, denn er hatte keine Adresse. Er war eine Nummer am Fließband. Eine Nummer auf dem Prüfzettel des Vorarbeiters. Eine Nummer im Schlafsaal.

Die Pritschen der Schlafsäle glichen einander bis aufs letzte Detail. Unzählige vor ihm hatten hier gelebt, keiner hatte eine Erinnerung hinterlassen. Menschen waren etwas Provisorisches, sie gingen dorthin, wo die Weltwirtschaft sie brauchte.

Irgendwo in Guos Tasche lag ein Gedichtband, doch er hatte ihn längst vergessen.

Wir sind hungrig geworden auf unseren Plastikschemeln, wir wollen essen gehen. Guos Kinder begleiten uns, ein großes Mädchen und ein kleiner Junge, sie sind ihm wie aus dem Gesicht geschnitten. Sie sagen, sie seien heute extra nicht zur Schule gegangen, um die Ausländerin zu begutachten. Dass das eine Ausrede ist, ist uns allen vom ersten Moment an klar. Doch als einstige Schulschwänzerin aus Überzeugung und sportlicher Leidenschaft wertschätze ich jeden Trick, der funktioniert. Wir gehen über die Gasse, der Regen hat aufgehört, die Kinder hüpfen hinter uns her wie zwei wildgewordene Gummibälle, berauscht von hart erschwindelter Freiheit. Wir verlassen das kleine Viertel und treten auf die Straße. Kleine mehrstöckige Häuser reihen sich am Straßenrand, sie haben rote Dächer und Giebel im europäischen Stil, so wie es die chinesische Mittelklasse liebt, doch der Putz blättert, in vergitterte Fenster ist Wäsche geklemmt. »Vor zwanzig Jahren«, sagt Guo, »war das einmal eines der besten Viertel Shenzhens.« Doch zwanzig Jahre sind in Shenzhen eine Ewigkeit. Die Mittelklasse ist weggezogen, in neue schickere Compounds, die Wanderarbeiter haben die Wohnungen übernommen. Es sind die Wanderarbeiter, die es zu etwas gebracht haben, die nicht mehr in Schlafsälen hausen müssen, die längst zu Städtern geworden sind. Auf diesem einen kleinen Straßenstück lassen sich die Stufen der Verstädterung beobachten.

Da sind die Männer, die auf ihren Lastenfahrrädern vorüberfahren, Wasserflaschen und Gas transportieren. Ihre Hände sind groß wie Heugabeln, die Wangen rotgebrannt. Ihre Gesten, ihre Sprache, ihre Kleidung, alles sagt: gerade erst vom Dorf gekommen. Eine junge Frau im kurzen Rock und hochhackigen Schuhen eilt an ihnen vorbei. Sie ist elegant gekleidet und stakst doch so unelegant voran, als renne sie über eine Schotterstraße. Ist offensichtlich noch nicht allzu lange da. Ein junges Paar betritt ein Studio für Hochzeitsfotos, ihr Auftreten ist das der Städter. Das Studio heißt »Romantischer Traum«, das Werbefoto zeigt ein Paar in ebenjener hochangestrengten romantischen Pose, die Hochzeitspaare überall im Land einnehmen. Er steht hinter ihr und sieht schmachtend zu ihr herab, sie blinzelt rehäugig nach oben. Dass seine Hand aber so leicht und elegant auf ihrer Schulter liegt, ihr Haar wiederum im perfekten Schwung ihr Antlitz rahmt, das ist stundenlange harte Arbeit. Ein Knochenjob, und das Paar, das danach nicht heillos zerstritten ist, wird verdientermaßen getraut.

Die Stadt verändert die Neuankömmlinge mit jedem Tag, bringt ihnen ihre Regeln bei. Wie man sich kleidet, wie man spricht, wie man flirtet oder den Chef auf seine Seite zieht. Die unzähligen Codes und ungeschriebenen Regeln, die über Erfolg und Misserfolg bestimmen. In einem Land, in dem die Unterschiede zwischen Stadt und Land so groß sind und Land noch immer gleichbedeutend mit Armut ist, tut jeder sein Bestes, als Städter zu gelten. Und Tempo und Ausmaß der Urbanisierung sind gewaltig. Noch im Jahr 1980 lebten nur etwa zwanzig Prozent der Chinesen in Städten, 2012 waren es bereits 52,6 Prozent, 2020 sollen es siebzig Prozent sein, also mehr als neunhundert Millionen Menschen. Der Kulturwandel vollzieht sich in rasendem Tempo. Jahrtausendelang war China ein Agrarstaat, prägte die bäuerliche Kultur das Land, jetzt wird ein Volk gleichsam über Nacht zu Städtern.

Doch selbst in der Stadt sind die Menschen noch streng geteilt. Gibt es »echte Städter« und »Zugezogene«. Denn der »户口 – hukou«, die Meldebescheinigung, die die Menschen zu Zeiten Maos an ihren Wohnort band, teilt die Chinesen noch immer. Wer einen Stadt-Hukou besitzt, kommt in den Genuss von Privilegien, von denen die anderen nur träumen können. Er darf sich ein Haus in der Stadt kaufen, seine Gesundheits- und Sozialversorgung sind besser, seine Kinder werden es leichter haben, auf eine gute Uni zu kommen. Die Bedeutung des Hukou ist so groß, dass er selbst auf dem Heiratsmarkt eine wichtige Rolle spielt.

Wir sind im Restaurant angekommen. Essen köstliche kleine Teigtaschen, die in Bambuskörben gedämpft wurden, gefüllt mit Fleisch, Gemüse, Krabben. Dim Sum, eine kantonesische Spezialität. Die Kinder stehlen sich gegenseitig die angebissenen Teigtaschen vom Teller. Guo erzählt, wie er die Poesie wiederfand.

Eines Tages kam er an einer Mauer vorbei und sah, wie einer ein Gedicht dort aufhängte. Ein Wanderarbeiter wie er. Wahnsinn, dachte er. Da schreibt einer. Und plötzlich fiel ihm alles wieder ein. Die Worte und wie sie zu Sätzen flossen, der Rhythmus und wie unendlich gut sich das anfühlte: Poesie. Er sprach den anderen an, der lud ihn zum Essen ein. Bot ihm danach ein Bett in seinem Schlafsaal an und fragte schließlich: »Warum schreibst du nicht für uns?« Der neue Freund arbeitete nebenbei in einem Kulturzentrum für Wanderarbeiter, jeder durfte ein Gedicht pro Monat schreiben und erhielt dafür, je nach Länge, fünfzehn bis dreißig Yuan. Ein paar Euro immerhin. In seinem ersten Gedicht schrieb Guo Jinniu über das Wanderarbeiterleben. Er schrieb über die Einsamkeit, die Sehnsucht und das Leben in den Schlafsälen. »Jemandem wie mir ist es verwehrt, so zu leben, wie er es im Innersten gerne möchte. Aber es ist mir nicht verwehrt, so zu schreiben, wie es mir mein Innerstes diktiert.«

Er hatte die Dichtung wiederentdeckt. »Uns Chinesen liegt sie im Blut, schon unsere Kaiser haben Gedichte geschrieben. Noch im letzten Bauerndorf wirst du hier Menschen finden, die nicht lesen und nicht schreiben können, wohl aber einen Vers von Li Bai oder Du Fu aus der Tang-Dynastie aufsagen.« Und Guo hatte jetzt neue Themen: das Leben der Wanderarbeiter. Er veröffentlichte im Netz, er fand einen Mentor, den in China berühmten Dichter Yang Lian, er machte bei einem Dichterwettbewerb mit, den dieser ausgeschrieben hatte, und gewann den ersten Preis. Und Guo, der Wanderarbeiter, übernachtete plötzlich in einem Fünf-Sterne-Hotel in Peking. Guo wurde vom Internationalen Gedichtfestival in Rotterdam geehrt. Er wurde ein bisschen berühmt.

»Kannst du mir irgendwas von damals zeigen?«, frage ich Guo. Das Grab, wo du gewohnt hast? Eine alte Fabrik? Irgendwas?«

Er überlegt lange. »Ist alles abgerissen. Nichts mehr da. Wir können zu Foxconn gehen. Deren Fabrik steht noch.«

Wir machen uns auf den Weg, es ist nicht weit.

Der Eingang zu Foxconn sieht aus wie der Eingang zu einer Stadt, einer riesigen gated community. Ein großes Tor versperrt den Weg, bullige Wachmänner in schwarzer Uniform stehen davor, fahren auf Motorrädern vorbei, es sind unangenehme Kerle. »Was wollt ihr hier?«, und: »Wer hier nicht arbeitet, hat hier nichts verloren«, »Macht, dass ihr wegkommt, losloslos«, rufen sie uns zu. Guo zeigt mir die Rezeption, sie sieht aus wie der Ticketschalter eines Fußballstadions, gebaut für einen Massenansturm. »Das ist die Registrierungsstelle für die neuen Arbeiter. Siebenhunderttausend arbeiten hier. Jeden Tag gehen tausend, kommen tausend«, erzählt Guo. Drei Monate lang arbeitete er hier. Er zog Schrauben an den Computern an, befestigte das Selbstmördernetz am Fabrikdach. »Die Lebensumstände waren besser als in den kleinen Fabriken, doch du durftest nicht reden, wurdest kontrolliert wie beim Militär, das ging auf die Psyche.«

Die bulligen Wachen vertreiben uns, wir ziehen weiter. Zu Guos Arbeitsstelle, einer Polizeistation. Im Hof stehen Fahrräder mit Polizeilogo für die Kollegen im Fahrradeinsatz. Oben begrüßen uns Guos Kollegen mit großem Hallo. Seit zehn Jahren arbeitet er jetzt schon bei der Verwaltungspolizei, die die einströmenden Wanderarbeiter registriert.

Wir gehen weiter.

»Wow«, sage ich. »Du hast es geschafft: ein fester Job, eine Frau, eine Familie, Dichterruhm.«

Er lächelt. »Eines Tages sah ich sie auf der Straße, sie sprach im gleichen Dialekt wie ich, da sprach ich sie an.«

Ein halbes Jahr gingen sie aus, danach fragte er sie, ob sie heiraten wollten.

»Schön ist sie nicht, doch sie hat ein warmes Herz«, sagt er.

Ich lache und necke ihn: »Ach komm, du bist Poet, ein wenig mehr Romantik habe ich schon von dir erwartet.«

Er grinst. »Wenn's nicht anders geht, wenn sie nicht glücklich ist, dann lob ich sie. Normalerweise nicht. Ehe und Romantik sind ganz verschiedene Dinge. Romantik währt nur kurz. Sie habe ich ausgesucht, weil sie fleißig ist und ein gutes Herz hat.«

»Schreibst du ihr wenigstens Liebesgedichte?«, frage ich und grinse.

»Das habe ich, doch sie hat sie nicht gelesen. Sie schaut sich lieber Renminbi an.«

»Ich glaube dir kein Wort.«

»Manchmal schicke ich ihr Blumenbilder übers Internet. Ich sage ihr nicht, dass ich sie liebe, doch im Herzen lobe ich sie.«

Ich necke ihn weiter. »Probier's doch mal. Wirst sehen, sie wird nichts dagegen haben.«

»Weißt du«, sagt er, »das ist der Unterschied zwischen dem Westen und China. In China denkst du es vielleicht ein Leben lang, doch du sagst nicht die Worte: Ich liebe dich.«

Ich erzähle Guo von dem Artikel, den ich neulich gelesen habe. Im vergangenen Jahr startete eine Zeitung in der Stadt Nanjing, das Jinglinger Abendblatt, einen Versuch. Sie wollte junge Menschen dazu ermutigen, ihren Eltern zu sagen, dass sie sie liebten. Von den vierzig Angefragten sagten fünfunddreißig ab, das Experiment schien ihnen zu heikel zu sein. Fünf machten mit. Sie schilderten ihre Erfahrungen wie folgt.

Die Immobilienmaklerin Lu ruft ihre Eltern an:
»Papa, Mama, ich will euch etwas sagen: Ich liebe euch!«
»Eltern: Du bist doch nicht krank! Wann kommst du heim?«
Lu: »Ich liebe euch!«
Eltern: »Du kommst also nicht heim?«
Lu: »Ihr habt euch so lange um mich gekümmert!«
Eltern: »Du sollst uns nicht erschrecken! Gibt es Probleme?«

Bei Masterstudent Jiang lief das Gespräch so ab:
Jiang: »Papa, ich liebe dich!«
Vater: »Hä? Bist du betrunken?«
Jiang: »Ich liebe dich!«
Vater: »Das Leben ist hart, denke trotzdem positiv!«
Jiang: »Ich liebe dich!«
Vater: »Schmier mir keinen Honig ums Maul! Zu Neujahr
bringst du deine Freundin mit nach Hause!«

Und schließlich war da noch Frau Zhao, die Folgendes erlebte:
Zhao: »Mama, ich muss dir etwas sagen.«
Mutter: »Sag!«
Zhao: »Ich liebe dich!«
Mutter (schweigt fünfzehn Sekunden): »Wie? Du hast kein
Geld?«

»Siehst du«, sagt Guo, als ich fertig erzählt habe, und grinst, »so
ist es.«

Er will mich jetzt zu seinen Freunden führen, die sich in einem
Restaurant versammelt haben. Poeten und Literaten, fast alle
von ihnen waren einst Wanderarbeiter. Sie haben die Literatur-
magazine dabei, die sie selbst herausbringen. Sie sprechen über
ihre Vergangenheit und tun es mit dem Stolz von Menschen, die
wissen: Wir haben es geschafft.

»Shenzhen«, sagt einer von ihnen, »ist ein Melting Pot, ganz wie in den USA. Wir sind von Leuten, die keine Kultur hatten, zu Kulturmenschen geworden.«

»Inzwischen ist selbst das Leben der Wanderarbeiter besser geworden«, sagt ein anderer. »Die Jungen haben mehr Geld, sie kennen ihre Rechte. Vor allem aber sind sie weniger geworden. Früher konnte sich der Chef seine Arbeiter unter unzähligen Bewerbern aussuchen. Heute haben die Arbeiter die Wahl.«

Infolge der Einkindpolitik geht die Zahl der Arbeiter zurück. Die Jungen sind besser ausgebildet, als die Alten es einst waren. China ist nicht mehr nur die Billigwerkstatt der Welt, längst sind andere Länder dabei, diese Rolle zu übernehmen. Und wenn es nach dem Wunsch der Regierung geht, wird China mehr und mehr Hochtechnologie produzieren. Schon ist Peking dabei, seine Hochgeschwindigkeitszugtechnologie weltweit zu verkaufen.

Es ist Abend geworden. Guo geht beschwingt nach Hause. Manchmal, sagt er, kehre er in sein altes Dorf zurück. Doch das Dorf gibt es nicht mehr, es ist im Bauboom untergegangen, ja, selbst der Große See, an dem er einst saß und in die Ferne schaute, ist ausgetrocknet. Er fühlt sich fremd dort. Vieles vergeht so schnell und ist noch schneller vergessen. So endet auch sein Gedicht über die Selbstmörder von Foxconn, »Auf dem Papier nach Hause zurückkehren«:

Reis, ihre Lippen feucht und duftend, zwei Tropfen Wasser in den Grübchen. Sie sorgt sich.
Der Herbst verliert jeden Tag ein Kleid.
Mein auf dem Papier heimgekehrter Freund, außer Reis, deiner Verlobten,
erwähnt kaum noch einer, dass du einmal in diesem Haus in

Zimmer 701 eine Pritsche belegt
Dongguan Reisnudeln gegessen hast.

Guo hat das Internetcafé erreicht, ein paar müde Spieler hängen träge vor den Bildschirmen, Guo verlässt das Café durch die Hintertür und betritt das Treppenhaus, das gleichzeitig der Eingang zu seiner kleinen Kammer ist.

»Weißt du«, sagt er und dreht sich lächelnd um, »ich habe es geschafft. Was will ich mehr vom Leben? Die Alten sagen, man solle mit dem zufrieden sein, was man hat. Die materialistischen Wünsche sind eh grenzenlos, und zu viel Konsum ist schlecht für die Umwelt.« Er öffnet die Tür und fischt nach dem Lichtschalter, drückt ein paarmal darauf, doch nichts passiert. Das Licht ist offenbar noch immer schlecht gelaunt.

»*Seit ich ein junger Mann bin, bin ich ganz verrückt nach Gefühl. Immer gieße ich mein ganzes Herz aus, und wann immer ich einer Person begegne, die reich an Gefühlen ist, überkommt mich der Wunsch, mich vor ihr zu verneigen.*«

Feng Menglong, Ming-Gelehrter

5. Die Mätresse

Am Nachmittag des folgenden Tages klingelt das Telefon. Es ist der Privatdetektiv. Ich habe ihn noch nie getroffen, doch ist seine Stimme so tief und heiser, dass ich augenblicklich glaube, in einen Film noir geraten zu sein.

»Ich habe eine«, sagt er. »Eine wahre Schönheit. Sehr verführerisch. Ich glaube, die willst du kennenlernen.«

Okay, denke ich, dann spiele ich mit. Ich werfe mir einen leichten Ledermantel über, das KGB-artigste, was in meinem Koffer zu finden ist, und setze mich ins nächste Flugzeug nach Chengdu.

Im Flugzeug wühle ich mich durch mein Archivmaterial. Konkubinen. Mätressen. Die Geliebten verheirateter Männer. Ein moderner chinesischer Mythos. Immer wieder machen sie Schlagzeilen. Mätressen bringen mächtige Politiker zu Fall, weil sie – empört über die Kaltherzigkeit, mit der er sie abserviert hat – mit pikanten Details über das Geschäftsgebaren ihres Geliebten an die Öffentlichkeit gehen. Mätressen sind die perfekten Whistleblower in einem opaken System der Macht. So nah am Zirkel der Reichen und Mächtigen und doch immer in Gefahr, verstoßen zu werden. Sie sind mir ein Rätsel. Bisweilen handelt es sich um kühle Geschäftsfrauen. Die Mätresse, die es auf die Titelseite des renommierten Wirtschaftsmagazins Caijing schaffte, unterhielt ein ganzes Netz an Affären zu Parteisekretären und Geschäftsmännern und brachte es auf diese Weise zu unglaublichen Reichtümern. Gleichzeitig stützt sich der soziale

Aufstieg einer Mätresse auf ein sehr verletzliches Fundament, nämlich die Gunst eines Mannes.

Am meisten fasziniert mich, dass die Mätresse die moderne Wiedergeburt einer viel älteren Figur ist: der Konkubine. Der chinesische Boom hat sie, dieses längst vergangen geglaubte Relikt, wieder emporgespült. Geschäftsmänner und Politiker leisten sich heute vielfach den Luxus, eine Zweitfrau auszuhalten, manchmal sogar eine dritte oder vierte. Ein gefallener Minister unterhielt achtzehn Mätressen. Meist wissen die Ehefrauen nichts davon – oder sie ahnen es nur, denn der Mann spendiert der Mätresse oft eine eigene Wohnung, in der auch eventuelle gemeinsame Kinder leben. Ein perfekt organisiertes Zweitleben.

Seit langem bin ich auf der Suche nach einer Mätresse. Mätressen gibt es in China überall, selbst in meinem erweiterten Bekanntenkreis, doch keine will mit mir reden, sobald ich durchblicken lasse, dass ich über sie schreiben will. Ich suche schon seit Monaten. Gehe in einschlägige Clubs, stöbere im Netz, treffe Menschen, von denen ich mir Kontakte erhoffe. Ohne Erfolg. Konkubinen, so ist mein Eindruck, müssen sehr scheue Wesen sein. Bisweilen fühle ich mich wie ein Tierfilmer, der sich nächtelang auf die Lauer legt, um sein Ziel zu Gesicht zu bekommen. Ein Kollege gab mir schließlich die Nummer des Privatdetektivs, der als berühmtester Konkubinenjäger Chinas gilt. Naturgemäß engagieren ihn Ehefrauen, die ihren Männern auf die Schliche kommen wollen. Jetzt, drei Wochen später, ruft er mich an. Er hat eine. Sie nennt sich Wen Jing, doch das ist nicht ihr richtiger Name. Sie benutzt Dutzende Pseudonyme, für jeden Chat, für jede Hochzeitswebsite einen. Ich werfe alle Pläne über den Haufen – um sie zu treffen.

Der Abend in Chengdu ist warm und schwül, ein bevorstehendes Gewitter hängt in der Luft. Ich laufe eine baumbestandene Straße entlang, auf der Suche nach der Adresse, die mir der Privatdetektiv genannt hat. Die Party, so sagte er am Telefon, finde in einem seiner »bescheidenen Apartments« statt. Es liegt in einem typischen chinesischen Luxuscompound: ein Tor, so herrschaftlich wie das einer Prinzenresidenz, dahinter ein Hof mit einem Springbrunnen und zwei römischen Pavillons, zwischen denen die Nachbarn gerade Tai-Chi üben. Mit dem Aufzug fahre ich ins oberste Stockwerk. Das Flurfenster bietet einen phantastischen Blick über die Stadt, Beton und Lichtermeer. Ich klingele. Nach einiger Zeit höre ich das Geräusch von Schritten. Der Privatdetektiv öffnet. Er ist sehr groß, er trägt Glatze, seine Augen sind von ungewöhnlich hellem Braun, feine Melancholie liegt in ihnen. Er wirkt wie einer, der alles gesehen hat. Der darauf gefasst ist, einem Schauspiel beizuwohnen, das die Wiederholung des ewig Gleichen bedeutet. Und vielleicht ist das ja diese Party auch.

Die Karriere des Privatdetektivs war ein Unfall. Er entstammt rotem Adel, einer alten Familie von Revolutionären. Er hatte sich auf eine große Parteikarriere eingestellt, dann aber fiel seine Familie in Ungnade. Er musste ins Gefängnis. Als er freikam, beschloss er, die Expertise im Spionagewesen, die er sich an einer Militärschule angeeignet hatte, als Privatdetektiv anzuwenden. Meist heuern ihn reiche Frauen an, die ihren Ehemann im Verdacht haben, eine Mätresse zu halten. Der Privatdetektiv macht den Job seit Jahrzehnten und hat in dieser Zeit unzählige Dramen und Dramolette erlebt. Spricht er über die Liebe, wirkt er wie ein Seemann, der weiß, dass sich über dem ruhigsten Gewässer ein Orkan zusammenbrauen kann. Er kennt das Ausmaß der Tragödie, die ein Blick auslösen kann. Er selbst nimmt es mit der Treue auch nicht so genau. Seine Ehefrau lebt mit den Kindern im Süden, er klingt distanziert, wenn er über sie spricht. Fast immer ist er auf Dienstreise, und manchmal, wenn er sich in den Nächten einsam fühlt, treibt er sich auf Hochzeitswebsites herum. Dort hat er jedenfalls »meine« Mätresse Wen Jing kennengelernt, wie er mir am Telefon erzählte.

»Komm«, sagt der Privatdetektiv und führt mich in sein Apartment. Es ist teuer, aber unpersönlich eingerichtet, es wirkt eher wie ein Serviced Apartment denn wie eine Privatwohnung. Der Privatdetektiv navigiert durch seine Abendgesellschaft, es sind fast ausschließlich Männer um die fünfzig anwesend. Mir ist nicht ganz klar, nach welchen Kriterien er seine Gäste zusammengestellt hat, gute Freunde scheinen sie nicht zu sein. Sie rauchen Kette, trinken Whiskey und sprechen nur in vagen Andeutungen über das, was sie tagsüber tun, es scheint sie reich gemacht zu haben. Sie sind von seltsamer Unruhe ergriffen, keinen hält es lange an seinem Platz, dauernd wechseln sie Standort und Gesprächsthema. Der Privatdetektiv ist ein formvollendeter Gastgeber, und doch wirkt er dabei seltsam abwesend, als sei ein Teil von ihm gar nicht hier. »Da«, sagt er leise in mein Ohr, »da ist Wen Jing.« Zwischen all den Männern thront eine junge Frau auf dem Sofa, stolz wie ein Königskind.

In diesem Moment wird mir klar, dass ich mich nicht in einem Film noir befinde, sondern in eine Soap-Opera geraten bin. Ich fühle mich um Glamour betrogen, der KGB-Mantel klebt an meinen Armen. Auf dem Sofa sitzt in einer Haltung, als sei sie die kostbarste Preziose, eine junge Frau von vielleicht vierundzwanzig Jahren. Sie ist ein wenig pummelig. Ihr Kleid ist so kurz, dass es den Blick auf die Naht freigibt. An ihrer Handtasche, einer Louis-Vuitton-Kopie, baumelt ein herzförmiger Anhänger mit der Aufschrift »I am a lovaholic«. Sie will sich mondän geben, doch passt das Kleid nicht ganz. Mir ist, als könnte ich die

Sicherheitsnadeln erkennen, die ihre Erscheinung zusammenhalten, die geflickten Nähte.

Ich setze mich neben sie. »Ich möchte gerne über dich schreiben«, sage ich zu ihr.

»Ich weiß«, sagt sie und schaut ein wenig zur Seite, als sei sie verlegen, dann wendet sie sich mir zu. »Ist meine Haut nicht wunderschön?«

Ich nicke, ein wenig verstört.

Sie lächelt. »Alle sagen das. Und meine Augen, so rund und geheimnisvoll. Sie sagen, ich ähnele einer Europäerin. Oder einer Muslima aus Xinjiang.«

So redet sie weiter, ein Selbstlob folgt auf das andere. Dann, nach fünf Minuten, sagt sie: »Ist es nicht unterhaltsam, mit mir zu reden? Sagen alle.« Sie lacht. »Die Männer sind verrückt nach mir. Ich verspreche dir: Wenn ich mit fünf Frauen in einen Club gehe, wollen alle nur mich.«

Ich nicke. Und glaube ihr kein Wort. Wie hätte ich auch ahnen sollen, dass sie eine Katze ist, die gerade anfängt, mit einer Maus zu spielen? Vom ersten Abend an spinnt sie das Netz, in dem auch ich mich verstricken werde.

Wen Jing schmiegt sich an den Privatdetektiv, sie legt den Kopf auf seine Schulter, während er für alle hörbar ihre Schönheit preist. Mir ist nicht ganz klar, ob es sich um eine Ersatz-Vater-Tochter-Beziehung handelt oder ob die beiden ein erotisches Spiel inszenieren. Hinter den Komplimenten und Schmeicheleien scheinen sie einander wie zwei Tiger zu umkreisen. Ich weiß nicht, worum es dabei eigentlich geht: um Geld, Kontakte, eine Affäre oder mehr. Später erst werde ich lernen, dass das Wen Jings besondere Kunstfertigkeit ist, ihre Art, den Männern den Kopf zu verdrehen. Immer lässt sie eine unbestimmte Möglichkeit im Raum stehen, nie ist sie eindeutig, stets verwickelt sie ihr Gegenüber in ein kompliziertes, suchterzeugendes Geflecht aus

Anziehung und Abstoßung, das nur einen Wunsch erzeugt: sie endlich zu kriegen. Sie ist ein einziges Könnte-sein, Könnte-sein, Könnte-sein.

Es ist schon spät, als die Gäste Wen Jing drängen zu singen. Sie ziert sich. Wartet, bis sich die Abendgesellschaft im Wohnzimmer versammelt hat, bis sie alle erwartungsvoll anschauen. Dann erst nimmt sie die Fernbedienung des Fernsehers in die Hand, als sei sie ein Mikrofon, und schließt die Augen. Sie singt die ersten Takte eines Liebesliedes. Und in dem Moment verwandelt sie sich. Es ist, als käme alles Gewöhnliche, Aufgesetzte, Vulgäre aus ihr heraus, als sei da nur noch Weichheit, Zärtlichkeit, Gefühl. Ihre Stimme ist tief, es liegt so viel trauriges Sehnen darin. Sie singt die alten Liebeslieder aus den Siebzigern, die hier jeder auf der Straße mitsummen kann, »Der Mond steht für meine Liebe«, Lieder, die eigentlich keiner mehr hören kann, die aber aus ihrem Mund ihren Glanz zurückgewinnen. Erst jetzt fällt mir auf, wie sinnlich ihr Mund ist, weich und rund. Sie ist so schön in diesem Moment. Wie ein Versprechen.

Sie lacht, legt die Fernbedienung zur Seite, verwandelt sich wieder in ihr altes, gewöhnlicheres Selbst und saugt die Komplimente und Bravorufe in sich auf. Später werde ich lernen, dass sie sie sammelt, hortet, verwaltet, wie andere ihr Geld aufs Bankkonto legen. Alles, was ihr Männer in Clubs, Bars und Restaurants zuraunen, ihr am Telefon zuwispern, während nebenan die Ehefrau schläft, alles, was sie ihr aufs Handy, auf den Mailaccount schicken, all diese gepressten, geflüsterten, gehauchten Komplimente: Sie sind ihr Kapital.

Wen Jing streicht sich die Haare aus dem Gesicht, sieht herausfordernd in die Runde und sagt: »Lasst uns endlich ausgehen!«
Sie, ihre Freundin und ich gehen hintereinander ins Bad, uns

den Lippenstift nachzuziehen, danach staksen wir in die Cheng-duer Nacht. Die Männer lassen wir zurück. Der Regen hat einge-setzt, Wen Jing hakt sich bei mir unter, wir springen über Pfüt-zen, hüpfen von Vordach zu Vordach, lachen, und mit einem Mal wird mir ganz leicht. Ich beginne sie zu mögen auf eine Ferienla-ger-kommwirerlebenwas-artige Weise. Die Nacht riecht nach frischem Gras und Abenteuer.

Wir biegen auf die Hauptstraße, Neonlichter beleuchten Wen Jings Gesicht, als sie plötzlich anhält und mich fest ansieht. »Ich will nicht irgendeinen«, sagt sie. »Ich will einen, der es zu was gebracht hat. Heutzutage gibt es so viele erfolgreiche Männer in China. Arm bleibt man nicht einfach so. Armut hat immer einen Grund.«

Sie steuert die Drehtür eines Luxushotels an, des besten in Chengdu, sie tritt als Mädchen in die Drehtür hinein und geht als Diva heraus. Was ihr an Eleganz fehlt, macht sie durch Selbstbe-wusstsein wett. Sie schwebt durch die goldgetränkte Lobby, huld-voll nach allen Seiten blickend, und da wartet er schon. Er trägt einen eleganten Anzug, Hemd und teure Lederschuhe, doch will das eine nicht recht zum anderen passen, das Hemd quer-, der Anzug längsgestreift. Er ist einer der Männer, wie man sie so oft in China treffen kann, neureich, plötzlich zu Geld gekommen, »土豪 – tuhao«. Ein erfolgreicher Immobiliendeal hat sie nach oben katapultiert, Beziehungen, ein unverhoffter Job, eine glück-liche Gelegenheit. Jetzt sind sie Kerle mit Geld, doch tief in ihnen steckt noch immer der Bauernjunge. Auch er sieht aus, als hätte er seine Kindheit irgendwo da draußen auf dem Land gerne abge-legt, doch sie hängt noch an ihm, irgendwo zwischen den Längs- und Querstreifen. Er schreitet mit geöffneten Armen auf Wen Jing zu, ein Lächeln hängt in seinem Gesicht, schief vor nervöser Hoffnung, es wirkt, als könnte es sich gleich aus dem Gesicht lö-sen, allein durch die Lobby schweben. Drei Stunden hat er auf sie gewartet. Sie kichert und flüstert mir zu: »Das letzte Mal hat einer neun Stunden auf mich gewartet.« Sie raunt noch: »Ich komme gleich wieder«, dann ist sie weg und wird nicht wiederkommen. Lange steht sie mit ihm draußen vor der Drehtür, er gestikuliert, sie zuckt mit den Schultern. Er versucht, sie zu umarmen, um dann mutlos die Hände sinken zu lassen. Irgendwann gehen sie weg, hinaus in die Nacht. Ich warte. Erst am folgenden Morgen meldet sie sich bei mir: »Wo bist du?«

Das Spiel wiederholt sich in den folgenden Tagen. Das Spiel, das sie mit mir und ihren Männern spielt. Sie hakt sich unter, taucht mit mir in die Welt ihrer Clubs und Bars ein, doch immer wartet irgendwo ein Mann auf sie, und immer ist es ein anderer. Sie verschwindet plötzlich, nicht ohne »Ich komme gleich wieder« geflüstert zu haben, und nie macht sie ihr Versprechen wahr. Sie kommt plötzlich ganz nah, als würden wir uns seit Jahren kennen, und ist mit einem Mal weg, als wäre da keinerlei Verbindlichkeit. Sie ist unvorhersehbar. Ich erinnere mich an den Ratgeber für chinesische Schulmädchen aus der Republikzeit, darin steht: »Männer begreifen nur eines: Extreme. Wenn du kalt zu ihm sein willst, sei eiskalt. Wenn du warm zu ihm sein willst, sei lodernd heiß. So wird er dir bald verfallen.«

Ich schlafe zu wenig. Esse zu wenig. Wen Jing und ich tanzen bis vier Uhr morgens, plötzlich ist sie verschwunden, schreibt morgens um neun die nächste SMS. Nachts ist sie ein Schmetterling, fröhlich und ausgelassen, morgens versagen ihre Kräfte. An den schlimmen Tagen, erzählt sie, nimmt sie morgens um neun drei Schlaftabletten, um überhaupt Ruhe finden zu können. Einmal ruft sie in der Früh an, ihre Stimme ist matt und müde, doch sie hört nicht auf zu reden, spricht von Gott und den Männern. »Leben ist nichts als Leiden«, sagt sie.

Doch immer wieder nimmt die Stadt Chengdu sie in sich auf, trägt sie durch ihre Höhen und Tiefen. Chengdu, die Müßiggängerin. Alte stolze Stadt Südwestchinas. Wo das Essen so scharf ist, dass es einen in psychedelische Rauschzustände versetzen kann. Wo man gar nicht anders kann, als drei Gänge runterzuschalten, ein wenig träge zu werden. Trotz aller gesichtslosen Rundumerneuerungsversuche, trotz einer städteplanerischen Modernisierung, die darauf aus zu sein scheint, dem Charakter der Stadt den Garaus zu machen, hat sie sich viel von ihrer Eigenart bewahrt. Schon immer war das Leben hier entspannter und der Kaiser weit entfernt. Das süße Leben gibt's hier fast umsonst. Man lehnt sich zurück in einen der Korbstühle der unzähligen Teehäuser, kauft sich für zehn, zwanzig Yuan eine Tasse Tee, den man wieder und wieder aufgießt, während man plaudernd, spielend, träumend darauf wartet, dass die Zeit verrinnt.

Vor ein paar Jahren kam das Geld nach Chengdu. Lange hatten die Städte des Westens darauf gewartet, auch am Wirtschaftsaufschwung teilhaben zu können. Denn während sich die östlichen Küstenregionen in schwindelerregendem Tempo entwickelten, kam der Westen des Landes nicht hinterher. Jetzt aber sickert der Wohlstand langsam auch ins Landesinnere, und als Erstes erreichte er Chengdu. Hier werden so viele Louis-Vuitton-Taschen verkauft wie nirgends sonst im Land. Die Menschen haben plötzlich Geld und möchten es zeigen. Im Sommer 2008 erschütterte ein gewaltiges Erdbeben die Region, seither trägt keiner mehr sein Erspartes auf die Bank. Die Menschen leben, als könnte jeder Tag der letzte sein.

Wer etwas hat, der zeigt es. Wer nichts hat, der tut wenigstens so. Alle wollen glänzen, wollen, dass die anderen ihnen ihr Leuchten glauben. Und nirgends in Chengdu zelebrieren sie es mit größerer Leidenschaft als im Baba: »Chengdus highstem

Club«. Wen Jing sagt es genau so, es sind ein paar der wenigen Worte, die sie auf Englisch zu sagen weiß.

An diesem Abend will Wen Jing ins Baba. Immer will sie ins Baba, den Club, vor dem die meisten Autos von Mercedes und Audi stehen. Ihr Jagdgrund. Sie stöckelt auf den Club zu, ihr Rock ist zu kurz, an ihrer Handtasche baumelt der »I am a lovaholic«-Anhänger.

Kurz vor der Tür zieht sie den Kamm aus der Handtasche, streicht über ihr Haar und sagt zu mir: »Wetten, dass alle nur mich wollen? Zehn Männer am Abend, Minimum.«

Und wer weiß, vielleicht ist ja einer dabei, mit dem es was werden könnte, einer, der reich und erfolgreich ist und Wen Jing schenken könnte, was sie sich am meisten wünscht: eine Hochzeit.

Wen Jing segelt durch die Tür, sie strahlt. Der Club ist groß und knallvoll, aus den Boxen wummern die schlimmsten Stampfohrwürmer, dicke, offenbar reiche Männer bewegen ihre Arme gegen den Takt. Schöne, offenbar ärmere Frauen lassen neben ihnen die Hüften kreisen. Junge Handelsvertreter wedeln mit Leuchtstäben in der Luft herum. Menschen trinken Ballantine's gemischt mit grünem Tee. Männer sichten mit hungrigen Augen das Angebot, viele sind offensichtlich schon ziemlich betrunken. Aufpasser achten darauf, dass keiner ein Foto macht, »es sind zu viele wichtige Menschen hier drin«, sagt mir einer. Ich verschaffe mir einen Überblick. Ich sehe unglamouröse Ausschweifung, wenig attraktive Männer, die aber aussehen, als ob sie Geld haben, und viele verlockende Frauen. Frauen, die kurvig sind und gertenschlank, schwanenhaft und ehrgeizig, offensichtlich verfolgen sie das gleiche Ziel wie Wen Jing. Doch die wirkt wie ein kleines Entlein gegen sie.

Dann aber beginnt sie zu tanzen. Und erneut wandelt sie sich auf diese magische Weise, die ich schon am ersten Abend beobachten konnte. Sie wird mit einem Mal wunderschön. Da ist nichts Angestrengtes in ihrem Tanz, sie entfaltet ihre Kunstfertigkeit mit der schlafwandlerischen Sicherheit einer Primaballerina. Der DJ spielt »I wanna be a billionaire«, sie nimmt meine Hand, wir drehen uns und lachen. Sie lässt ihre Hände durch die Luft gleiten wie eine Bauchtänzerin, ihr Blick geht zur Seite, zu einem Mann an der Bar, sie schlägt die Augen auf, nur einen kurzen Moment, es liegt so viel darin – ich werde dich fliegen lassen, traust du dich denn? Sie lächelt, ihre Zungenspitze blitzt, kaum sichtbar, einen Moment lang hervor. Er starrt sie an, und sie wendet sich ab, lässt ihn zappeln. Es dauert keine fünf Minuten, und sie flirtet mit vier Männern gleichzeitig, wie ein Tischtennisspieler, der jeden Angriff pariert, bei jedem einzeln Richtung, Drall und Geschwindigkeit kontrolliert.

Einer ihrer Verehrer, groß, Brille, Ende dreißig, unscheinbar, ist genau ihr Typ. Er trägt nicht auf, wirkt aber, als könnte er Geld haben. »Den will ich«, flüstert sie mir ins Ohr, doch sie wird ihn zappeln lassen. Wird mal mit diesem und mal mit jenem flirten, sich an einen Muskelmann schmiegen und gleichzeitig einem anderen simsen. Plötzlich ist sie weg. »Einen Joghurt trinken«, sagt ihre Freundin. Wir warten Stunden auf sie. Morgens um fünf wieder eine SMS: »Wo bist du? Ich komme nach.« Drei Stunden später klingelt erneut das Telefon, ich liege bereits im Bett. Sie ist down. »Warum muss alles nur so verdammt hart sein?«, fragt sie.

Ich stelle mir die gleiche Frage. Die Zeit mit Wen Jing beginnt an mir zu zehren. Meist komme ich erst frühmorgens ins Bett. Ein paar traumlose Stunden, unterbrochen von ihren Anrufen. Mittags wache ich auf und sehe im Spiegel einem Panda ins Gesicht, so dunkel sind die Ringe um meine Augen. Ich gehe an den Stand nebenan, um scharfe Nudeln zu frühstücken, die Hotelangestellten werfen sich vielsagende Blicke zu. Ich bin, ganz klar, ein ziemlich dubioser Gast. Fast niemand wird mich in dieser Zeit erreichen, ich taumele durch traumverhangene Wen-Jing-Welt. Ihre Stimmungsschwankungen machen mir zu schaffen. Nachts segele ich tanzend durch die Clubs, nachmittags sitze ich schwermütig in Chengdus Parks und schaue zu, wie die Stunden die Bambusstauden hinabkriechen. Ihr ewiges Hin und Her zehrt an mir. Ihre Männer sind keine Typen, mit denen ich besonders sympathisieren würde, neureiche, großspurige Frauenhelden, jetzt aber empfinde ich manchmal fast Mitgefühl für sie. Wenn ich, die ich doch nur über Wen Jing schreibe, schon leide, wie muss es dann erst sein, in sie verliebt zu sein? Gleichzeitig habe ich Mitleid mit ihr. Was immer sie auch bekommt in diesen Nächten, nichts davon scheint so verbindlich zu sein, dass es länger währt als ein Flirt, ein kurzes Aufflammen und Verglühen der Leidenschaft.

Am Nachmittag des Tages nach unserem Abstecher ins Baba treffe ich Wen Jing in einem jener kleinen Gässchen, die ganz auf alt machen und doch größtenteils neu gebaut sind, Holztüren und geschwungene Dächer, Boutiquen und kleine Cafés. Sie hat eine Freundin dabei. Immer hat sie eine Freundin dabei, und immer sind sie schüchterner, unscheinbarer als sie, die wandelnde Bestätigung, der ewige Sidekick. »Ich habe Hunderte Freunde«, sagt Wen Jing, sie gabelt sie auf, wo sie auch ihre Männer findet, im Internet, in Bars, Clubs, Teehäusern.

Wen Jing hat den Blues noch nicht abgelegt, als wir uns wiedersehen, er hängt noch in ihren Kleidern. Sie ist weich und anlehnungsbedürftig, sie hakt sich bei mir ein. Wir haben vereinbart, an diesem Nachmittag über ihre Vergangenheit zu sprechen. Zu meiner Überraschung hat sie zugesagt, den Termin auch nicht kurzfristig verschoben oder mich an einen anderen Ort bestellt. Sie ist sogar pünktlich. Ihre Stimme ist leiser als sonst.

Die Streite. Tag für Tag. Sie saß daneben und wünschte sich weit weg, an einen Ort, wo sie den Vater nicht schreien hörte: »Dann nimm du doch das Kind!« Und die Mutter keifte: »Nein, du!« Als Wen Jing drei Jahre alt war, schickten ihre Eltern sie zu einer Nachbarin, damit die auf sie aufpasste. Später trennten sie sich, Wen Jing kam ins Internat. Früher war sie gut in der Schule, im staatlichen Internat stürzte sie ab. In den Ferien, wenn die Mitschüler heim zu ihren Eltern fuhren, blieb sie allein zurück. Keiner wollte sie, keiner kam, um sie abzuholen. Sie wurde still und immer stiller. Niemand, mit dem sie sprechen konnte. Nichts, was es zu sagen gab.

Immer mangelte es, erzählt sie. An Geld, an Liebe. Mit sechzehn lag sie im Krankenhaus, sie rief den Vater an, sie brauchte Geld, die Krankenhausrechnung zu bezahlen. »Ich bin nicht in Chengdu«, sagte er. »Ich kann's dir grad nicht geben.« Später erfuhr sie, dass er die ganze Zeit in der Stadt gewesen war. »Alle Fehler«, sagt Wen Jing, »stammen aus einem Mangel an Liebe.« Hätte sie eine andere Familie gehabt, sagt sie, hätte aus ihr etwas ganz anderes werden können. »Studieren hätte ich können, einen Doktor hätte ich jetzt.«

Sie war achtzehn, als sie zum ersten Mal in eine Bar ging, um zu singen. Männer brachten ihr Blumen. Und sie merkte: Es ist alles ganz einfach.

Den Ersten lernte sie über einen Chat kennen. Er war siebenunddreißig, und sie wusste, dass er verheiratet war. »Es war die unschuldigste Liebe meines Lebens«, sagt sie. Er war ein Geschäftsmann aus Peking, machte in Immobilien. In Chengdu mietete er eine Wohnung, um mit ihr zusammen zu sein. Er gab ihr im Monat zwanzigtausend bis dreißigtausend Yuan, knapp dreitausend bis mehr als viertausend Euro, Taschengeld.

Nahm sie mit in die Shoppingmalls, kaufte ihr Lippenstifte und schöne Kleider. Sie fand ihn gut als Mann, »so erwachsen«.

Nummer zwei war bereits geschieden. Er hatte einen Kleiderhandel und schenkte ihr teure Garderobe. Ein Freund hatte ihn ihr vorgestellt. Nummer drei, verheiratet, auch er in der Immobilienbranche, spendierte ihr die Anzahlung für eine Wohnung, ein Drittel des Kaufpreises. Sie sparte das Geld, das die Männer ihr gaben, das Geld, das sie singend in Bars verdiente. Sie wollte auf eigenen Beinen stehen. Als sie genug hatte, eröffnete sie mit Freunden einen Laden für Gesundheitsprodukte und chinesische Kräuter. Ihr Geschäft macht ihr nicht viel Arbeit, zweimal die Woche schaut sie dort nach dem Rechten, das bringt ihr zwanzigtausend Yuan pro Monat. Den Rest der Zeit lässt sie sich treiben, durch die Teehäuser, Bars und Clubs. Sie nimmt jetzt Fahrstunden, sie will sich einen Mazda 6 kaufen oder einen Audi TT, »dann ist das Leben einfach besser«.

Sie hat es geschafft, das merkt sie, wenn sie alte Schulkameraden trifft. »Einige haben gerade die Uni abgeschlossen und noch immer kein Geld.«

Sie hat, erzählt mir Wen Jing an diesem Nachmittag, in einer Fernsehserie geschauspielert, dort gab sie die Rolle, die sie auch im Leben spielte: die der Mätresse, der Konkubine. Im Grunde muss sie es nicht mehr sein, sie braucht keinen Mann mehr, um zu überleben. Und doch würde sie immer wieder in die Rolle der Mätresse schlüpfen, sagt sie, »wenn es eine Chance gibt, dass er sich trennt und mich heiratet«. Denn im Grunde will fast jede Mätresse zur Ehefrau werden, auch wenn er sie wahrscheinlich doch bald schon wieder mit einer Neuen betrügt.

Stunden hat Wen Jing geredet, bis die Nacht in die Altstadtgassen kriecht und Schatten unter ihre Wangen malt. Die Nacht steht ihr gut. Nur in der Nacht wirkt sie manchmal, wenn sie den

Kopf neigt, wie ein Shanghaier Filmstar der 1920er Jahre. Nur in der Nacht öffnet sie ihre Schwingen.

»Komm«, sagt sie, »heut gibt es noch so viel zu erleben.«

Sie hakt sich unter, zieht mich mit. Heiraten wolle sie jetzt, flüstert sie mir ins Ohr. »Ich kann's gar nicht erwarten.« Sie will einen, der erwachsen ist, süß und aufrichtig. Der ist wie der Vater, den sie nie hatte. Der sie verwöhnt, umsorgt, »als wäre ich das Wertvollste der Welt. Als wäre ich ein Kind von ein, zwei Jahren.« Sie will einen, der ihr Leben verbessert, mit Geld und Klimbim. Sie will die große Liebe, bis dass der Tod euch scheidet, das ganze Programm.

»Was machst du«, frage ich sie, »wenn deine große Liebe arm ist?«

»Was heißt arm?«

»Kein Haus und kein Auto.«

»Na, dann nicht.«

Als ich anfing, Chinesisch zu lernen, war eines der ersten Themen, über das ich mich zu unterhalten lernte, die Liebe. Nicht weil das in den Textbüchern stand. Sondern weil alle immer darüber reden wollten. Die Gefühle und Probleme waren mir vertraut, und doch lernte ich bald, dass Liebe in China in einem anderen Kontext steht. Sie hat eine andere Grammatik und Struktur. Mir ist, als sei man hier besonders fasziniert von der Liebe, vielleicht, weil sich in ihr all die Widersprüche der Modernisierung brechen. Jinbiao, einer meiner engsten Vertrauten, sagte einmal: »Manchmal habe ich das Gefühl, dass mein Gehirn auf zwei Laufwerken zugleich läuft, einem westlichen und einem östlichen. Manchmal laufen sie ganz problemlos ineinander, dann wiederum blockieren sie sich total. Vor allem dann, wenn es um Gefühle geht.« Zwei Jahre lang hatte mich Jinbiao in dem Glauben gelassen, er habe eine Freundin im Süden. In einer Gin-Tonic-geschwängerten Nacht gestand er mir schließlich, dass er schwul sei. In Pekinger Schwulenclubs lebte er seine Identität aus, fuhr er in sein Heimatdorf, wurde er ein anderer. Er führt zwei Leben, für jede Laufplatte eines.

Und er ist damit nicht allein. Fast alle, die jenseits der Norm lieben und begehren, haben ähnliche Probleme. Die ehemalige Kollegin, die einen schwarzen Mann liebt. Die Bekannte, die mit einer Frau zusammenlebt. Die Architektin, deren Freund »nur« Friseur ist. Der Generationsbruch zwischen denen, die heute in den Zwanzigern und Dreißigern sind, und ihren Eltern ist gewaltig.

Und doch erwarten ihre sehr viel traditioneller gesinnten Eltern, dass sie eines Tages einen geeigneten Heiratskandidaten präsentieren. Ehe und Familie sind in China noch immer unangetastetes Ideal. Die beliebteste Kuppelshow im Fernsehen heißt anders als im Westen nicht »The Bachelor«, sondern »Stör mich nicht, wenn du es nicht ernst meinst«. Und die konfuzianische Tradition verlangt, dass Kinder ihre Eltern zufriedenzustellen haben.

Bei vielen meiner Freunde hat das geklappt, die sind in einer Ehe, der auch die Eltern zustimmen konnten. Für jene aber, die älter sind als dreißig und noch immer nicht verheiratet, gerät jeder Heimatbesuch zur Qual. Vor allem für die Frauen. Eltern, Nachbarn fragen ohne Unterlass: »Wann ist es denn so weit? Wenn du dir noch länger Zeit lässt, wirst du nie einen finden!« Im Internet kann man sich Männer und Frauen mieten, die während des Frühlingsfests für ein paar Tage den heiratswilligen Bewerber mimen. Die Website »Asexuelle Hochzeit« vermittelt gar den Scheinpartner auf Lebenszeit. Bisweilen nehmen die Eltern die Partnersuche selbst in die Hand. Die Eltern einer Bekannten sind, gleich nachdem sie in den Ruhestand traten, zu ihr nach Peking gezogen, mit einer klaren Mission: nun endlich einen

Mann für sie zu finden. Tagsüber, wenn die Bekannte arbeiten ist, durchforsten sie das Internet nach geeigneten Kandidaten, um ihr dann stolz nach ihrer Heimkehr ihre Beute zu präsentieren. »Die sind immer der gleiche Typ. Ordentlich, traditionell, guter Job, Haus und Auto.«

Der Bruch von Tradition und Moderne zeigt sich allerorten. Die allermeisten Jugendlichen werden heute durch Pornografie im Internet aufgeklärt, gleichzeitig wünschen sich nicht wenige Männer eine Jungfrau. Noch immer gilt das traditionelle Ideal des »Tür an Tür«-Heiratens, also einen Partner aus der gleichen Klasse, der gleichen Region zu ehelichen, gleichzeitig feiert auch die chinesische Popkultur mit Verve die romantische Liebe.

Der Traum von der Liebe, er hat sich im Lauf der Jahrhunderte dramatisch gewandelt. Den Konfuzianern war übermäßige Leidenschaft suspekt, stand diese doch im Verdacht, die streng hierarchische Ordnung zu stören. Die Stellung der Frau war weit unter der des Mannes, sie hatte ihm und ihren Schwiegereltern absoluten Gehorsam zu leisten. Lange fand in der Literatur die erotische oder romantische Liebe vor allem am Rande der Gesellschaft statt, Feen, Fuchsgeister und andere Fabelwesen verführten die Männer in mythischen Wäldern, an Flüssen und Seen. Oder sie fanden die Verzückung im Bordell.

Erst in der Ming- und Qing-Dynastie entdeckten Gelehrte das Gefühl, der Ming-Gelehrte Feng Menglong etwa schrieb: »Seit ich ein junger Mann bin, bin ich ganz verrückt nach Gefühl. Immer gieße ich mein ganzes Herz aus, und wann immer ich einer Person begegne, die reich an Gefühlen ist, überkommt mich der Wunsch, mich vor ihr zu verneigen.«

Den wahren Bruch mit dem Konfuzianismus und den Ritualen der arrangierten Ehe wagten jedoch die Aufklärer zu Beginn des 20. Jahrhunderts. Das Kaiserreich befand sich in einer gewaltigen Krise, schuld daran war nach Meinung der Reformer vor allem die konfuzianische Tradition. Sie bekämpften die starre soziale Hierarchie und die Unterwerfung der Frau und feierten die selbstgewählte Liebe, »愛情 – aiqing«. Nichts erschien den Rebellen scheinheiliger als der Konfuzianer, der seiner Umgebung moralische Vorhaltungen macht, während er sich mit Konkubinen und Nebenfrauen vergnügt.

Die neuentstandene Welt der Moderne, der Cafés, Tanzsäle in modernen Städten wie Shanghai oder Peking schuf eine neue Architektur des Gefühls: eine der beiläufigen und flüchtigen Beziehungen. Die Schriftstellerin Zhang Ailing hat sie mit großer psychologischer Feinheit beschrieben. Schon sie beklagte das Dilemma der modernen Frau, mit dem auch »meine« Konkubine Wen Jing zu kämpfen hat: Wie kann sich eine Frau die Hingabe eines Mannes sichern, der es in jener modernen Form der Liebe zur Meisterschaft gebracht hat? Der nicht die Verbindlichkeit sucht, sondern das Abenteuer?

Doch diese moderne urbane Gefühlswelt der 1920er, 1930er Jahre war kaum entstanden, als sie schon wieder unterging. Mit der Machtübernahme der Sozialisten geriet das Private ganz in den Dienst der Revolution. Das Wort »romantisch«, schreibt ein Revolutionär, »ist nur mehr ein Schimpfwort und ein Fluch«. Ein anderer dichtet: »Meine Liebe, wende deine Kirschlippen ab, denn was ich küssen will, ist der blutverschmierte Hals des Feindes.« Liebesschwüre klingen nun so wie bei Schriftsteller Wen Kang: »Ich habe einen sehr guten Eindruck von Genossin Xiaomei. Sie arbeitet hart, sie ist allen Kadern gegenüber zuvorkommend.« Mao Zedong steckte Männer und Frauen in identische blaue Anzüge, es war eine Ära ästhetischer Geschlechtslosigkeit. Menschen waren in erster Linie politische Subjekte, geheiratet wurde mit der Mao-Bibel in der Hand.

Dann aber lockerte der Staat mit dem Beginn der Reformpolitik in den 1980er Jahren den Griff auf das Privatleben, und mit einem Mal wurden die unterschiedlichsten Vorstellungen von Liebe und Romantik emporgespült. Östliche, westliche, alte, neue. Die Werbung bringt alte Rollenvorstellungen zurück, bannt sie für alle sichtbar auf Werbeposter: Da sind sie wieder, die schöne verführerische Frau. Der mächtige Mann. Jahrzehnte der sozialistischen Frauenbewegung haben dazu geführt, dass Frauen in Markt und Gesellschaft wirklich eine Rolle spielen. Sie sind stark. Doch eine simple Regel stellt das alte Machtverhältnis wieder her, zementiert die innerfamiliäre Hierarchie: Der Mann hat beruflich und finanziell erfolgreicher zu sein als die Frau. Nicht nur Männer bestehen darauf. Sondern auch Frauen. Laut einer Umfrage von 2011 ist für siebzig Prozent der befragten Frauen die emotionale Geschäftsgrundlage, dass der Mann ein Haus oder eine Wohnung besitzt.

Einen Tag später klingelt das Telefon, es ist der Privatdetektiv.

»Ich habe einen Auftrag. Komm vorbei. Dann siehst du, wie ich arbeite.«

Wir treffen uns vor dem Eingang eines Luxuscompounds. Dort lebt die Konkubine, die er gerade beschattet, in der Tiefgarage steht ihr Wagen. An den will er ran, doch ein Wachmann blockiert das Tor.

»Wer sind Sie? Ich kenne Sie nicht.«

Der Privatdetektiv weiß, was er tun muss. Er hat es Hunderte Male getan. Er lächelt sein vertrauenerweckendes Lächeln, seine Stimme nimmt den Tonfall eines Seelsorgers an. »Jeder kennt mich, ich bin der Immobilienmakler, lassen Sie uns gemeinsam reingehen, ich will mir das Anwesen anschauen.«

Der Wachmann gibt nach, der Privatdetektiv lullt ihn ein mit einem Schwall aus Nebensächlichkeiten, bis er wie nebenbei fallenlässt: »Ich gehe in die Tiefgarage, mal sehen, wie das Telefonnetz dort ist. Gehen Sie schon mal vor.«

Sekunden später hat er das GPS-Gerät unter der Limousine der Konkubine angebracht.

»Kleinere GPS hat nur die CIA«, flüstert er, »und jetzt nichts wie raus.«

Seine Geldgeberin und ihr steinreicher Mann, erzählt er draußen, sind chinesischstämmige Kanadier. Sie leben in Peking, doch der Mann ist oft unterwegs. Geschäfte, sagt er. Abenteuer, weiß sie. Er hat elf Geliebte, keine aber ist ihr so sehr ein Dorn im Auge wie die Konkubine in Chengdu, denn die hat ihm zwei Kinder geboren. Er hat ihr eine teure Wohnung gekauft und viele Geschenke gemacht. Die Mätresse in Chengdu soll von ihrer Mutter aufgestachelt worden sein, die den Körper der Tochter als Kapital zu nutzen wusste. Sie suchte eine Stelle für ihre Tochter und drängte sie, sich zu bewerben und den Chef zu verführen. Jetzt leben Mutter und Tochter gemeinsam in der Luxuswohnung, ihr Freund kommt nur drei oder vier Tage im Jahr vorbei. Die Auftraggeberin des Privatdetektivs hofft, dass sie sich in ihrer Einsamkeit und Langeweile einen Liebhaber sucht. Sie würde das Beweismaterial gerne ihrem Mann zuspielen können, damit der die Mätresse verlässt.

»Doch es ist unglaublich«, sagt der Privatdetektiv, »ich bin schon seit Wochen dran, aber ich habe nichts bemerkt.«

Wir fahren zurück in die Wohnung des Privatdetektivs. Er setzt sich ans Fenster, raucht genüsslich eine Zigarette. Und beginnt zu erzählen: »Mätressen sind eigentlich Vergangenheit, ein Phänomen des feudalen Chinas.«

Die Kommunisten trachteten danach, das Konkubinat auszurotten, für sie war es ein verkommenes Relikt der Feudalzeit. Was Mao Zedong nicht davon abhielt, sich mit Hunderten Gespielinnen zu vergnügen. Die meisten Chinesen aber waren viel zu arm, um eine Zweitfrau zu unterhalten.

Noch 1993, als der Privatdetektiv seine Detektei aufmachte, gab es fast keine Nebenfrauen. Dann aber kamen Geschäftsleute aus Taiwan und Hongkong aufs Festland, ihre Frauen blieben zu Hause. Diese Männer fühlten sich einsam und nahmen sich Zweit- oder Dritt- und Viertfrauen. »Asiatische Frauen sind anders als westliche«, sagt der Detektiv. Viele Frauen im Osten lehnten sich gern an der Schulter des Mannes an, »sie sind intelligent, sie nutzen die Kraft des anderen«. China habe kein gutes Sozialsystem, alle seien nervös, vielleicht habe man heute Geld, aber wie wird es morgen aussehen? »Nur wenige sind reich, und die Armen wollen etwas aus dem Topf der Reichen.« Überall in China wurden in den letzten Jahren Kurse angeboten, eröffneten Schulen, die ihre eifrigen Schülerinnen belehren: Wie angle ich mir einen Reichen, wie finde ich meinen Millionär?

Zurück im Hotel, stöbere ich in meinen Dokumenten. Früher hielten sich so gut wie alle erfolgreichen Männer Nebenfrauen und Konkubinen, die Kaiser verfügten über Tausende. Konkubinen halfen dabei, die wichtigste Aufgabe eines Mannes zu erfüllen: so viele männliche Nachkommen wie möglich zu zeugen. Und weil Ehen ohne Rücksicht auf das Brautpaar von den Eltern arrangiert wurden, sollten Konkubinen dem Mann schenken, was er in seiner Ehe vermisste. Konkubinen galten als persönliches Eigentum des Hausherrn, sie konnten gekauft und verschenkt werden, in mehreren Gedichten der Tang-Dynastie findet sich die Formulierung »eine Konkubine für ein gutes Pferd eintauschen«.

Während ein Mann viele Frauen gleichzeitig unterhalten konnte, durfte sich eine Frau nicht an mehrere Männer binden. Gu Hongming, ein berühmter Gelehrter der Qing-Dynastie,

schrieb: »Wir wissen, dass eine Teekanne von vier Tassen begleitet ist. Doch hat man je eine Tasse und vier Kannen gesehen?«
Und weiter: »Es ist die Selbstlosigkeit der chinesischen Frauen,
die das Konkubinat in China nicht nur möglich, sondern auch
nicht unmoralisch macht.« Nur sehr selten brachte es eine Nebenfrau oder Konkubine zu Macht. Die berühmteste war Cixi,
Nebenfrau des Kaisers, die Ende des 19. Jahrhunderts jahrzehn-
telang über das Land herrschte und über die wir auch im Westen
viel zu wissen meinen durch den Film »The Last Empress«.

Ich steige in die Badewanne und denke lange über Wen Jing
nach. Obwohl ich Tage mit ihr verbracht habe, kann ich sie immer noch nicht greifen. Nur eines glaube ich zu verstehen: dass
sich all die Widersprüche der Liebe bei Wen Jing zu einem großen weiten Sehnen verweben, sie will Sicherheit, Geld und
großes Gefühl. Sie will den Vater, den Gatten, die Medizin, die
die Vergangenheit heilen kann, die große Utopie. Sie ist erfolgreich, ganz für sich, und sucht trotzdem den Mann, der sie reich
macht.

Am Tag darauf ruft mich der Privatdetektiv erneut an.
    »Die Sache mit Wen Jing«, sagt er, »ist kompliziert gewor-
den.« Wen Jing und er haben sich überworfen.
    Ich verstehe nicht ganz, warum.
    »Sie will etwas von mir«, sagt der Privatdetektiv.
    »Er hat sich in mich verguckt«, hat Wen Jing schon vorher
behauptet. Der Privatdetektiv argwöhnt, Wen Jing sei auf sein
Geld aus. Wen Jings Streit mit dem Privatdetektiv zerrüttet auch
unser Verhältnis. Plötzlich will sie nichts mehr mit mir zu tun
haben. Sie beantwortet keine meiner SMS mehr, Tage vergehen
ohne eine Nachricht von ihr. Sie geht nicht mehr ans Telefon.
Dann wieder meldet sie sich ganz plötzlich. Bestellt mich ins

Baba. Ist aber selbst nicht da. Stunden später entdecke ich sie in einer dunklen Ecke, auf der einen Seite eine Freundin, wieder eine andere, auf der anderen ein Mann, wieder ein anderer. Erst ignoriert sie mich. Dann kichert sie.

»Können wir reden?«, frage ich sie. »Draußen?«

»Ich bin beschäftigt«, sagt sie. »Geht jetzt nicht.«

Ich gehe hinaus aus dem Club, plötzlich steht sie hinter mir.

»Eine Fotografin ist extra aus Deutschland gekommen, um dich zu fotografieren«, sage ich. »Können wir nicht ein paar Fotos von dir machen?«

Sie lacht geschmeichelt. »Ich bin sehr fotogen«, sagt sie.

Sie macht ein paar Vorschläge, wie wir sie fotografieren könnten, die Idee scheint ihr Spaß zu machen. Dann aber ändert sie völlig aus dem Nichts ihre Meinung.

»Lass mich in Frieden«, schreit sie plötzlich. Und: »Ich gehe jetzt.«

Sie geht aber nicht. Sie macht ein paar Schritte, wartet, bis ich ihr nachkomme, macht wieder ein paar Schritte nach vorn. Dreht sich um und verstrickt mich in endlose Diskussionen. Sie könne einfach Nein sagen, und ich würde gehen, sage ich ihr. Doch wann immer sie merkt, dass ich mich zurückziehe, macht sie wieder einen Schritt auf mich zu. Sie scheint die Eskalation zu genießen. Sie will, dass uns alle sehen und hören. Der Türsteher, die Leute, die vor dem Club warten, die Männer, die was von ihr wollen. Großartig. Mitten auf der Straße veranstaltet Wen Jing eine gewaltige Szene. Mit einem Mal bin ich wirklich in einer Soap-Opera, so peinlich, dass ich sie mir nicht anschauen würde, geschweige denn Teil von ihr sein möchte. Was zum Teufel mache ich hier? Sie keift mich ein letztes Mal an, springt in ein fahrendes Taxi und ist weg.

Ich stehe am Straßenrand und fühle mich, als habe mir vor aller Augen eine Taube auf den Kopf gekackt.

Ich möchte jetzt heim. Soll sie doch machen, was sie will. Angefangen habe ich in einem Film noir, jetzt bin ich bei RTL 2. Das muss reichen. Ich kann nicht noch tiefer sinken. Doch ich habe ein schlechtes Gewissen. Als es mit Wen Jing gut lief, habe ich der Fotografin, einer Freundin von mir aus Deutschland, Bescheid gesagt. Sie ist jetzt extra hergereist und kann kein einziges Foto von Wen Jing machen. Ich wälze mich im Hotelbett hin und her, erst am frühen Morgen kommt der Schlaf. Doch kaum bin ich eingenickt, klingelt das Telefon. Wen Jing. »Ich bin doch ein guter Mensch. Lass uns Freunde sein«, sagt sie. »Am Abend komme ich bei dir im Hotel vorbei. Dann machen wir Fotos. Sieben Uhr.«

Die Fotografin bereitet alles vor. Licht, Tests, alles steht, wir warten nur noch auf Wen Jing. Doch sie kommt nicht. Ruft nicht an, schreibt nicht, ist wie vom Erdboden verschluckt. Als sie sich schließlich doch wieder meldet, spricht sie über Geld. Geld, das sie von uns haben möchte.

»Ich habe mir das überlegt«, sagt sie. »Fünftausend Yuan, und ich mache die Fotos.« Umgerechnet sind das mehr als siebenhundert Euro.

»Vergiss es«, sage ich.

»Überlege es dir gut«, sagt sie. »Du hast meine Nummer.«

Ich verfluche sie. Nacht für Nacht springt sie in das Haifischbecken des Nachtlebens und der Affären, in der Hoffnung, dort die große Liebe zu finden. Ihr Unterfangen erscheint mir ein wenig suizidal, und doch bewundere ich ihre Kraft und ihren Willen.

Das letzte Mal sehe ich Wen Jing vor Gericht zwei Tage nach unserem Zerwürfnis. Sie hatte mir beiläufig von diesem Termin erzählt. Ich beschließe hinzugehen, trotz allem. Normalerweise kommen Ausländer nicht einfach so in ein Gerichtsgebäude, doch der Kaiser ist weit, die Wachen winken mich einfach durch.

Oben im ersten Stock vor dem Gerichtssaal Nummer fünf des Amtsgerichts Jinjiang, Chengdu, entdecke ich sie. Sie ist erst sauer, dass ich gekommen bin, dann kichert sie wieder. Sie ist müde und aufgekratzt. Sie hat kaum geschlafen in dieser Nacht, so wie in jenen zuvor. Die Männer, die Feste, sie wollte vergessen. Ihre Haut, auf die sie doch so stolz ist, wirkt fahl, unter den Augen liegen tiefe Ringe. Im Saal steht, das ist durch ein kleines Fenster in der Tür zu sehen, ein Mann, den Kopf gesenkt, die Hände in Handschellen auf dem Rücken. Er steht, zwischen zwei Polizisten, vor dem Podest des Richters. Als er sich zur Seite wendet, sieht man den starken Körper, ein gebräuntes Bauerngesicht, dreißig Jahre, große runde Augen.

Wen Jing hatte mir von ihm erzählt. Sie hatte ihn in einer Kennenlernbar getroffen. Als sie ihm von der Scheidung der Eltern erzählte, wurde seine Stimme ganz weich. Sie fühlte sich so verstanden. Er sorgte sich, er war da. Im ersten Monat sank er auf die Knie: »Willst du mich heiraten?« Im zweiten Monat bat er sie umgerechnet um mehr als vierzehntausend Euro – er wolle ein Geschäft eröffnen. Wen Jing gab ihm das Geld. Später erfuhr sie, dass er das gleiche Spiel mit acht weiteren Frauen getrieben hatte. Er, der Bauer aus einem kleinen Dorf, hatte sein Geld in einen schicken Anzug gesteckt und vorgegeben, ein großer Geschäftsmann zu sein. Wen Jing war auf ihn hereingefallen. Schlimmer, sie hatte sich verliebt. In einen, der das Spiel noch besser beherrschte als sie.

Die Frau des Angeklagten kommt aus dem Gerichtssaal, eine Bäuerin, ärmliche Kleider, Verzweiflung auf dem Gesicht. Sie und ihre Begleitung sind mit dem Zug gekommen, stundenlang werden sie auf Matten im Gerichtsgebäude warten. Sie warten auf den letzten Zug zurück nach Hause, sie haben kein Geld für ein Hotel.

Die Frau sinkt vor Wen Jing auf die Knie, sie nimmt ihre Hand, sie weint: »Du kriegst das Geld zurück, auch wenn es dauern wird. Ich flehe dich an, bitte den Richter um eine milde Strafe.«

Wen Jing zieht ihre Hand aus der Hand der Knienden, sie nestelt den Kamm aus ihrer Handtasche, streicht damit durch ihr Haar. Sie lächelt kurz, schaut zur Wand und sagt dann, mit einer Stimme so kühl wie gebrochenes Eis: »Er wird zehn Jahre bekommen. Mindestens.«

Wen Jing ist wieder sauer auf mich geworden. Ich verlasse das Gerichtsgebäude und warte draußen auf sie. Stunden später kommt sie heraus. Sie entdeckt mich, will an mir vorbeilaufen, versteckt sich hinter ihrem Rechtsanwalt, dann aber muss sie wieder kichern, winkt und lacht. Auf ihren Plateauschuhen eilt sie voran, sie stolpert, wirkt ein wenig unsicher, wie ein Falter mit eingerissenen Flügeln. Doch irgendwie bin ich fast sicher, dass sie weiterfliegen wird.

»*Wer die Vergangenheit kontrolliert, kontrolliert die Zukunft.*
Wer die Gegenwart kontrolliert, kontrolliert die Vergangenheit.«

George Orwell, »1984«

6. Der Museumsgründer

Nach meinem Mätressen-Abenteuer bin ich geschafft. Ich beschließe, mir ein paar Tage Auszeit zu gönnen, noch etwas in Chengdu zu bleiben. Sitze im Teehaus und schaue den ambulanten Ohrausputzern zu, die mit langen Stäbchen die Ohren der Gäste reinigen. Lasse mich von den Plaudereien meiner Tischnachbarn in den Halbschlaf wiegen. Lausche dem Plätschern des Sees nebenan, den verliebte Paare auf Tretbooten in Schwanenform durchpflügen. Das Telefon reißt mich aus meinen Tagträumereien. Ein Freund von mir, er lebt in Peking, doch seine Heimatstadt ist Chengdu.

»Warum besuchst du nicht das Geschichtsmuseum von Fan Jianchuan? Muss super sein. Ich habe viel darüber gelesen.«
»Was gibt's da zu sehen?«
»Mmmh, das kann ich dir auf Anhieb jetzt nicht erklären. Fahr einfach hin. Ist in Anren, nur eine Stunde von Chengdu entfernt.«

Warum nicht, denke ich mir.
Ich nehme ein Taxi, in einer Dreiviertelstunde sind wir in Anren. Anren ist bezaubernd. Die Häuser sind im südwestlichen Stil gebaut, helles Holz, weiß verputzte Wände mit einem kleinen Muster darauf. Durch den Ort fließt ein Bach, in der Altstadt verkaufen alte Männer alte Stühle, die perfekt zu meiner neuentdeckten Faulheit zu passen scheinen. Ich überlege, den Rest

meiner Reise einen alten Stuhl mit mir herumzuschleppen, entscheide mich dann aber, auch dafür zu faul zu sein.

Ich spaziere in die Richtung, die mir die alten Männer weisen, zu Fan Jianchuans Museum. Als ich davorstehe, fühle ich mich wie erschlagen. Es ist gewaltig, ein ganzer Museumskomplex, der in einem weiten Park liegt. Ich gehe durch ein großes Tor, die lange Auffahrt hinauf und fühle mich klein wie eine einsame Ameise. Ich wandere an alten Flugzeugen vorbei, Soldatenstatuen starren mich grimmig an, Kriegsgerät baut sich vor mir auf. Lautsprecher scheppern patriotische Hymnen aus der Zeit des Kriegs gegen die Japaner. Wo bin ich hier nur hingeraten? Zu viel Heroisches macht mir Bauchschmerzen.

Ich gehe in die Empfangshalle, mir eine Eintrittskarte zu kaufen. Im Museumsshop gegenüber entdecke ich T-Shirts mit den Konterfeis chinesischer Premiers und Präsidenten. Auweia. Spätestens jetzt bin ich auf das Schlimmste gefasst. Der Freund kriegt was von mir zu hören, wenn ich zurück bin! Wahrscheinlich klimpert hier wieder einer das alte Lied, das Zeitungen und Fernsehen tagtäglich anstimmen: Die Chinesen, ein großes Volk, das hundert Jahre lang nichts als Demütigung erfahren hat, Opiumkriege, ausländische Konzessionen und japanische Invasion. Ein Volk, das, geknechtet und geprügelt, wohl immer am Boden geblieben wäre, hätte die glorreiche Partei es nicht aus der Misere befreit. Mein Problem mit diesem Narrativ ist nicht nur, dass es so lückenhaft und halbwahr ist, wie Propaganda eben zu sein pflegt. Sondern, dass dieser permanent geschürte Patriotismus gefährliche Folgen haben könnte. China, das doch längst Großmacht ist, weidet sich wieder und wieder in seiner Opferrolle – auf Befehl der Partei, die diese Erzählung braucht, um ihre Herrschaft zu legitimieren. Das Land leidet an einer nationalen Schande, die doch lange Geschichte ist. Oszilliert zwischen ge-

130

fühlter Winzigkeit und Übermacht, zwischen Demütigung und Großmannssucht. Derart patriotisch erregt, ist es schwierig, nüchtern zu bleiben. Die vor langer Zeit erlittenen Demütigungen werden heute als Rechtfertigung herangezogen, die Nachbarländer zu drangsalieren. Doch genau so kann China nicht zu dem werden, was es doch eigentlich werden will: eine verantwortungsvolle Großmacht.

Ein berühmter Historiker schrieb einst: Die Partei nährt das Volk mit Wolfsmilch. Und diese Wolfsmilch soll ich jetzt freiwillig trinken?

Ich seufze. Erstens bin ich schon hier, zweitens habe ich bereits meine Eintrittskarte gekauft. Ich kann ja kurz mal reinschauen. Als Erstes will ich das Kulturrevolutionsmuseum besuchen. Das immerhin erscheint mir ungewöhnlich. Wo sonst in China gibt es ein Museum der Kulturrevolution?

Ich betrete einen weißen Bau, steige in den ersten Stock, Tausende Mao-Anstecker sind dort ausgestellt. Sie hängen an den Wänden, liegen in Schubladen, in Vitrinen, eckige, runde, goldene, silberne. Um sie herum drapiert: die Propaganda der Kulturrevolution. Wehende rote Fahnen, Propagandaposter, lachende Gesichter und immer wieder das gütig dreinblickende Konterfei des Großen Vorsitzenden. Kulturrevolutionshymnen laufen, da ist so viel Optimismus, Aufbruch, Hoffnung, und mit einem Mal geschieht mir Eigenartiges. Ich habe schon viele Kulturrevolutionsopern gesehen, »Das rote Frauenbataillon«, »Das weißhaarige Mädchen«, ich war in Kulturrevolutionsrestaurants, wo Kellner im Rotgardisten-Aufzug bedienten und Sänger im Mao-Anzug von Traktoren herunterträllerten, während begeistert nostalgische Gäste die Tänze jener Zeit aufführten. Ich habe viel über die Propaganda jener Zeit gelesen, ihre Wirkweise, ihre Ästhetik, ich müsste immun gegen sie sein. In diesem Augenblick aber packt sie mich. Sie versetzt mich in einen Zustand der Aufregung, der Euphorie. Ich kann mich kaum dagegen wehren.

Benommen laufe ich die Treppe hinunter, erreiche einen stillen zurückgenommenen Raum. Schwarzweißfotos hängen an den Wänden. Sie zeigen die Opfer der Kulturrevolution. Menschen, die von ihren Peinigern in die Flugzeugposition gezwungen werden, den Kopf nach unten, die Arme schmerzhaft nach oben gedreht. Um ihren Hals baumeln Poster, »Rindsgespenster und Schlangengeister«, »Schmutzige Nummer neun«, so nannte man damals die Intellektuellen. Unglückliche werden durch die Straßen getrieben, lange lächerliche Papiermützen auf dem Kopf, bespuckt, geschlagen, gedemütigt. Ich sehe Gewehre, Wunden, Leichen. Da ist kein Hinweis, keine Erklärung, nichts, was ein Zensor streichen müsste. Und genau deshalb ist der Schock umso größer. Am Ende stehe ich in einem kahlen runden Raum und verstehe: Dieses Museum ist das Zeugnis eines Verführten, der immer noch nicht begreifen kann, wie es geschah.

Ich bin erstaunt. So ein Museum mitten in China? Und keiner ist gekommen, um es zuzusperren? Atemlos laufe ich ins nächste Gebäude des Kulturrevolutionsmuseums. Auch dieses ein weißer Bau, doch die Architektur ist ungleichmäßig, verzerrt, asymmetrisch, sie gleicht einem Spiegelkabinett. Die Räume werden mal größer und mal kleiner, der Weg ist uneben, führt auf, führt ab, windet sich in labyrinthischen Kreisen. An den Wänden hängen Spiegel aus der Zeit der Kulturrevolution, ein beliebtes Mittel der Propaganda, mit Parolen verziert: »Zerstört das Alte«, »Befreit Taiwan«. Sie hängen kreuz und quer, oben und unten, ich taste mich den abschüssigen Gang entlang, er wird enger, schmaler, schiefer, überall nur Spiegel, Ecken und Geraden verschwimmen, ich bin desorientiert, verliere mich in meinem eigenen Bild, Hunderte Male an die Wand geworfen.

Getäuscht, geblendet, verwirrt. Tastend trete ich hinaus. Hier ist also einer, der so klug und gewitzt die eigene politische Botschaft zu vermitteln vermag, dass sie ihm nicht verboten wird.

Ich bin fasziniert. Dass ein Privatmann ein Geschichtsmuseum eröffnet in einem Land, in dem Geschichtsschreibung doch Staatsmonopol ist, das für sich ist ungewöhnlich. Dass er dann aber solche Inhalte präsentiert, ist spektakulär. Hier scheint ein Meister jener Disziplin am Werk zu sein, die die Chinesen in Jahrtausenden der autoritären Herrschaft verfeinert haben: die Kunst des Um-die-Ecke-Schreibens, -Denkens, -Lesens. Die Kunst, trotz der Zensur zu sagen, was gesagt werden muss.

Den will ich jetzt treffen: Fan Jianchuan, den Museumsgründer. Ich frage nach, ein Mitarbeiter bedeutet mir, in einem Restaurant zu warten. Ich warte und warte. Bin schon fast eingenickt, da stürmt er heran. Lange Beine, lange Schritte, die Stimme wie ein Donnerhallen. »Na, wie schaut's aus?!!!« Eine gewaltige Pranke landet auf meiner Schulter. Fan Jianchuan, 58, ist sehr groß. Breit sind seine Schultern, seine Beine stecken in grünen Cargohosen, die Füße in schweren Militärstiefeln, er trägt eine schwarze Lederjacke, die Glatze bedeckt eine grüne Kappe mit einem roten Stern darauf, wie sie einst die Rotgardisten trugen. Fan, auf den ersten Blick beurteilt: der Typ Macher. Wir könnten jetzt zusammen ein Zelt aufstellen. Ein Baumhaus bauen. Die Weltrevolution entfachen. Irgendwas tun, was seine schier unerschöpfliche Energie kanalisiert. Wir reden über Geschichte, »历史 – lishi«. Fan schlägt vor, mir Teile des Museums persönlich zu zeigen.

Er stürmt voran, ich stolpere neben ihm her, bemüht, seinen langen Schritten zu folgen. Tauche ein in seinen Redefluss, aus dem ich erst Stunden später wieder auftauchen werde. Doch ist er so klug und gewandt, dass ich mich kein bisschen dabei langweile.

Er redet schnell und mit expressiven Gesten, immer wieder landet seine Pranke auf meiner Schulter.

»Geschichte«, sagt er und öffnet die Hände, »das Sammeln ist pure Leidenschaft. Viel mehr als ein Hobby. Ein Fetisch, eine Sucht!« Er jagt im ganzen Land. Sucht in alten Dörfern, durchforscht alte Gehöfte, spricht mit den Bauern, fährt auf Auktionen, durchstöbert das Netz. Vielleicht ist da ja ein Brief, ein Dokument, ein Gegenstand, der die Zeit zum Erzählen bringt. Das Tagebuch eines japanischen Soldaten, einsam an der chinesischen Front. Ein Helm. Ein Gürtel. Ein Seidenschal. Nichts ist ihm zu abseitig, nichts zu banal. Alles ist Geschichte.

Einhundert Jahre chinesischer Geschichte will er dokumentieren. Das Offizielle und das Okkulte, das Besondere und das Banale. Den Milchpulverskandal und Sars, das Binden der winzigen Lotusfüße, die geheimen Rituale der Mafiosi zur Zeit der Republik. Die Zufälle, Taten und Tragödien, die China zu dem gemacht haben, was es heute ist.

»Eines Tages«, sagt er, »werden wir Geschichte sein. Wie die Dynastien der Ming oder der Qing. Ich will, dass jene, die nach uns kommen, wissen, wer wir waren.«

Er öffnet die Tür zu einem seiner Archive, er ist ganz aufgeregt dabei, er redet schneller, seine Pupillen weiten sich, er wirkt wie ein Süchtiger beim Anblick des geliebten Stoffs. Er geht durch die Regale, streicht über Waffen, Buddha-Statuen, eine alte Maschine. »Hier, weißt du, was das ist? Auch die Bauern in China haben früher Popcorn gemacht.« Er blättert durch Fotoalben, er hat Hunderte davon. Greift mit beiden Händen in einen Eimer voller Essensmarken, Relikte aus der Zeit der Planwirtschaft. Er lässt sie sich durch die Finger rieseln wie ein Bauer die Ernte. Was für den Bauern Getreide ist, ist für Fan: Geschichte.

Fan ist ein reicher Mann, einst zählte er zu den zweihundert reichsten Männern Chinas. Er hat mit dem Geld hier in Anren den größten Museumskomplex Chinas gebaut. Fünfzehn Museen sind es schon, bald sollen es dreißig sein. Museen für Teekultur und chinesische Medizin, Volkskunst und Seide, für die gewickelten Lotusfüße und Chinas Gangsterkultur. Für Maos Sprung nach vorn und den großen Hunger danach. Acht Millionen Ausstellungsstücke hat Fan gesammelt, darunter allein einhunderteinundzwanzig Gegenstände, die von der Regierung als Nationalschätze eingestuft wurden. Was er nicht zeigen kann, lagert in vier Archiven. »Hätte ich genug Geld, würde ich hundert Museen bauen.«

Er muss immer weitersammeln, auch wenn schon kein Platz mehr ist. Er will die Geschichte mit eigenen Händen greifen, will sie verstehen, sich an ihr abarbeiten, man spürt es überall in seinem Museum. Vielleicht, weil sie ihn mit sich riss wie ein mächtiger Fluss.

Als die Kulturrevolution begann, war Fan neun, als sie endete, war er neunzehn. Er hatte nicht viel gelernt in dieser Zeit, die Schule war oft geschlossen, eines aber hatte er begriffen: dass die Politik das Schicksal eines Menschen bestimmte. Ob einer verlor und Opfer wurde oder gewann und zum Herrn aufstieg. Die Kulturrevolution hatte Jungen wie ihn nach oben katapultiert, mit einem Mal war er Rotgardist und konnte den Rektor seiner Schule, der eben noch über ihn bestimmt hatte, schlagen und bestehlen.

Doch es traf nicht nur diesen Rektor, sondern auch den geliebten Vater, auch er wurde als Rechtsabweichler gebrandmarkt und gedemütigt.

Fans Vater wird uns im Museum immer wieder begegnen, viele Ausstellungen sind seiner Geschichte gewidmet – und jenen, die ein ähnliches Schicksal teilten. Er war ein einfacher Mann, der in den dreißiger Jahren mit fünfzehn sein Dorf verließ und sich von der Guomindang, den Nationalisten, als einfacher Soldat anheuern ließ. Als die Japaner einmarschierten, schnappten sie ihn, steckten ihn in ihre Uniform und machten ihn zum Wachposten eines Bergwerks. Dort erwischten ihn die anmarschierenden Kommunisten, steckten ihn in ihre Uniform und erklärten ihn zu ihrem Soldaten. Im Koreakrieg kämpfte er gegen die Amerikaner und trug Narben am ganzen Körper davon. In der Kulturrevolution holte ihn die Geschichte ein, er wurde gedemütigt, weil er einst Soldat der Nationalisten gewesen war – wenngleich gegen seinen Willen.

Fan, der Sohn, der mir jetzt seine Geschichte erzählt, wurde zum Ende der Kulturrevolution wie so viele junge Leute von Mao aufs Land verschickt, denn als der Große Vorsitzende seine Rotgardisten nicht mehr brauchte, versuchte er, sich ihrer zu entledigen. Danach ging Fan zur Armee, er wurde in der Inneren Mongolei stationiert, der übermächtige Feind, das war damals die Sowjetunion. Er studierte marxistische Wirtschaft und lehrte das Fach auch. Eine Zeitlang diente er seiner Heimatstadt als Vizebürgermeister, »doch meine Zunge ist zu schnell für die Politik«. Er stürzte sich ins Geschäftemachen. Versuchte sich mit Tankstellen und Wein, bis er es mit Immobilien probierte, so machte er viel Geld. Einst besaß er ein Vermögen von 1,5 Milliarden Yuan, umgerechnet knapp zweihundertzwanzig Millionen Euro. Das meiste davon hat er in seine Museen gesteckt. »Geld an sich interessiert mich nicht«, sagt er. »Mein Leben ist kein Blingbling, ich mag kein Golf, keinen teuren Wein, keine schicken Klamotten.« Er liebe die Arbeit, sie sei sein Vergnügen, »alles, was ich selber machen kann, mache ich selbst, sammeln, schreiben, forschen, Museen entwerfen«. Seiner Tochter hat er eine gute Ausbildung gezahlt, »das muss reichen«, seine Museen möchte er nach seinem Tod dem Land überlassen.

Manchmal erkennt man in Fan den Neureichen, der nicht mit Eigenlob spart. Er sagt dann etwa, er sei Avantgarde, »in der Geschichte gibt es keinen Zweiten wie mich«. Immer sei er einer der Besten gewesen, in Schule, Uni oder Armee, »ich habe das beste Museum in China, jetzt möchte ich das beste der Welt haben«.

Und doch: Er ist eine Ausnahme. Privatleute, die Kunstmuseen eröffnen, gibt es in China einige. Doch hier baut einer ein privates Geschichtsmuseen-Areal. Und das ist etwas sehr Besonderes.

Fan läuft vorbei an seinem Guomindang-Museum, es ist das einzige des Landes. Eine Sensation, rührt es doch an ein chinesisches Trauma: das der Spaltung und Teilung. Eine Zeitlang bekämpften Guomindang und Kommunisten gemeinsam die japanischen Besatzer, danach zerfleischten sie sich in jahrelangem Bürgerkrieg. Am Ende vertrieben im Jahr 1949 die siegreichen Kommunisten der Volksrepublik China die Guomindang-Anhänger auf die Insel Taiwan, jede der Parteien gründete ihren eigenen Staat. Unten in der Halle hängt ein Foto des Präsidenten von Taiwan, der Republik Chinas. Fan betreibt mit diesem Museum seine persönliche Versöhnungspolitik über die Meerenge hinweg. Er möchte zeigen: Anders als die Kommunisten oft behaupteten, waren die Guomindang-Soldaten nicht feige, auch sie haben die Japaner bekämpft.

Die Zensoren haben Fan dazu aufgefordert, dem Museum einen anderen Namen zu geben, es heißt jetzt nicht mehr »Guomindang-Museum«, sondern »Museum der Frontlinie«. Unter der neuen Aufschrift am Eingang kann man aber immer noch die alten Zeichen erkennen. Spricht man Fan darauf an, sagt er nur:

»Das ging einfach nicht weg.« Solche Sätze lässt er im Gespräch ganz nebenbei fallen. Auch, dass er gerne das Museum des korrupten Kaders eröffnet hätte, »aber das wollte die Partei nicht«.

Es gibt in seinen Archiven vermutlich noch so einiges, was die Partei nicht gezeigt haben will, Fan würde darüber nie offen sprechen. Seine Botschaften kommen leise daher. Zum Beispiel durch jenen Platz zwischen den Museen, auf denen Statuen der Widerstandskämpfer gegen die japanischen Besatzer stehen, chinesische Kommunisten und Nationalisten Seite an Seite. Mittendrin steht Mao Zedong, der Große Vorsitzende, nicht größer und nicht kleiner als die anderen, ein Soldat wie sie.

Fan ist keiner, der die Partei bekämpft. Er ist Mitglied und umarmt sie, um ihr hintenrum seine Ideen unterzuschieben. Ohne die Partei, glaubt Fan, würde China im Chaos versinken. Er hat der Partei zwischen seinen Museen Platz gemacht, ihr eigenes Museum zu eröffnen. Stählerne heroische Statuen stehen davor, Fan läuft vorbei, und dann kommt wieder so ein beiläufiger Satz: »Mmh, anderer Stil, ein bisschen wie bei Stalin oder Hitler.« Dem Reformer Deng Xiaoping hat er eine Halle eröffnet. »Ich bin ein Nebenprodukt meiner Zeit. Hätte es die Reform nicht gegeben, wäre ich ein ganz einfacher Soldat oder Arbeiter geblieben.« Er steht davor, sagt: »Die Reformen müssen weitergehen«, und man weiß, dass er politische Reformen meint.

Oft bewegt sich Fan an der Grenze des Erlaubten, ohne sie überschreiten zu wollen. Manchmal tut er es doch, dann wird ein Teil seines Museums »harmonisiert«, also zensiert. Wie der Platz, auf dem die Besucher zwischen Statuen der Politiker sitzen, spielen, picknicken sollten. Politiker zwischen Menschen, das ging der Partei dann doch zu weit. Jetzt ist der Platz von blickdichten Hecken umstellt. Gegen solche Eingriffe protestiert er nicht, sagt nur sein Lieblingszitat: »Wenn die Schritte zu groß werden, tun die Eier weh.« Und er sagt auch: »In Peking wäre so ein Museum nicht möglich.«

Auf eines seiner Museen ist Fan besonders stolz: das Museum für das Erdbeben, das 2008 Teile von Sichuan zerstörte. Er stürmt hinein, wirbelt mit mir durch die Ausstellung, redend, gestikulierend. Dieses Projekt war ganz nach seinem Geschmack, anpacken, anpacken, anpacken. Fan und sein Team brachten Essen und Medizin ins Katastrophengebiet und bargen Relikte: Lkw, im Beben verbogen, als seien sie Spielzeugautos. Zerstörte Brücken. Das Hochzeitskleid einer Braut, die mit ihrem Mann am Tag ihrer Trauung umkam. Die Colaflasche des Jungen, der nach achtzigstündigem Ausharren unter Trümmern als Allererstes sagte: »Ich brauche jetzt eine Coke.« Die Brille des Lehrers, der beim Beben losrannte, seine Schulkinder im Stich ließ und später sagte: »Ich hätte auch meine Mutter zurückgelassen.« Fan stürmt aus der Ausstellung und umrundet einmal das Museum, ich laufe ihm nach. Hinter dem Museum ist ein Gatter, darin grunzt fröhlich ein dickes lebendes Schwein. Fan deutet mit ausladender Geste stolz darauf. »Das ist der Liebling unseres Teams: Piggy Determined, das Schwein, das sechsunddreißig Tage eingeklemmt in den Ruinen überlebte.«

Ich bin am Ende. Habe ungefähr acht Museen besucht, vielleicht waren es auch neun, bin stundenlang Fan Jianchuan hinterhergelaufen, ich brauche eine kleine Pause. »Okay«, sagt er, »ruh dich aus. Aber heute Abend musst du mitkommen. Da steigt ein kleines Bankett. Bei mir im Hotel.«

Abends sitzt er zu Tisch, den Parteisekretär zur Rechten, den Bürgermeister zur Linken. Und ist zwischen beiden ganz klar:

der Boss. Er redet ohne Unterlass, lässt die Faust auf den Tisch fallen. Haut den beiden auf die Schultern, nennt sie »meine Brüder«. Sie stoßen an, es werden Schnäpse gereicht. Ich versuche, mich rauszureden: die Gesundheit, die Unverträglichkeit, die Gewohnheit, außerdem bin ich Frau. Drei Gläser muss ich trotzdem kippen: eins mit dem Bürgermeister, eins mit dem Parteisekretär und eines mit Fan Jianchuan. Die drei planen Großes: eine Museumsstadt, wohlhabend, ökologisch und bei Touristen beliebt, »Sechstausend, Bettenkapazität«, ruft Fan und reckt triumphierend die Faust in die Höhe. Der Bürgermeister wirft einen bewundernden Blick auf Fan und sagt: »Bruder, von dir haben wir gelernt, Politik zu betreiben wie ein Geschäft.«

Als weitere Schnäpse drohend auf mich zukommen, verabschiede ich mich so höflich wie möglich. Die Gesundheit, die Unverträglichkeit, die Gewohnheit, und außerdem bin ich Frau. Ich trete aus der Tür in sternenklare Nacht hinaus. Ich weiß nicht, sind es die acht Museen, so viel Geschichte oder doch der Schnaps, aber mir ist ein bisschen schwindlig.

»Bücher sprechen zum Geist, Freunde zum Herz,
der Himmel zur Seele, alles andere zu den Ohren.«

Chinesisches Sprichwort

7. Die Freundin

Der Schnellzug eilt gen Westen, Landschaft huscht vorbei, ich betrachte sie aus halbgeschlossenen Augen. Wir jagen durch gelbes Land. Lössberge, von tiefen Schluchten durchzogen, Bäume klammern sich an Abgründen fest. Menschen haben Wohnhöhlen in den Löss gegraben. Ich sehe die runden Eingänge, die Holztüren. Ein alter Mann treibt seine Schafherde durch die Einsamkeit, lange schaut er uns nach. Minuten später haben wir eine namenlose Stadt erreicht. Auf einem Hausdach kreuzen riesige rote Plastikhummer ihre Scheren, sie werben für das Meeresfrüchterestaurant »Zur blauen See«. Ein Mädchen steht an einem verlassenen Bahnhof, sie hält einen Schirm mit aufgedruckten Rosen, ich frage mich, auf wen sie wartet. Meine Lider werden schwerer, mein Kopf fällt auf Wang Nas Schulter, in das Nest, das ihre Haare gebildet haben, es riecht nach ihrem Shampoo, dem Duft von Jasmin. »Wo warst du gestern?«, fragt ein Mann ins Telefon, seine Stimme klingt gepresst vor mühsam versteckter Eifersucht. Eine Mutter schimpft ihr Kind. Wang Na spricht mit Hanhan, der neben ihr sitzt. Ich höre nicht auf das, was sie sagen, ich lausche nur auf ihre Stimmen. Weich, ruhig, mit diesem zwitschernden südchinesischen Akzent, das L wird zum N: Das ist Wang Na. Tief, rollend, zackig, selbstgewiss und doch voll nervöser Anspannung: Das ist Hanhan. Wang Nas Haare kitzeln mich an der Nase, ich puste sie weg, sie dreht den Kopf zu mir, streicht die Haare aus dem hübschen Gesicht, sie lächelt. Großes weites Wang-Na-Lächeln.

Sie hat diese weiche Haut, die immer prall vor Feuchtigkeit zu sein scheint, wie sie die Frauen im Süden Chinas zu haben pflegen. An ihrem linken unteren Mundwinkel sitzt ein kleines Muttermal. Ihr Körper ist schmal und doch kräftig. Manchmal lacht sie dieses ganz bestimmte Lachen, und in ihren Augen scheint koboldhafte Freude auf. Ich kann sie sehr lange anschauen, weil ich immer etwas Neues an ihr entdecke.

Ihre Lippen bewegen sich unhörbar, alle paar Sekunden drückt sie auf den rosa Digitalzähler, den sie sich um den Finger geschnallt hat. Damit zählt sie die buddhistischen Mantren, die sie rezitiert. Ich nehme ihre Hand, schaue auf den Zähler, 12583, es bleiben noch eine Menge, auf hunderttausend will sie kommen. »Jia you!«, sage ich und grinse. »Dann gib mal Gas!«

Es war klar, dass sie mich auf diese Reise begleiten musste. Auf unser nächstes großes Abenteuer. Oft habe ich ihr vom Eremiten auf dem Huashan-Berg erzählt. »Das nächste Mal komme ich mit«, hatte sie gesagt. Ich bin also zurück nach Peking geflogen, wir haben unsere Schlafsäcke und Isomatten in Rucksäcke gepackt. Hanhan wollte auch mitkommen, einer aus dem Harem von Wang Nas Freunden und Beschützern. Ich mag Hanhan gerne, doch was er auf dem Berg beim Einsiedler will, wissen weder Wang Na noch ich so recht. Hanhan liebt das Geld und die Frauen, er ist Geschäftsmann und immer busy, dauernd klingelt sein Telefon, immerfort tappt sein Fuß nervös auf dem Boden herum. So fahren wir Richtung Huashan, tapptapp macht Hanhans Fuß. Klickklick macht Wang Nas Zähler. Ich schließe die Augen und nicke ein. Den Kopf auf Wang Nas Schulter.

Vor ein paar Jahren ist Wang Na, 35, in die »胡同 – Hutongs«, in die Gassen der Pekinger Altstadt gezogen, gleich bei mir um die Ecke. Befreundet waren wir schon vorher, nun wurde sie zu einer meiner engsten Vertrauten. Wang Na ist eine der hippieeskesten

Chinesinnen, die ich kenne, ohne dass sie dabei groß vom Hippietum beeinflusst wäre. Sie ist einfach so.

Wang Na wohnt in einem kleinen Häuschen am hintersten Ende eines verwinkelten Hofes, in dem viele Parteien leben. Man muss den Eingang genau kennen, denn da gehen drei fast identische rote Tore von einer kleinen Straße ab. Man schlüpft in das hinterste, biegt scharf nach rechts, windet sich ein paarmal um Ecken, duckt den Kopf, wo Vogelkäfige hängen, drückt sich an den Katzen vorbei, schon ist man da.

Wang Nas Häuschen ist auf seine Weise bezaubernd. Es gibt ein Fenster im Dach, legen wir uns auf den Boden, sehen wir Himmel und Akazienzweige. Im Frühling und Herbst klettern wir manchmal aufs Dach und lassen den Blick über die Hofdächer schweifen, über die Straßenkatzen ziehen. Lebt man in den Hutongs, wird man zum Katzenkenner. Die Katzen sind überall, ich kenne die meisten aus meiner Nachbarschaft, einige kann ich schon am Miauen auseinanderhalten. Da ist der gestreifte Kater, mit dem ich mich angefreundet habe, oft sitzt er auf meinem Schreibtisch, während ich schreibe. Da ist die gescheckte Katze, die bei den Katern meiner Nachbarschaft sehr begehrt ist, zweimal hat sie schon in meinem Hof geworfen. Und dann gibt es noch die riesige weiße Katze, die aussieht wie ein weißer Tiger, aber einen sehr schüchternen Charakter hat. Sie lässt sich sogar von einem winzigen Kater durch ein Fauchen vertreiben, der nur halb so groß ist wie sie.

Manchmal füttere ich die Katzen, doch meine Gastfreundschaft hat Grenzen. Vergangenes Jahr schloss das Fenster zu meinem Badezimmer nicht richtig. Regnete es, sprangen die Katzen hinein. Als ich heimkam, sah ich drei von ihnen gemütlich in meinen weißen Laken liegen. Den Tathergang konnte ich anhand ihrer dreckigen Tatzenspuren genau verfolgen. Sie waren durch das Fenster gehüpft, hatten versucht, aus der Kloschüssel zu trinken, waren dann ins Schlafzimmer getigert, wo sie probiert hatten, die Fenster zu erreichen, ein erfolgloser Versuch, der allerdings zahlreiche dreckige Tatzenspuren auf den weißen Wänden hinterlassen hatte. Erschöpft von ihren Unternehmungen hatten sie sich dann durchs Bett gewühlt, es vollgehaart und waren zufrieden eingeschlafen, nicht ohne ihr neugefundenes Paradies ausgiebig markiert zu haben.

Doch zurück zu Wang Nas Häuschen. Auch das könnte ein kleines Paradies sein, wäre es nicht so, na ja, chinesisch eingerichtet. Und damit meine ich nicht rote Hochzeitsschränke und Stühle aus der Qing-Dynastie, sondern blanke Fliesen, kalte Neonröhren, die grelles weißes Licht verbreiten, wahllos zusammengetragene Hocker, Bilder mit romantischen Motiven, auf denen Rätselhaftes in chinesischem Englisch steht. Doch ganz egal, wie es aussieht. Wer sie kennt, kommt trotzdem.

Und das sind viele. Wang Nas Haus ist zu einem kleinen Salon geworden, immer hängen irgendwelche Leute dort herum. Künstler, Verlagsleute, Journalisten, Webdesigner, Unternehmer … Wang Na hat einen schier unerschöpflichen Freundeskreis, widmet sie sich doch einer der chinesischen Lieblingsbeschäftigungen: neue Leute kennenlernen. Immer findet irgendwo ein Dinner, eine Bergtour, ein Barbecue statt, und jedes Mal werden Wechat-Kontakte ausgetauscht. »Wechat«, so heißt das beliebteste chinesische Social Network. Ich kenne Wang Na seit mehr als drei Jahren und habe noch immer nicht all ihre Freunde kennengelernt. »Ich komme aus Hunan, da ist es üblich, dass wir daheim immer Besucher haben«, sagt sie. Sie ist dabei eine der entspanntesten Gastgeberinnen überhaupt, so sehr, dass man weniger das Gefühl hat, Gast zu sein, als zu einer Verwandten zu kommen. Manchmal kocht sie etwas, meist übernehmen das ihre Gäste, jeder weiß, wo die Töpfe und Pfannen hängen und was es beim kleinen Markt um die Ecke gibt. Man kommt, schaut, wer sonst noch so da ist, und lässt sich fallen – in jeder Hinsicht. Oft liege ich mit Wang Na zusammen auf Matten auf dem Boden und schaue durch das Fenster im Dach auf die Sterne.

Wang Na hat Medizin studiert, sie stammt aus einer altehrwürdigen Medizinerfamilie, doch sie arbeitet nur, »wenn es unbedingt sein muss oder wenn ich Lust habe, unter neue Leute zu kommen«. Eine Zeitlang arbeitete sie als Frauenärztin in einer Klinik, Privatpraxen gibt es in China nicht. Meist musste sie dort bei Abtreibungen helfen, eine Folge der Einkindpolitik. Sie fand es grauenhaft, »all die toten Föten, das verfolgt mich noch heute«, und schwor sich, nicht mehr als Ärztin tätig zu sein. Im Moment arbeitet sie bei einer Firma, die Medizinprodukte vertreibt, ich bin mal gespannt, wie lange.

Wenn sie nicht arbeitet, widmet sie ihre Zeit der Selbsterfahrung. Sie meditiert, schreibt an einem Buch, »das aber irgendwie nie fertig wird«, reist und wandert, campt in der Wüste oder fährt nach Tibet. Sie hilft Waisenkindern in einer Schule. Sie verbringt ihre Wochenenden in Klöstern. Sie bildet sich in unzähligen Seminaren weiter, sie bietet psychologische Beratung an und betreibt einen wöchentlichen Salon zum Thema »emotionale Intelligenz«. Der Salon ist eine Institution, die die Pekinger sehr lieben, eigentlich ist das Wort an sich aus dem Französischen übersetzt, doch in den viel liberaleren 1980er Jahren blühten private Salons, auf Chinesisch heißen sie: »沙龙 – Shalong«, auch in chinesischen Großstädten auf. Auch heute sind die Pekinger sehr Shalong-begeistert, man muss nur ankündigen, ein paar interessante Leute zusammenzutrommeln, um über irgendein Thema zu diskutieren, Architektur, Stadtplanung, Journalismus, was auch immer, und alle Augen leuchten auf. Verbindet der Shalong doch zwei Hauptleidenschaften des Pekinger

Intellektuellen und Möchtegernintellektuellen: redenredenreden und neue Leute kennenlernen.

Wang Na ist einer der offensten Menschen, die ich kenne. Sie saugt die Stadt und ihre tausend Möglichkeiten auf wie ein Schwamm. Wirft sich in diesen ultrabeschleunigten Moloch. Sie geht zu Vernissagen, Theaterstücken, Rockkonzerten, Diskussionsveranstaltungen, buddhistischen Meditationssitzungen, sie taucht auf jedem Fest, auf jedem Barbecue auf, zu dem sie eingeladen ist – so sie das Wochenende nicht gerade in den Bergen verbringt. Wenn es einen Menschen gibt, den man überall mit hinnehmen kann, dann ist es Wang Na.

Als ich Improvisationstheater ausprobieren wollte und fragte, wer von meinen Freunden mitkommen wollte, war Wang Na natürlich dabei. Einmal pro Woche besuchten wir die bilingualen Workshops, englisch und chinesisch, und amüsierten uns ganz prächtig dabei. Die Leute waren phantastisch. Chinesen, Pakistanis, Spanier, Amerikaner, Architekten, Schauspieler, Ölunternehmer, Journalisten, alle waren dabei. Nach den Workshops saßen wir oft noch herum und unterhielten uns über alles Mögliche: die Unabhängigkeitsbestrebungen Schottlands und was das für Taiwan bedeuten könnte. Die augenblickliche Begeisterung der Chinesen für die Republikzeit, für Bücher, Theaterstücke, den neuesten Klatsch der Stadt. Die Workshops finden in einem kleinen Artspace in der Altstadt statt, das Restaurant nebenan zeigt im Sommer unter freiem Himmel alte Filme. Danach setzten wir uns oft noch auf die Stufen und sahen uns Klassiker wie »Lebe wohl, meine Konkubine« an.

Auf der Bühne des Improv-Workshops wird Wang Na, die sanfte Wang Na, zu einer anderen. Da spielt sie ein Selbst aus, das ich im Alltag nie zu sehen bekommen habe. Sie gibt den forsch auftretenden Mafioso, die Ehefrau, die ihren Mann zur Schnecke macht, weil er nach durchsoffener Nacht nach Hause kriecht, den machtberauschten Polizisten, der breitbeinig in ein Geschäft reingeht und sich vom Besitzer schmieren lässt. Und sie genießt es offensichtlich. Tritt sie von der Bühne ab, stupse ich sie an und grinse: »Na, waren wir mal wieder *tufei?*«

Oft haben wir über die »土匪 – Tufei« gesprochen, die Banditen und Gesetzeslosen, die in den Bergen ihrer Heimatprovinz Hunan hausen. Ich habe gelacht, als sie mir das erste Mal davon erzählte. »So was haben wir in Bayern auch.« Ich erzähle ihr von Räuber Kneißl, den Wilderern und Räubern, die in Bayern Volkshelden sind, und sie versteht sofort. »Weißt du, ich bin der sanfteste Mensch der Welt. Aber wehe, einer kommt und glaubt, er kann mich runtermachen. Dann kommt der Tufei in mir hoch.« Damals, an der Uni jedenfalls, als dieser Junge sie anging, ziemlich respektlos, wie sie fand, da fauchte sie ihn so an, dass sie über Nacht zur Schullegende wurde.

Denn so sei sie aufgewachsen: Ihr Vater, ein schöner, kluger Mann, der hinter seinen Medizinbüchern verschwand und darüber vergaß, die Familie zu beschützen. »Deshalb wurden wir oft gepiesackt. Hast du in Hunan keinen starken Mann in der Familie, wirst du oft drangsaliert.« So bekamen die anderen Ärzte die bessere Wohnung und den höheren Bonus und legten ihren Krempel in die Küche ihrer Familie.

Sie lebten an einem wunderschönen Fluss, doch die Eltern ließen Wang Na nicht schwimmen, zu gefährlich, und überhaupt ließen sie sie nicht gerne raus, und so blieb sie meist daheim, las und malte. »Früher«, sagt sie, »war ich introvertiert.«

Sie kann so vieles begreifen, mitfühlen, sie hat ein großes Verständnis für die Menschen in ihrer Begrenztheit. Sie kann so weich sein, dass man selbst ganz weich davon wird. Und doch ist sie zäh. Wie oft habe ich sie auf abschüssigen Berghängen gesehen, sie kämpfte mit der Höhenangst und der Erschöpfung, und doch ist sie jedes Mal weitergegangen. Wie oft hat sie mich irgendwohin führen wollen und hat sich dann verirrt, sie verirrt sich fast immer, ihr Orientierungssinn ist eine Katastrophe. Die Nacht war längst über den Bergen hereingebrochen, und sie lief einfach so lange über stockdunkle Pfade weiter, bis da schließlich doch noch irgendwas kam.

So offen und modern Wang Na ist, so sehr ist sie der Tradition verhaftet. Wenn ich etwas über alte chinesische Sagen, religiöse Gebräuche, daoistische Meditationspraktiken, buddhistische Jenseitsvorstellungen, Fuchsgeister oder traditionelle Medizin wissen will, frage ich zuerst Wang Na. Und fast immer hat sie eine Antwort für mich. Ich habe nicht den Eindruck, dass sie all dieses Wissen als widersprüchlich empfindet. Für sie hat jedes Denkgebäude seine Berechtigung, seinen ganz bestimmten Platz.

Die Vertrautheit zwischen Wang Na und mir war nicht von Anfang an da. Es war keine dieser Freundschaften, wo es vom ersten Moment an klickt. Ich mochte sie sofort, doch uns trennte so viel, Geschichte, Kultur, Selbstverständnis. Sie erzählte von einem Film, den jeder in China kannte, ich hatte ihn nicht gesehen. Ich erzählte von meiner Heimat, und mir war, als berichte ich von einem anderen Stern, sie ist noch nie im Westen gewesen. Manchmal kam ich von Ausflügen mit ihr und ihren Freunden zurück und fühlte mich fürchterlich einsam. Nicht weil mich irgendeiner ausgeschlossen hatte, sondern weil ich mich selbst so anders fühlte.

Eines Herbstabends, es war der Tag des Mondfestes, suchten wir einen Ort, den Mond anzuschauen, wie man es traditionell an diesem chinesischen Feiertag tut. Wir bestiegen die Duftberge im Norden Pekings. Der Mond stand rund und voll am Himmel, wir schauten auf das nächtliche Peking herab, picknickten und tranken Wein. Die Freunde wollten unter dem Mond singen, wie es die Chinesen schon immer zum Mondfest getan haben. Doch bald merkte ich: Wir hatten so gut wie keine gemeinsamen Lieder. Ich konnte nur zwei chinesische Lieder singen, ihnen waren die Texte westlicher Popsongs nicht vertraut. Irgendwann fanden wir den kleinsten gemeinsamen Nenner und landeten bei »Bruder Jakob«, das auf Chinesisch »Drei Tiger« heißt, das sangen wir im Chor, während wir kichernd und etwas angetrunken spätnachts den Berg hinunterliefen.

Mit der Zeit aber wurde der Graben immer schmaler, unsere Welten wuchsen zusammen, ja wir schufen unsere eigene Welt. Und die wurde von Tag zu Tag größer.

Eines Samstagabends, ich war gerade dabei, mich für eine Party fein zu machen, rief sie plötzlich an. Ihre Stimme war tränenerstickt. »Ich komme sofort vorbei«, sagte ich. Als ich zu ihr kam, saß sie in einem Kreis von Freunden, ihr Gesicht war tränenüberströmt, auf dem Tisch lag der steife Körper ihrer kleinen Katze, die sie so liebte, eine Kerze davor. Die große Katze hatte die kleine im Spiel gebissen, die Wunde hatte sich entzündet, sie war sehr schnell gestorben. Wir wickelten die kleine Katze in eine Decke ein, steckten sie in einen Karton, Wang Na legte ein Amulett darauf. Danach gingen wir in meinen Hof, einen Spaten zu holen. Wir machten uns auf die Suche, einen Platz zu finden, wo wir die Katze beerdigen konnten. Illegalerweise, denn eigentlich müssen Haustiere verbrannt werden, doch das hätte Wang Na nie übers Herz gebracht. Wir fuhren durch die ganze Stadt, illegale Totengräber, die wir waren. Zuerst versuchten wir es beim ältesten Überrest der Stadtmauer, aber der Boden war viel zu hart, die Jungs bekamen noch nicht mal den Spaten hinein. Ich weiß nicht, warum, doch in Peking ist die Erde unglaublich hart, wahrscheinlich liegt es an der Trockenheit. Nach unzähligen Abstechern hatten wir endlich einen Park entdeckt, der uns vielversprechend erschien. Wir wandelten auf nächtlichen Pfaden, bis wir eine kleine Kuhle unter einem Baum fanden, dort war der Boden ein wenig lockerer. Die Jungs hoben eine Grube aus, wir legten den Karton mit der Katze in die Kuhle und häuften Erde darüber. Nachts um vier fuhren wir heim.

Die ganzen Jahre über, die ich Wang Na kenne, war ich Zeuge ihrer Selbstsuche. Als ich sie kennenlernte, war sie Anhängerin einer Untergrundkirche. In China sind alle Religionen dem Staat untertan, kein religiöses Oberhaupt darf über der Partei stehen, der Papst wird nicht anerkannt. Alle fünf Religionen, Buddhismus, Daoismus, Islam, Katholizismus, Protestantismus werden vom Staat kontrolliert. Im vergangenen Jahrzehnt aber haben sich überall im Land inoffizielle evangelische Gemeinden gebildet. Manche bestehen aus einem Bibelkreis von fünf, sechs Leuten, andere haben Tausende Mitglieder. Sie werden mal toleriert, mal verfolgt, seit ein paar Jahren aber ist der Staat den Untergrundkirchen gegenüber konzilianter geworden, solange diese ihn nicht in seiner Macht herausfordern. Wang Nas Gemeinde gehören viele junge Leute an, sie ging gerne dorthin, nebenher besuchte sie aber auch buddhistische und daoistische Vorträge. Eines Tages sagte sie mir: »Ich kann in meiner Gemeinde nicht ganz ehrlich sein. Einmal erzählte ich ihnen, dass ich manchmal im Gebet mit Gott streite. Wenn ich etwas ungerecht fand, zum Beispiel. Sie sagten mir: ›Bist du wahnsinnig, das kannst du doch nicht machen, mit Gott kann man nicht streiten, der steht viel zu weit oben.‹ Da sagte ich: ›Na, wenn ich nicht mit ihm streiten darf, dann ist er doch nicht mein Vater, sondern mein Boss.‹ Irgendwann kam der Pfarrer zu mir und sagte: ›Du kannst ja machen, was du möchtest, aber erzähl bloß den anderen nichts davon.‹«

Irgendwann begann Wang Na sich mehr und mehr für den Buddhismus zu interessieren. Sie verbrachte Wochenenden in buddhistischen Klöstern, begann Mantras aufzusagen und viele Kotaus zu machen. Neuerdings kauft sie Unmengen von Tieren, Fische, Krebse, Wasserschnecken, die sie in den Seen der Pekinger Parks freilässt, das ist buddhistische Praxis. In ihrer Wohnung laufen im Hintergrund jetzt oft buddhistische Gesänge, den Ameisen stellt sie draußen eine Schale mit Reis hin, damit sie nicht in ihre Wohnung kommen, sie will kein Gift benutzen. Als einmal eine Schabe über den Boden ihrer Wohnung kroch, stupste sie sie ganz sanft, um nur ja keines ihrer fragilen Beinchen zu verletzen, und redete sanft auf sie ein: »Komm, geh lieber, geh lieber raus, ich will dir doch nicht weh tun.«

Einmal besuchte ich sie, und sie war völlig erschöpft, den ganzen Tag hatte sie sich auf die Knie fallen lassen, ein Mönch hatte ihr verordnet, zehntausend Kotaus zu machen. In dieser Zeit verbrachte sie ihre Tage vor allem damit, täglich hundert Kotaus zu machen und Hunderte Mantras aufzusagen.

An dem Tag sagte ich ihr, dass ich an diesen Nummernwahn nicht glaubte. »Buddhismus schön und gut, aber warum soll man immer Zehntausende Kotaus und Mantras schaffen?«

Sie sah mich an und lächelte. »Na ja, ich glaube auch nicht unbedingt daran, doch mein Meister sagt, dass es auch funktioniert, wenn man nicht daran glaubt.«

Auf dem Nachhauseweg dachte ich nach. Das Utilitaristische, das einigen Schulen des chinesischen Buddhismus heute eigen ist, erstaunt mich bisweilen. Ich weiß nicht, ob das schon immer so war oder ein Phänomen der Neuzeit ist, die Kulturrevolution hat den Religionen gewaltige Verletzungen zugefügt. Ein Psychologe sagte mir mal: »China ist damals die Essenz seiner Kultur verlorengegangen. Heutzutage beschäftigen sich die Leute wieder mit traditioneller Kultur und Religion, doch sind beide ihrer Werte beraubt. Wo ich Teekultur praktiziere und mich nur auf die korrekte Haltung der Teetasse reduziere, betreibe ich reine Etikette. Dabei verkörpert die Teekultur doch uralte Werte.« Und er erklärte weiter: Die Jungen suchten nach Sinn, nach Spiritualität, »doch da ist keiner, der ihnen etwas weitergeben kann«. So blieben nur Zitate, ihres Kerns beraubt. »Ein bisschen Buddhismus, ein bisschen Christentum, ein bisschen Dalai Lama, ein bisschen Einstein.«

Gleichzeitig erscheint mir Religion im chinesischen Kulturkreis schon immer diesseitiger, pragmatischer und weniger prinzipiell oder dogmatisch als in Europa gewesen zu sein. Taiwan hat nie eine Kulturrevolution erlebt, und doch wunderte ich mich, als ich dort studierte, manchmal über meine Freunde. Mal gingen sie in den buddhistischen, mal in den daoistischen Tempel, oft waren beide Religionen so ineinander verwoben, dass keiner mehr den Unterschied ausmachen konnte. An Weihnachten wiederum besuchten meine buddhistisch-daoistischen Freunde die Kirche.

Ein guter Freund klärte mich damals auf: »Na ja, du musst eben immer zu dem zuständigen Gott gehen.«

Ich verstand nicht. »Zu dem zuständigen Gott?«

»Also. Nehmen wir an, du hast Liebesprobleme, ja? Natürlich gehst du dann zum Alten Mann im Mond, der die Liebenden zusammenbringt.«

Ich nickte.

»Willst du aber, sagen wir mal, mehr Geld verdienen, ja? Dann gehst du zum Gott des Reichtums.«

Ich nickte wieder.

»Aber wann geht man denn dann in die Kirche?«, fragte ich ihn.

Er überlegte einen Moment, dann sah er mich triumphierend an: »Na, an Weihnachten natürlich.«

Ich habe bei Wang Na immer das Gefühl, dass sie mit Widersprüchen gut umgehen kann. Sie martert sich nicht deswegen, sie nimmt sie als etwas Natürliches an, wie Yin und Yang, Sonne und Regen.

Eine Zeitlang zog ihr Kumpel Shi Xiang bei ihr ein, er hatte sich selber eingeladen. Shi Xiang ist passionierter Buddhist, jeden Sommer verbringt er bei seinem lamaistischen Meister im tibetischen Hochland. Gleichzeitig hegt er eine große Vorliebe für den Großen Vorsitzenden Mao Zedong und will immer mit mir über Politik reden – ein Angebot, das ich in dem Zusammenhang eher als Drohung empfinde, ich gebe meist vor, beschäftigt zu sein. Als Wang Na diesem Shi Xiang gegenüber erwähnte, dass sie keineswegs auf ein Glück im anderen Leben hinarbeite, sondern einfach in diesem Leben glücklich sein wolle, begann er, sie zu bearbeiten.

»Du bist keine richtige Buddhistin, eine richtige Buddhistin muss auf ein Leben im Jenseits hinarbeiten.«

Sie zuckte die Schultern, als sie mir davon erzählte. »Immer wollen die Menschen mir vorschreiben, wie ich zu glauben, zu denken und zu lieben habe. Offensichtlich gehöre ich nirgends so richtig dazu.«

Ich lachte: »Na, dann scheinst du ja alles richtig zu machen.«

Wang Na praktiziert das, was man in China »修行 – Xiuxing« nennt: spirituelle Praxis. Und spirituelle Praxis ist für sie alles, was ihr hilft und sie zu einem besseren Menschen macht. Meditieren, Psychologie, Gespräche, Buddhismus, Natur, Menschen und Tieren zu helfen.

Manchmal rührt sie mich. Gehe ich mit ihr durch die Hutongs, bleibt sie immer wieder stehen, um kranke Katzen zu füttern. Sie macht Fotos und stellt sie ins Netz, um Leute zu finden, die sie pflegen könnten. Weil es so viele Katzen gibt, kommen wir kaum voran. Gerade hat sie wieder eine entdeckt, unter dem Auto, weiß, räudig, eine Pfote hinter sich herziehend. Wang Na kauft ihr eine Wurst, versucht sie anzulocken, redet leise auf sie ein.

Da parkt ein Kerl in einem BMW hinter uns, Typ arrogant, erfolgreich. Beim Aussteigen sagt er: »Mädchen, hör mir auf damit, die Katzen zerkratzen mir nur den Lack.«

Und Wang Na lächelt ihn strahlend an und sagt kein Wort und füttert die Katze einfach weiter. Und er, gewohnt, zu befehlen, gewohnt, dass man auf ihn hört, weiß nicht, was er tun soll, zuckt schließlich seufzend die Schultern und zieht unverrichteter Dinge ab.

Als wir weitergehen, sage ich lachend: »Den hast du schön ausgebootet.«

Sie zuckt die Schultern, lächelt und sagt: »Ach, mit solchen Leuten kann man einfach nicht diskutieren.«

Wang Na ist nicht verheiratet. Sie könnte es sein, denn sie hat einen Tross Männer um sich versammelt, und manche sehen gut aus, sind fürsorglich und haben Geld, und viele andere chinesische Mädchen hätten längst zugegriffen. Doch sie hat keine Eile. Sie will einen, den sie liebt und respektiert. Solange der nicht kommt, bleibt sie lieber allein. Und doch wünscht sie sich nichts mehr, als ihn zu finden. Manchmal kann ich es fast nicht glauben, denn da sagt meine Wang Na, die Tibets Berge erklimmt, tausend Sachen vermag, dass sie am liebsten einen hätte, der sie ernährt, denn sie wolle ganz schwach sein. Wolle ein Haus im Grünen und eine Familie, ein kleines Hofhaus in Peking mit Garten würde auch schon reichen. »So«, sagt sie, »würde das Glück aussehen.«

Und für all die Männer, die sie umgeben, all die guten Freunde, die manchmal doch mehr von ihr wollen, hat sie eine Strategie gefunden: »Ich bin ihre psychologische Beraterin, die, der sie alles anvertrauen, so bin ich vor komplizierten Geschichten sicher.« Denn nebenbei arbeitet Wang Na ja als psychologische Beraterin. Nicht, dass sie ein Diplom darin hätte, doch besteht das Diplom für Therapeuten in China ohnehin nur aus einem Test, für den man Auswendiggelerntes wiedergeben muss. Einige meiner Freunde beklagen die Qualität chinesischer Therapeuten. So wie ich Wang Na kenne, macht sie es sicher besser als viele ausgebildete Therapeuten. Und der Bedarf ist übergroß.

Denn immer nur Rennen und Geldverdienen, das ewige Sichdurchbeißen, die vielen täglichen Widersprüche machen die Menschen in der Seele müde. Der ewige Wandel, die unverarbeiteten Traumata der Vergangenheit, das anstrengende Leben der Megagroßstädte, all das zehrt.

An manchen Abenden habe ich Wang Nas Salon zur Emotionalen Intelligenz besucht, ich war neugierig, wie die Menschen dort über ihre Gefühle reden. Junge Mittelklasse-Chinesen saßen auf dem Boden und erzählten von ihren Problemen, bei der Arbeit, in der Liebe, in der Familie. Da war die Journalistin, die unter Depressionen litt, sie suchte Hilfe, doch sie fand niemanden, der ihr weiterhelfen konnte. Neun Therapeuten hatte sie ausprobiert, am Ende löste sie ihr Problem auf sehr chinesische Weise. »Ich glaube, ich leide unter Minderwertigkeitskomplexen. Da dachte ich mir, vielleicht muss ich einfach was leisten, worauf ich stolz bin. Und kaufte mir eine Wohnung.«

Viele kommen zu Wang Na, um sich beraten zu lassen. Männer, die verheiratet sind und sich trotzdem neu verlieben. Die hin- und hergerissen sind zwischen Verlangen und traditioneller Moral. »Die Mittelklasse ist sehr verwirrt«, sagt Wang Na. »Einerseits wird von einem erfolgreichen Typen verlangt, ein echter Kerl zu sein, Liebschaften zu pflegen. Andererseits widerspricht das ihren Vorstellungen von Liebe und Moral. Den Neureichen geht es oft schlecht, doch sie sind nicht so verwirrt, weil sie glauben, sowieso über allem zu thronen. Die Mittelklasse steht zwischen den ganzen widersprüchlichen Moralvorstellungen und ist sehr durcheinander.«

An einem Wochenende fuhren Wang Na und ich zu einem buddhistischen Kloster außerhalb von Peking. Es ist ein wunderschöner Ort. Ein Kloster der Chan-Schule, in Deutschland ist Chan unter dem japanischen Namen Zen bekannt, tatsächlich wurde diese religiöse Schule aber in China gegründet und gelangte von dort nach Japan. Das Kloster wurde in der Ming-Dynastie erbaut und stand lange leer, zwei Mönche haben es in mühevoller Kleinarbeit renoviert und erneut bezogen. Es ist ein stiller Ort in einem kleinen Dorf, kein Laut, außer dem Rauschen des Windes. Wir waren zu fünft gekommen und saßen lange bei den Mönchen, tranken eine Tasse Tee nach der anderen. Der Klostervorsteher, ein heiterer Mann mit einem feingeschnittenen Gesicht, beantwortete unsere Fragen.

Ich wollte wissen, ob nicht alles verwandt sei. Das Gewahrsam des Dao, die Achtsamkeit des Buddhisten, die religiöse Verzückung des Christen?

Er dachte lange nach, ich spürte, er wollte mir keine auf der Hand liegende Antwort geben. »Als der Buddhismus nach China kam, fand er den Daoismus vor, unsere ursprüngliche Religion. Er musste erst einen Weg finden, mit diesem zusammenzuleben. So entstand die Chan-Tradition, die Buddhismus und Daoismus vereint. Wenn der Buddhismus jetzt immer weiter nach Westen dringt, wird er auch einen Weg finden müssen, sich mit dem Christentum auseinanderzusetzen. Und vielleicht wird daraus etwas ganz Neues entstehen.«

Es war ein phantastischer Abend. Wir redeten und lachten, bis uns ganz leicht ums Herz wurde. Nachts hatte ich so viel Tein im Blut, dass ich am liebsten ein paarmal durch die eiskalte Nacht über die Klosterwege gerannt wäre. Die Sterne standen klar am Himmel. Wir legten uns zu fünft auf den Kang, das beheizte Ofenbett, ich lag neben Wang Na und konnte nicht schlafen, weil eine im Kloster lebende Bäuerin leidenschaftlich neben uns schnarchte. Ich betrachtete Wang Na, die neben mir lag, friedlich schlummernd, und spürte Glück in mir aufsteigen.

Ein Lärm, ein Rufen, die Schaffnerin. Ihr »Ticketsticketstickets« reißt mich aus dem Schlaf. Lautstark drückt sie auf ihrer Zange herum, klackklackklack. Ich reibe mir die Augen, suche nach meinem Zugticket, immer suche ich nach meinem Zugticket, die Schaffnerin wartet mit strengem Blick. Ich taste alle Taschen ab und finde es schließlich beim zweiten Durchgang in der ersten.

Hanhan hält mir eine Thermoskanne voller Tee hin. »Sag mal«, fragt er mich, und sofort bin ich wieder im Hier und Jetzt: »Wie hast du den Eremiten eigentlich kennengelernt?«

»*Zwischen tausend Wolken, zehntausend Flüssen,
lebe ich, ein müßiger Mann,
tags wandere ich über grüne Gipfel,
nachts ziehe ich mich zum Schlafen auf die Klippen
zurück,
Frühling und Herbst fliegen rasch vorüber.
Mein Geist bleibt frei von Hitze, frei von Staub
herrlich zu wissen, dass es nichts gibt, was ich brauche.
Bin so still wie der Herbstfluss.*«

Han Shan, »Worte vom kalten Berg«

8. Der Bergmensch

»Es geschah an einem Apriltag vor drei Jahren«, sage ich und nehme einen Schluck von Hanhans Tee, während er mich erwartungsvoll anschaut. »Ich erinnere mich genau.«

Ich wandere den Bergpfad hinauf, einen Eremiten zu suchen. Drücke mich durch dichtes Gehölz, schlängele mich an Dornensträuchern vorbei, klettere über Wurzeln und Steine. Sonnenstrahlen fallen durchs Blätterdach, Mücken tanzen in ihrem Licht. Es riecht nach Frühling, die wilde Kirsche blüht, das Summen der Bienen begleitet mich. Der Sommer liegt vor uns, weit wie ein Versprechen.

Ich glaube nicht, dass ich ihn finden werde. Warum sollte er mit mir sprechen wollen, wenn er sich doch in die Einsamkeit zurückgezogen hat, um den Menschen zu entfliehen? Dort drüben wohnt er, hatte der Mönch des daoistischen Klosters am Berg gegenüber gesagt und unbestimmt auf Wald und Berg gezeigt. Wenn er will, dass du ihn findest, wirst du ihn finden. Sonst nicht.

Der Pfad wird immer steiler. Ab und an lichtet sich der Wald, gibt den Blick frei auf den Huashan-Berg. Unwirklich, als sei er einem alten chinesischen Gemälde entsprungen. Als stiegen die Heiligen hier in den Himmel auf. Nackter weißer Fels stürzt sich aus schwindelerregender Höhe hinab, um dann in weichen Wellen wieder aufzusteigen. Steinmeer türmt sich zu unglaublichen

Formen. Urwälder wachsen in Bergschluchten, Kiefern reiten auf Bergkämmen, mal schluckt sie der Nebel, dann gibt er sie wieder frei.

Kein Wunder, dass die Daoisten den Huashan zu ihrem heiligen Berg erklärten. Dass sie Einsiedlerhöhlen in seine abenteuerlichen Höhen schlugen, die sie nur auf Ketten balancierend erreichen konnten, zu denen sie über Himmelsleitern gelangten. Eremitagen im Nichts.

Längst ist der Berg eine Touristenattraktion geworden, die Einsiedler haben das Weite gesucht. Nur wenige sind geblieben, haben sich in verborgenen Winkeln versteckt. Wie der, den ich suche.

Ich steige weiter, der Pfad wird schmaler, droht sich zu verlieren. Die Bäume rücken näher, nur selten dringt Licht durchs Dickicht. Ein Rascheln. Hört auf, setzt ein. Ich bleibe stehen, warte, gehe weiter. Da plötzlich. Vor mir erhebt sich ein uraltes Tor aus geschnitztem Stein, schön wie eine Sage. Eine Steintreppe windet sich hindurch, führt an einem Felsentor vorbei, in das Alkoven geschlagen wurden, einst müssen hier Statuen gestanden haben. Das Steintor verengt sich zu einem dunklen Tunnel, der mitten in den Berg hineinführt.

Ich halte die Luft an. Das habe ich nicht erwartet. Kühle Feuchtigkeit schlägt mir entgegen. Ich trete ein, taste mich an der Wand entlang, bis zum Ausgang am anderen Ende des Tunnels. Der Wald ist hier ganz still und verwunschen. Ein Pfad aus Steinplatten mäandert durch hohes Gras. Es riecht nach Moos und feuchter Rinde, Farne streichen über meine Waden. Ich laufe immer tiefer in den Wald hinein, am Ende des Pfades steht eine hohe Mauer, über die ein uralter Kiefernbaum seine Zweige hängen lässt. Ein blaues Tor ist in die Mauer eingelassen. Ich klopfe, doch keiner öffnet. Ich warte. Klopfe wieder. Keiner kommt. Mit einem Mal werde ich unendlich müde. Ich suche einen Stein, auf den das Sonnenlicht fällt. Lege mich darauf, Licht und Schatten spielen auf meinem Gesicht, ich schlafe ein, ich träume. Arbeiter stehen an einem endlosen Fließband, es windet sich wie ein Bandwurm, reicht bis in den Himmel hinein. Die Arbeiter tragen blaue Kittel und Plastikhauben, ihre Arbeiterhände verrichten Gesten, immer im gleichen Takt, sie fertigen etwas, doch auf dem Fließband ist nichts, ihre Hände tanzen durch die Luft.

Ich erwache, weil mich irgendwer am Fuß stupst.

»Hey«, sagt eine Stimme.

Ich blinzele, er steht direkt über mir. Er lächelt, ich mag sein Lächeln sofort. Er wirkt, als sei er geradewegs aus einem anderen Jahrhundert hierherspaziert. Er trägt die Kluft der Daoisten, Chinas ältester Religion, deren Weisen die Einheit des Menschen mit der Natur beschworen hatten, die Einfachheit, den Weg der Freiheit. Ein weißes Hemd zum schwarzen Kittel, schwarze Leinenschuhe zu weißen Strümpfen, das lange Haar hat er auf dem Oberkopf zu einem Dutt gesteckt und mit einer Kappe bedeckt. Sein Bart ist lang, seine Gesichtszüge wie gemeißelt, er hat helle Sommersprossen, seine Augen scheinen zu lachen. Schwer zu sagen, wie alt er ist. Mitte vierzig vielleicht.

»Kommt mit«, sagt er, und reicht mir die Hand, »wir heißen Shi Xiaohong.«

Er sagt, er komme gerade vom Zahnarzt, er sei vier Stunden in die Stadt gewandert und vier Stunden zurück, um einen Arzt zu sehen.

Er schließt das Tor auf, mir entschlüpft ein Laut des Erstaunens. Vor mir liegt eine perfekte Einsiedelei, die älteste des Huashan, vor achthundert Jahren, in der Yuan-Dynastie, schlugen die Alten sie in den Fels. Glatt wölbt sich der Stein in einem perfekten Halbrund, er bietet Platz für drei Höhlen. Einer großen, mehr als zehn Meter hohen, ein Tempel, der dem Himmelskaiser gewidmet ist, dem obersten daoistischen Gott. Daneben liegen zwei kleinere Wohnhöhlen, die über eine steinerne Treppe zu erreichen sind. Die Alten verrichteten ihr Werk sorgfältig und liebevoll. Sie schnitzten Steinblumen in die Höhlendecken, schufen einen kleinen Tisch, umgeben von steinernen Schemeln, direkt unter einem Pfirsichbaum – wie gemacht, um Tee zu trinken. Lange lag die Einsiedelei vergessen, überwuchert, bot Füchsen und Nachteulen Zuflucht.

Als Shi vor mehr als zwanzig Jahren zum ersten Mal den Huashan besuchte, hörte er einen Bauern von der verlassenen Höhle sprechen. Einen Pfad gab es damals nicht, er kroch auf Ellbogen und Knien durch das Dickicht herauf. Fünf Jahre später siedelte er hierher um. Trampelte den Pfad zurecht, schlug mit einer Machete eine Schneise durch dichtes Gebüsch, baute aus Stein und Holz eine Küche und ein Lagerhaus, legte Gemüsebeete an. Kartoffeln und Kürbis, Auberginen, Tomaten, Gurken, Wildgemüse und Kräuter. Beschnitt die Apfel- und Kirschbäume, den wilden Pfirsich. Manchmal kommen Jünger vorbei, sie spenden ihm ein wenig Geld, davon kauft er sich in der Stadt Reis und Nudeln. Shi hat Anhänger in Taiwan und den USA, sie hatten in Daoisten-Kreisen von ihm gehört. Die Taiwanesen haben ihm geholfen, eine Solaranlage zu installieren, sie haben Kabel gelegt und Glühbirnen angebracht. Abends wirft Shi manchmal seinen Kassettenrekorder an und hört seine einzige Kassette. New Age aus den österreichischen Alpen.

Hier lebt er, seit siebzehn Jahren schon. In der Gesellschaft der Vögel, der Motten und Wildschweine, des Winds und des Regens. Im Winter sinkt die Temperatur auf fünfzehn Grad minus, im Sommer steigt sie auf vierzig Grad plus. Der Berg ist ihm zum Freund geworden, zum besten Gefährten.

Wir setzen uns an den Steintisch unter dem blühenden Pfirsichbaum, wir trinken Tee, Kanne um Kanne. Wir sprechen. Oder besser: Wir versuchen es. Denn seine Antworten auf meine Fragen verlieren sich in einem Nebelland aus Gedichten und Geschichten. Sind verhangen wie der Huashan an einem dunstigen Tag. Ich frage ihn, woher er kommt, und er erzählt vom Anbeginn der Zeit. Ich frage ihn, wie er Daoist wurde, und er antwortet mit einem Gleichnis. Manchmal antwortet er gar nicht, wiegt nur den Kopf und lächelt. Dann beginnt er von etwas ganz anderem zu erzählen. Ich brauche ein bisschen, bis ich begreife, dass er nur sich selbst meint, wenn er von »wir« spricht. Ich bin ratlos. Ist er weise oder in der Einsamkeit verrückt geworden? Seine Augen sind klar, mehr noch, sie strahlen. Und doch, er lacht vor sich hin, er kann sich kaum halten, ich glaube, es ist besser, zu gehen. Wahrscheinlich ist er in der Einsamkeit verrückt geworden, überfordert ihn menschliche Gesellschaft. Er drängt mich zu bleiben. »Uns geht alles zu schnell. Zu schnell geht es uns. Wir sollten erst Freunde werden.« Ich könne in der Höhle schlafen, bietet er an. Es sei gemütlich, sagt er. Um Gottes willen, denke ich. In der Höhle. Nachts. Und er dazu. Ich verabschiede mich höflich.

Ich mache mich an den Abstieg. Der Pfad ist am Abend feucht vom Tau, ich eile, stolpere, rutsche. Lianen greifen nach meinen Füßen, ich ritze meine Hand an einem Dornbusch auf. Mit einem Mal ziehen Wolken auf, schwer und dunkel, innerhalb von Minuten ist der Himmel schwarz. Es donnert. Der Berg wirkt jetzt bedrohlich, er wandelt sein Wesen innerhalb von Minuten. Ich biege auf den Hauptweg ein, Wind peitscht die Wege entlang, lässt die Sicherungsketten wanken. In der Ferne rennen Wanderer davon, der Sturm bläht ihre Regencapes auf, grün, gelb und rot fliegen sie den Berg hinab. An Abstieg ist nicht zu denken, ich finde Zuflucht in einem kleinen daoistischen Kloster. Im Schlafsaal krieche ich unter die Decke meines klammen Bettes, es ist bitterkalt. Schnee treibt über den Klosterhof, der Wind rüttelt an den Fenstern. Ich kann nicht schlafen, in meinen Dämmerzustand schleichen sich alte Geschichten. Wie war das noch, früher in buddhistischen Klöstern der Chan-Schule? Wer dreimal an die Tür eines Klosters klopfte, der wurde zweimal abgewiesen, so prüften die Mönche die Ernsthaftigkeit des Bittstellers. Testet er mich? War ich zu vorschnell?

Am nächsten Morgen liegt Schnee auf den Bergwegen, zehn Zentimeter hoch. Über Nacht ist der Winter zurückgekehrt und hat meine Pläne durcheinandergebracht. An die Weiterreise ist nicht zu denken. Ich habe plötzlich Zeit und beschließe aus einer vagen Laune heraus, den Eremiten erneut zu besuchen. Diesmal wandere ich durch knirschenden Schnee. Die Luft ist ganz klar, die Zweige liegen unter einem Mantel aus Schnee. Die Kirschblüten sind im Frost erstarrt. Die zarten rosa Knospen tragen einen Mantel aus Schnee und Eis.

Als ich klopfe, nickt der Eremit, als habe er mich bereits erwartet. »Das Schicksal verbindet uns.« Er fegt seine Höhle eine halbe Stunde lang, ordnet Stühle, säubert Tassen und serviert dann feierlich seinen besten hundertjährigen Tee. Er setzt sich und erzählt seine Geschichte, die er am Vortag verborgen hat. Erzählt sie aufmerksam und klar.

Er wuchs auf in einem Dorf, nicht weit von hier. Sieben Kinder, der Vater Schreiner und Bauer. Das Leben war eintönig, Feld und Werkstatt, pflanzen, säen, ernten. Oft stahl er sich davon, verlor sich in den Wäldern, folgte dem Lauf der Flüsse, streifte durchs Gehölz. Er sah zu den Bergen und sehnte sich nach ihnen. Sehnte sich nach so vielem, doch hatte er keinen Namen dafür. Wusste nicht, was es war und wo er es finden sollte. Keinen gab es im Dorf, der ihn verstanden hätte. Es waren die frühen achtziger Jahre, die Reformen hatten gerade begonnen, alle stürzten sich ins Geschäftemachen, strebten nach einem Rad, einem Radio, dann nach einem Videorekorder, einem Telefon, nach Autos, Häusern, nach der goldenen Zukunft, die ihnen das Fernsehen versprach. Sie waren hungrig nach der neuen Zeit, er aber sehnte sich nach der alten. »Die moderne Zeit ist so flatterhaft, wir spürten, dass wir uns ihr nicht anpassen konnten.« Bücher gab es im Dorf kaum, die Kulturrevolution hatte das religiöse Leben zerstört, er wusste fast nichts darüber, außer dass die Großeltern heimlich Buddha verehrt hatten. Er fühlte sich haltlos, so wie das ganze Land, doch während die anderen euphorisiert nach vorne stürmten, zog es ihn zu den Wurzeln zurück. Er fand sie nur nicht.

Eines Abends, er war noch ein Jugendlicher, trat eine fahrende Theatergruppe im Nachbardorf auf. Es war eine seltene, langersehnte Attraktion, aus allen Nachbardörfern strömten sie hin. Es war der Moment zu flirten, zu streiten, Ehen und Geschäfte anzubahnen. Shi schlängelte sich durch den Trubel, als ihm plötzlich ein Fremder ins Auge fiel.

Er saß vor der Bühne, ruhig, ganz bei sich und spielte Schach. Er trug die Kluft der Daoisten, er war der erste daoistische Mönch, den er zu Gesicht bekam. »Nie zuvor haben wir einen Schach spielen sehen wie ihn, wir konnten die Augen nicht von ihm lassen. Er tat es ganz so, wie Laozi es beschrieben hatte, die Strategie des ›无为 – Wu wei‹. Und das heißt nicht etwa ›nichts tun‹, wie es heute viele übersetzen, es ist das anstrengungslose, ganz natürliche Tun, bei dem einer absolut im Einklang mit sich selbst und der Umwelt ist.«

Doch Shi war noch nicht so weit. Er begann in einer Ziegelei zu schuften, einer der härtesten Jobs auf dem Dorf, danach zog er durchs Land, von einer Provinz zur anderen. Er schlief, wo er Unterkunft fand, er aß, was ihm in die Finger kam. Er ging, er trampte, er fuhr mit dem Zug. Er lebte wie ein Landstreicher, »Yun you, wir gingen auf den Wolken«, sagt er. »Ein wenig gehen, ein wenig genießen.« Er war frei wie ein Vogel. Dann verschlug es ihn 1988 auf den Huashan-Berg, der erst vor kurzem für den Tourismus eröffnet worden war, auch das religiöse Leben in den Klöstern begann damals langsam wieder. Shi hatte keine Absicht zu bleiben und tat es doch. Weil er in einem Kloster einen Mann aus dem Dorf traf, aber auch, »weil die finanzielle Situation entsprechend war«. Mit anderen Worten: Er war pleite.

Er fand einen Lehrer, einen Mann, der sich während der Kulturrevolution verborgen hatte und wieder begonnen hatte, Schüler anzunehmen. Er zeigt ein Foto, darauf ein Mann mit langen weichen Haaren, geschwungenen Wimpern, die Züge feminin wie die einer Frau. Fünf Jahre lang verbrachte Shi in einem Kloster auf dem Berg, gleich gegenüber von der Höhle, die er jetzt bewohnt. Er betreute den Tempel, er schlug die Glocke und die Trommel, er sang die Gebete: »Etwas haben bedeutet nichts haben, was heute da ist, ist morgen schon weg.« Doch das Leben im Kloster war nichts für ihn. »Die ganze Meditiererei, tagein, tagaus, wie langweilig, nur Show, eine reine Träumerei. Wir wollen im Hier und Jetzt leben, etwas tun.« Er nimmt einen Schluck Tee. »Das Leben im Kloster war kollektiv, wir aber sind Individualist.«

Eines Tages packte er sein Bündel und siedelte in die Höhle um. »Wir kamen an und fühlten uns sofort wohl, bei uns, da war keine Angst und keine Sorge, der Weg von der Gesellschaft zum Kloster und vom Kloster in die Höhle geschah ganz natürlich.« Er wollte frei sein, ohne Restriktionen leben, ohne das Korsett des Klosters. Wollte den ursprünglichen Daoismus praktizieren, lange bevor dieser eine Religion mit einem gewaltigen Götterpantheon wurde. »Der Daoismus hatte damals keine Form, die Daoisten wollten einfach mit der Natur verschmelzen.« Zu werden wie der Wind, der Regen, der Berg. Shi nennt sich selbst Bergmensch »山人 – Shanren«. »Halb Berg, halb Mensch.«

»隐士 – Yinshi«, Eremit, das Wort sei falsch, sagt er. »Eremiten, das waren Menschen von Stand. Beamte, Dichter, Politiker. Sie hatten entweder genug vom Leben bei Hof oder hofften, vom Kaiser entdeckt zu werden.«

Seit die Chinesen begannen, ihre Historie aufzuschreiben, erzählen sie Geschichten von Eremiten. Huangdi, der Gelbe Kaiser, gilt als erster mythischer Herrscher des Reichs, den Chroniken zufolge regierte er von 2700 bis 2600 vor Christus. Und es sollen zwei Eremiten gewesen sein, die ihn in der Kunst unterrichteten, seine Feinde zu bezwingen und sein Leben zu verlängern. Wiederholt berichten die Chroniken von Kaisern, die weise Eremiten aufsuchten, um sie zu überzeugen, ihre Nachfolge zu übernehmen. Der Eremitenkaiser galt als politisches Ideal, es zu beschwören als frühe Form politischer Kritik. Macht sollte auf Weisheiten gründen, nicht auf Blutsbanden, nicht aus dem Netz der Intrigen in der Hauptstadt hervorgebracht sein. Eine der frühen Hauptstädte des Reiches war Chang'an, das heutige Xian. Und einige Städter zogen sich auf den Zhongnanshan zurück, einen Berg, gar nicht weit vom Huashan entfernt. Künstler, Dichter, enttäuschte und hoffnungsfrohe Beamte. Es war eine

Kolonie der ganz eigenen Art, deren Bewohner unzählige Gedichte und Gemälde produzierten. Manche zogen sich zurück, um Einsamkeit und Seelenfrieden zu finden, andere in der Hoffnung, dass der Kaiser sie aufsuche und ihnen ein aussichtsreiches politisches Amt übertrug. Der Weg in die Höhen der Politik, er führte oft über die Einsamkeit.

»Der Huashan war ganz anders als der Zhongnanshan. Dies war immer ein Berg des Daoismus«, sagt Shi. Die Einsiedler lebten hier in abenteuerlichen Eremitagen, die einen überwanden senkrechte Himmelsleitern, um in ihre Höhlen zu gelangen, andere zogen sich in atemberaubender Höhe über Steinketten hinweg. »Einige erzählen, es habe hier einst fünftausend Einsiedler gegeben, doch das ist Unsinn. Der Berg bietet gar nicht so viel Platz, es waren ein paar Dutzend, nicht mehr.« Heute, sagt er, sei er der einzige.

Nur wenige Eingeweihte wissen von ihm, anders als auf dem benachbarten Zhongnanshan, wo heute wieder viele Einsiedler leben. Wo es die Stadtmenschen am Wochenende wieder hinzieht, geplagt von Stress, Einsamkeit und Verwirrung, in der Hoffnung, einen Lehrer zu finden, der ihnen Sinn und Richtung zu geben vermag.

Ich bleibe lange bei Shi Xiaohong in der Höhle, wir trinken Tasse um Tasse. Als ich vor die Höhlentür trete, ist der Schnee fast geschmolzen.

»Bleib hier, wenn du magst«, sagt er, »in der Gästehöhle ist es gemütlich und warm.«

»Vielleicht komme ich wieder«, sage ich und steige den Berg hinab.

In den folgenden Jahren habe ich oft an den Bergmenschen gedacht. Manchmal erschien mir die Erinnerung an ihn im Nachhinein wie ein Traum, wie eine Zeitreise. Oft habe ich meinen Freunden von ihm erzählt, vor allem Wang Na. Und je öfter ich erzählte, desto fester wurde mein Entschluss, ihn erneut aufzusuchen.

Jetzt also ist es so weit, drei Jahre später. Ich strecke meine Arme, mache die Beine lang. »So, lieber Hanhan, da hast du die ganze Geschichte. So habe ich ihn kennengelernt.«

»Mann, ich bin schon mächtig gespannt auf ihn. Weiß er, dass wir kommen?«

»Ja, er hat ein Handy, auch wenn er oben im Berg oft keinen Empfang hat. Ich hab ihm gesagt, dass wir kommen, er freut sich sehr. Er will uns heute Abend in der Jugendherberge in der Kreisstadt abholen.«

Am frühen Abend kommen wir in der Jugendherberge an und machen uns daran, Musikdateien auf einen tragbaren Rekorder zu überspielen. Bach, Beethoven, Silvio Rodríguez, der kubanische Volkssänger, das könnte dem Einsiedler gefallen, denke ich mir, und vielleicht erlöst ihn das ja von der seit Jahren gehörten New-Age-Kassette aus den österreichischen Alpen.

Wir beugen uns gerade über den Computer der Jugendherberge, als plötzlich die Tür aufgeht. Er kommt, nein, er swingt herein, neonrosafarbenes Muskelshirt zur weiten Hose, das Haar offen, es ist noch feucht, er hat es gerade gewaschen, es reicht ihm bis zur Hüfte herab. Er strahlt. Seine Schläfen sind ein wenig grauer geworden, doch noch immer ist sein Haar ganz wunderbar, dicht und voll.

»Kommt«, sagt er, »kommt, wir setzen uns.« Er nimmt an einem Tisch Platz, lässt dabei sein Haar von einer Seite auf die andere schwingen, hebt es mit beiden Händen auf und lässt es fallen. Er lächelt ohne Unterlass, er scheint in Festtagsstimmung zu sein. Am schmalen Handgelenk trägt er eine neue Armbanduhr, schwarzes Yin und weißes Yang, »hat uns gerade ein Freund aus den USA geschenkt«. Er gibt einen Stoßseufzer von sich. »Ach, wir sind sehr beschäftigt. Es gibt ja so viel zu tun.« Der Einsiedler hat sich verändert, es ist, als habe jemand eine Lampe in ihm angeknipst. »Wir wussten«, sagt er, »dass euer Kommen Gutes verheißen wird. Der blaue Vogel hat es uns gesagt.« Gestern war da plötzlich der blaue Vogel am Eingang seines Tors. Kein bisschen scheu. Dreimal ist er auf ihn zugegangen, doch der Vogel flog nicht weg. Der Einsiedler mustert Hanhan aus dem Augenwinkel. »Wir wussten ja nur, dass ihr beiden Mädchen kommt. Wir ahnten ja nicht, dass ihr einen schönen jungen Mann im Schlepptau habt.« Morgen, verkündet er uns, wolle er uns einiges zeigen. Die neuen Projekte. Das neue Leben. Und überhaupt. »Wir haben so vieles vor.«

Am nächsten Morgen steht er vor unserer Tür und strahlt. Das Haar noch immer offen, hat er sich eine Siebziger-Jahre-Sonnenbrille aufgesetzt. Er trägt ein langes Hemd über dem rosafarbenen Shirt, der Dateirekorder, den ich ihm geschenkt habe, baumelt um sein Handgelenk. Er hat das Volumen voll aufgedreht, Silvio Rodríguez, »Al Final de Este Viaje«, so groovt er durch die Straßen der Kreisstadt, ein daoistischer Beach Boy. Er schenkt uns ein großes Beach-Boy-Lächeln.

»Ihr müsst uns umziehen helfen«, sagt Shi und stellt sich vor ein Haus.

»Umziehen?«

»Ja, wir haben seit einiger Zeit ein Zimmer hier unten in der Stadt, weil wir so viel zu erledigen haben. Im Winter leben wir jetzt immer in der Stadt.« In der Höhle sei es im Winter bitterkalt, seine Knie seien schon ganz kaputt von der Feuchtigkeit.

»Wohin willst du jetzt umziehen?«, frage ich.

»Ein Freund hat uns ein Haus zur Verfügung gestellt. Für unsere Vorhaben. Die Zeit ist reif, die Zeit ist gekommen. Ihr werdet verstehen.« Er steigt eine Treppe hinauf, betritt eine kleine Wohnung, die einen phantastischen Blick auf den Huashan freigibt. Drinnen ist es ein wenig chaotisch, Medizin, Essen, Töpfe, daoistische Kultobjekte in wildem Durcheinander, gleich neben dem Kopfkissen liegt das Holzbeil, das die Daoisten bei ihren Zeremonien benutzen.

Shi Xiaohong sieht Hanhan durchdringend an. »Kann Hanhan vielleicht Guqin spielen?«, fragt er. Die Guqin ist ein chinesisches traditionelles Zupfinstrument.

Hanhan schaut schüchtern auf, antwortet: »Ein bisschen.«

Hanhan hat sich komplett verwandelt. Für gewöhnlich ist er recht dominant, ganz der Kerl, er redet gerne, selten hält er mit seinem umfangreichen Wissen zurück. Jetzt aber, ich weiß nicht, warum, ist er ganz der artige Schüler. Und je artiger er sich gibt, desto begeisterter wird der Eremit. Er schleppt eine schwarze Guqin herbei, offensichtlich ein billiges Instrument, bespannt mit Plastiksaiten in unterschiedlichen Farben. Er aber trägt sie so ehrerbietig, als handele es sich dabei um eine Antiquität aus der Ming-Dynastie.

»Schwarz. Etwas ganz Besonderes. Wann haben wir eine schwarze Guqin gesehen? Nein, das ist phantastisch. Hanhan, spiel.«

Hanhan zupft ein wenig amateurhaft auf der Guqin herum, die Saiten sind verzogen, er erzeugt ein paar sterbende Töne.

Der Eremit klatscht begeistert in die Hände. »Ja, er macht das toll. Hanhan hat Talent für den Daoismus, das ist eine ganz eindeutige Sache. Kommt, Kinder.«

Er drückt Hanhan die Guqin in die Hand und mir eine zehn Meter lange schwarze Fahne an einer Holzlatte. Er selbst nimmt sein hölzernes Hackebeil, so laufen wir durch die Stadt, eine Prozession der Merkwürdigen, laute kubanische Musik hörend. Wang Na muss nichts tragen, sie drückt auf ihrem Mantrazähler herum und bewegt lautlos die Lippen. Keiner schaut uns nach. Die Passanten behandeln uns, als liefen wir mit Einkaufstüten herum und böten den normalsten Anblick der Welt. Nun liegt die Stadt an einem daoistischen Berg, und die Menschen hier mögen Seltsames gewohnt sein. Allgemein aber ist es erstaunlich, was man in China alles auf der Straße tun kann, ohne dass sich irgendwer wundert. Die seltsamsten Sportarten zum Beispiel. Alles, was in den mehr oder weniger berechtigten Verdacht gerät, das Leben verlängern zu können, wird in aller Öffentlichkeit ausgeübt und wohlwollend betrachtet. Praktiziert es ein besonders alt aussehender Mensch, findet seine Übung sofort zahlreiche Nachahmer. Wenn der so alt aussieht, muss es ja irgendwas bringen. Deshalb werfen in China Menschen mit aller Wucht den Unterleib gegen Baumstämme, das soll gut fürs Qi sein. Sie nicken hundertmal am Tag mit dem Kopf oder klatschen stundenlang in die Hände.

Wir kommen an Shis Hofhaus an, es ist schick, neu und gleich neben einer anderen neuen Jugendherberge gelegen. Er schaut zufrieden. »Das ist praktisch, dort können unsere Schüler dann wohnen.« Er rammt die schwarze Fahne in den Rasen vor dem Haus, das ist das Zeichen, das potenziellen Schülern signalisieren soll: Hier lebt ein Lehrer. Er wendet sich an uns: »Wir wollen unsere eigene daoistische Schule gründen, Schüler annehmen. Fremdsprachen wollen wir lernen. Seit mehr als zwanzig Jahren leben wir auf dem Berg, es gibt so vieles, was wir auf dem Herzen haben und teilen möchten. Die Zeit ist gekommen.«

Wir aber möchten jetzt auf den Berg hinauf und wandern gehen. Daher vereinbaren wir mit Shi, ihn am nächsten Tag oben auf dem Berg zu treffen. Er begleitet uns bis zum Fuß des Berges. Setzt sich mit uns in den Bus, wo er mit allen und jedem spricht, er ist wahrscheinlich der redseligste und charmanteste Einsiedler, den die Welt je gesehen hat. »Oh, sag an, du hast Melonen dabei? Was kosten die gerade?« – »Wie ist's jetzt, in der Seilbahn zu arbeiten? Ah, aha, und was verdient man da jetzt so? Ach, na ja, das geht ja.« – »Und du, wer bist du?« Als wir aussteigen, kennt Shi den ganzen Bus. An der Bushaltestelle liegen ein paar Geschäfte, Hanhan kauft eine Fasanenfeder für seinen Hut.

Shi lässt einen Blick über ihn gleiten, weich wie Honig. »Oh, Hanhan liebt die Schönheit. Wenn Hanhan erst mit uns oben auf dem Berg in der Höhle den Daoismus studiert, werden wir ihn schön machen. Wir werden ihn aufbrezeln.« Er kichert und winkt uns noch lange nach, während wir den Berg hinaufkeuchen.

Wir laufen Treppenstufen, Treppenstufen um Treppenstufen. »Warum auch so was, echt«, fluche ich, »die hätten doch 'nen ganz normalen Bergpfad anlegen können, geht sich viel leichter.«

Hanhan lacht. »Mann, ist doch klar, wenn's keine Treppen gibt, dann kann die Lokalregierung nichts ausbessern, und wenn sie nichts baut und ausbessert, kann sie kein Geld für sich abzweigen. Schau, hier gibt es gleich zwei oder drei Treppenstränge nebeneinander, die Immobilienblase schafft es bis auf den Berg hinauf.«

Schon in alter Zeit führten Treppen den Huashan hinauf, jetzt aber werden immer mehr gebaut. Der Aufstieg ist anstrengend, das Panorama von umwerfender Schönheit. Abgesehen von ein paar anderen Wanderern sind wir allein.

Kaum aber sind wir auf dem Gipfel angelangt, quellen sie oben aus der Seilbahn. Männer, kettenrauchend, gleiten mit Aktentasche und blankpolierten Lederschühchen über die Bergwege. Frauen im Minirock posieren kokett vor dem Abgrund. Dauerknipser wuseln umher. Selbsternannte Bergführer stürmen trompetend wie Leitelefanten voran. Aus hundert Handys dudelt Musik. Ein Mann trägt die Handtasche seiner Freundin um den Hals wie ein Bernhardiner sein Fässchen Rum. Eng an eng trippeln wir über die Pfade, eigentlich könnten jetzt alle die Hände auf des Vordermanns Schulter legen zur Bergpolonaise. Der Huashan ist eine Top-Touristenattraktion, zwei Millionen kommen im Jahr hierher, auf den Spuren der Einsiedler, die längst vertrieben wurden. Wenn die von Shi Xiaohong wüssten.

Der Freizeitwahnsinn, und wir sind mittendrin. Wir brechen aus, legen uns auf einen Stein mit Blick auf den gähnenden Abgrund, eine Kiefer spendet uns Schatten. Wir schauen in die Wolken und reden. Über Politik und Geschichte, über Literatur und Religion, über Liebe, über das, was man macht, wenn man traurig ist, über den Unterschied zwischen chinesischen und europäischen Vampiren. Natürlich reden wir auch über den Einsiedler.

»Ist der jetzt eigentlich weise?«, fragen wir uns.

»Er macht ja fast nichts für seine Erleuchtung«, sagt Wang Na und drückt auf ihrem Mantrazähler herum.

»Er scheint sich gar nicht anzustrengen.«

»Bis jetzt klingt alles, was er sagt, nicht so megaerleuchtet«, sagt Hanhan.

»Vielleicht verrät er's uns auch nicht«, sagt Wang Na. »Vielleicht sind es Geheimpraktiken, Geheimwissen. Morgen, wenn wir bei ihm in der Höhle schlafen, werden wir versuchen, es herauszufinden.«

Und wieder spielt der Huashan mit uns. Tagsüber ist Kaiserwetter, am Abend aber schlägt das Wetter innerhalb von Minuten um. Ein gewaltiges Gewitter zieht heran. Es blitzt, es donnert, es schüttet wie aus Kübeln. Im strömenden Regen eilen wir die steilen Treppen herab, uns von Kette zu Kette hangelnd. Atemlos und durchnässt erreichen wir den Tempel, in dem einst Shi Xiaohong während seiner Lehrjahre lebte. Wir kuscheln uns in die Betten des Schlafsaals, während der Regen in der Gasse vor uns in Sturzbächen vorbeirauscht, bald steht das Wasser dort dreißig Zentimeter hoch. Doch am nächsten Morgen ist bereits alles wieder trocken, der weiße Fels des Huashan strahlt, als habe es die Nacht zuvor nie gegeben.

Am Nachmittag warten wir, wie verabredet, an einer kleinen Brücke auf Shi Xiaohong. Wir sind den Berg heruntergekommen, er steigt den Berg hinauf, er tut es behende wie ein Junge, die vier Stunden Weg sind ihm nicht anzusehen. Er tänzelt über den Pfad, die Haare von einem schwarzen Tuch verdeckt, eine Jutetüte über der Schulter, »Wuliangye« steht darauf, eine berühmte chinesische Schnapsmarke. Shi Xiaohong könnte mit seinen Outfits in jeder Berliner Bar punkten. Es ist die Mischung aus Vintage, Freiheit und Coolness, die viele anstreben und doch wenige so graziös beherrschen wie er. »Huhu, wir haben Teigtaschen für euch dabei«, ruft er und winkt mit seiner Jutetasche. »Die besten der Stadt. Kommt mit.« Er überquert die Brücke, biegt auf einen kleinen Waldweg ein, an dem ein Schild steht, »Betreten verboten«, und läuft über neuverlegte Steinplatten voran. »Die Regierung will hier einen Weg bauen, bis zu uns hoch, doch wir haben ihnen gesagt, dass das nicht geht, nein, nein, wir können das nicht akzeptieren. Wir wollen nicht, dass irgendwelche Leute plötzlich bei uns vor dem Tor stehen, das geht nicht.« Er rennt voraus, wir drei, Jahrzehnte jünger, hecheln hinter ihm her, ab und an schlägt er mit einer Machete ein Stück Weg frei.

Am Wegesrand vor uns liegt das Haus von Shis einzigem Nachbarn. Eine kleine Waldhütte, ein paar Männer haben sich um einen Tisch versammelt, wir setzen uns dazu. Die Männer reden über den Obstanbau, Shi wird ganz aufgeregt dabei. »Wir werden Bananen oben auf dem Berg pflanzen«, ruft er.

»Aber, Daoist«, sagt ein anderer, »das geht doch nicht, hier ist kein Klima für Bananen.«

»Wir bauen ein Gewächshaus. Dort oben, ihr werdet sehen.«

»Es ist zu kalt«, wendet ein anderer ein.

Shi wischt den Einwand weg wie eine lästige Fliege. Er stützt die Hände auf den Tisch. »Wir haben viel vor. Wir bauen ein Gewächshaus. Wir werden eine Schule gründen. Wir werden Fremdsprachen lernen. Wer sagt, *Wu wei* ist Nichtstun, der weiß nicht, um was es geht. Es heißt: anstrengungslos die zehntausend Dinge tun.« Und schon stürmt er wieder weiter, den Berg hinan. Er macht eine Pause, wischt Hanhan mit seinem bereits feuchten Schweißtuch über die Stirn. »Hanhan ist so stark. Hanhan wäre hervorragend geeignet, den Daoismus zu studieren. Hanhan wird heute Nacht mit uns in einer Höhle schlafen, ihr Mädchen schlaft in einer anderen.«

Am Abend erreichen wir die Höhle. Die Dämmerung hat sich über den Berg gelegt, die Grillen zirpen, es riecht nach Spätsommer. Die Höhle ist so schön, wie ich sie in Erinnerung habe. Ich setze mich auf einen Stein, schaue in den Himmel, auf die Sterne, die ich in Peking so lange vermisst habe. Wang Na kommt zu mir, legt den Kopf auf meine Schulter.

Hanhan gesellt sich zu uns. »Hey«, raunt er. »Ihr müsst mich retten. Ich will nicht mit ihm in einer Höhle schlafen. Sagt einfach, ihr hättet Angst und wolltet, dass ich bei euch übernachte.«

Wir schauen uns an, wir grinsen maliziös.

»Mal sehen, Hanhan«, sagt Wang Na. »Wenn uns der Sinn danach steht. Vielleicht.«

Hanhan fleht uns an: »Bitte, lasst mich nicht hängen.«

»Kommt«, ruft Shi Xiaohong. »Essenszeit!«

Er hat den Esstisch in den Tempel des Himmelskaisers geschoben, wir essen unter seinem steinernen Blick. Wir schieben uns Teigtaschen in den Mund, während der Einsiedler erzählt. Die Zeit, sagt er, werde sich umdrehen. Wer in die Ferne gehe, der kehre zurück, was groß sei, werde klein, was hart sei, werde weich. »Die Welt ist zu materialistisch, die materialistische Gesellschaft wird sich wandeln. Sie wird sich der Vergangenheit zuwenden. Die Alten werden zu Kindern, die Jungen werden wieder Kleider mit weiten Ärmeln tragen, sie werden wieder religiös werden. Alles folgt den Gesetzen des Dao. Was sich ausweitet, zieht sich zusammen, hat es einmal den höchsten Punkt erreicht. Die moderne Gesellschaft ist an einem Extrem angekommen, sie wird wieder zurückkehren zum Ursprung. Der Wunsch der Menschen nach Wohlstand ist extrem. Die Welt der Objekte ist vom Geist getrennt. Die Seelen der Menschen sind leer, sie können ihr Inneres nicht mehr sehen, sie haben sich vergessen.« Nun sei die Zeit gekommen, meint der Einsiedler, der Zeitpunkt, den die Daoisten Rekonstruktion nennen. Die Menschen würden sich dem Daoismus zuwenden. Und daher eröffne er jetzt seine Schule.

»Was sind die Voraussetzungen für deine Schüler, Daoist?«, fragt Wang Na. »Nimmst du auch Frauen an?«

»Im Moment machen wir das nicht«, sagt der Eremit. »Für später überlegen wir vielleicht mal.«

»Und die Voraussetzungen?«, bohrt Wang Na weiter.

Shi lächelt und zupft sich am Bart. »Wir wollen einen schönen jungen Mann. Er muss unsere Persönlichkeit voll und ganz akzeptieren. Er muss bereit sein, die eigene aufzugeben.« Er fischt nach einer Teigtasche. »Wir müssen schicksalhaft miteinander verbunden sein. Sprechen können. Mit manchen Menschen haben wir uns nichts zu sagen. Mit anderen könnten wir stundenlang reden, wie ein Wasserfall, es ist ganz natürlich.« Er überlegt weiter. »Mit manchen Menschen haben wir ein langes, mit anderen ein kurzes Schicksal. Wir hatten schon Schüler, sie haben hier gelebt, junge Männer, ein halbes oder ein Jahr. Doch immer hatten sie Liebesprobleme, immer gab es irgendwo eine Frau.« Er seufzt.

»Was lernen die Schüler von dir? Im Berg zu leben?«, fragt Wang Na.

»Das sind doch nur oberflächliche Dinge. Etwas anpflanzen, auf dem Berg leben, darum geht es nicht. Wir suchen die Einheit mit der Natur. Wir versuchen, das Wesen der Natur zu erkunden, von jedem Tier und jeder Pflanze. Wir meiden diese ganzen Bücher. Wir meiden die Meditiererei. Unsere Art des Praktizierens ist harte Arbeit auf dem Berg. Das ist unsere Weise, sich mit ihm zu vereinen.«

Auf Wang Nas Stirn bildet sich eine Falte. Ich kenne sie gut genug, um zu wissen, dass ihr das alles zu schwammig ist. Was er ihr sagt, weiß sie längst. Doch je mehr sie insistiert, desto weiter weicht der Einsiedler aus. Es ist, als würde sie eine Lanze in den Nebel stoßen. Sagt er nichts oder weiß er nichts?

»Was rätst du jemandem, der Liebeskummer hat?«, fragt Wang Na.

»Die Wünsche, das Verhaftet-Sein aufgeben, loslassen.«

»Das sagt sich so leicht.«

»Doch es ist wahr.«

»Aber wie mache ich das?«

»Loslassen, ganz natürlich.«

»So natürlich ist das nicht, es fällt den Menschen sehr schwer.«

»Das Unglück des Menschen ist, dass er zu viele Wünsche hat. Er vergleicht sich, er vergleicht sich aber immer nur mit den Reichen und Glücklichen, und dann fühlt er sich schlecht. Er strebt nach Dingen, die er nicht erreichen kann, und ist unglücklich.«

»Das heißt, wir sollen alle auf dem Berg leben?«

»Nein, das ist nicht etwas für jeden.«

»Ja, aber wie mache ich das dann?«

»Ganz natürlich.«

Wang Na stochert weiter. »Und was würdest du jetzt sagen, wenn du merkst, dass Hanhan nicht auf dem Berg leben will und nicht dein Schüler sein möchte? Weil es ihn zurückzieht in die Stadt, denn, ganz ehrlich, was Hanhan nun mal am meisten liebt, sind die Frauen und das Geld.«

Hanhan schaut auf den Boden, ganz unbeteiligt, als ginge es gar nicht um ihn.

Der Eremit lächelt und schiebt die Ärmel nach oben. »Wir akzeptieren das. Wir nehmen das hin. So ist das Leben. Was man heute besitzt, hat man morgen schon nicht mehr. Wir fühlen kein Bedauern mehr, keine Trauer, keine Wut, wir haben nicht umsonst mehr als zwanzig Jahre auf dem Berg gelebt.«

Wang Na lächelt. Sie schlägt die Augen auf, setzt ihren schönsten Bambiblick auf und wendet sich mit honigsüßer Stimme an Hanhan: »Hanhan, könntest du vielleicht heute bei uns in der Höhle schlafen? Es ist so dunkel, und wir haben schrecklich Angst.«

Hanhan richtet sich auf, wird fünf Zentimeter größer. »Aber selbstverständlich, Wang Na, Angela, ich beschütze euch.«

Shi Xiaohong stößt hörbar die Luft aus. »Nenn sie nicht beim Namen. Nenn sie große Schwestern«, zischt er, »das sind die Gesetze auf dem Berg.« Er räumt die Teller zusammen. »Überhaupt, wir sollten jetzt ins Bett gehen, das Gespräch ist beendet.« Die Teller klirren, er wirkt aufgebracht.

Als wir die Höhle verlassen, höre ich ihn in die Nacht hineinsagen: »Also, diese Menschen, diese Menschen, diese Menschen.«

In der Nacht kann ich nicht schlafen. Die Höhle ist klamm und riecht feucht, eine riesige weiße Motte fliegt mir ins Haar, ich wälze mich neben Wang Na hin und her, während ich mir vorstelle, wie viele riesige Insekten gerade auf mich zukriechen. Erst früh am Morgen falle ich in traumlosen Schlaf.

Wir erwachen spät. Draußen regnet es leicht, in feinen Schnüren. Auf dem Berg ist es still. Vor der Küche sitzen zwei Daoisten, die gekommen sind, Shi zu besuchen, alle drei tragen lange weiße Kleider und wirken wie aus einer anderen Zeit.

Wir setzen uns dazu. Shi ist heute ganz weich. Seine Hände fliegen wie zarte Schmetterlinge, während er erzählt. Mir fällt auf, wie wenig ich ihn begreife und wie sehr ich ihn doch mag.

Wir verabschieden uns. Wandern durch den feuchten Wald hinab. Durch den Regen werden die Gerüche noch stärker, der Wald riecht nach Pilzen und Moos. Von einer Lichtung aus betrachten wir den Huashan. Nebel ist aufgezogen, die Welt versinkt in Weiß. Der Nebel hat den Berg fast eingehüllt, nur ein paar Kämme ragen aus dem Dunst auf. Gleich Inseln im Meer. Der Nebel verleibt sich einen Kamm ein und gibt dafür einen anderen frei.

Es wirkt wie ein Traumgespinst, das alle paar Sekunden seine Form wechselt. Wir setzen uns auf einen Stein und schweigen, wir wollen den Zauber nicht brechen. Fühlen uns verbunden.

»Eigentlich lebt er ja wie früher. Auf dem Dorf«, sagt Hanhan endlich. »Er sät, pflanzt und erntet.«

»Nur dass er hier alleine ist«, sage ich.

»Wahrscheinlich haben Leute wie er schon immer den Weg des Einsiedlers gesucht«, sagt Hanhan. »Weil sie dann leben können, wie sie wollen und mit wem sie wollen. Mit schönen jungen Schülern etwa.«

»Was meinst du«, frage ich Wang Na. »Ist er weise?«

Sie überlegt lange. »Ich weiß es nicht. Vielleicht praktiziert er ja auf eine Weise, die ich nicht verstehe. Keine Ahnung, ob er weise ist. Ob er irgendjemandem was beibringen kann.«

»Er hat glückliche Augen«, sage ich.

»Ja«, sagt sie. »Er hat glückliche Augen.«

Wir steigen den Berg hinab, vier Stunden lang. Der Weg geht über in einen kleinen alten Tempelpark, der geradewegs auf den Platz der Stadt mündet.

In der Mitte thront eine gewaltige Statue von Laozi, liegend. Es ist Abend, die »大妈 – Damas«, die »großen Mütter«, haben sich zum Tanz versammelt, rechts hüpfen sie zu Stampftechno, links schwingen sie die Arme zu einem patriotischen Volkslied. Kleine Kinder fahren in elektrischen Wagen über den Platz, die Größeren klettern auf der Statue herum.

Und in all dem Trubel, all der Kakofonie liegt steinern Laozi und schläft.

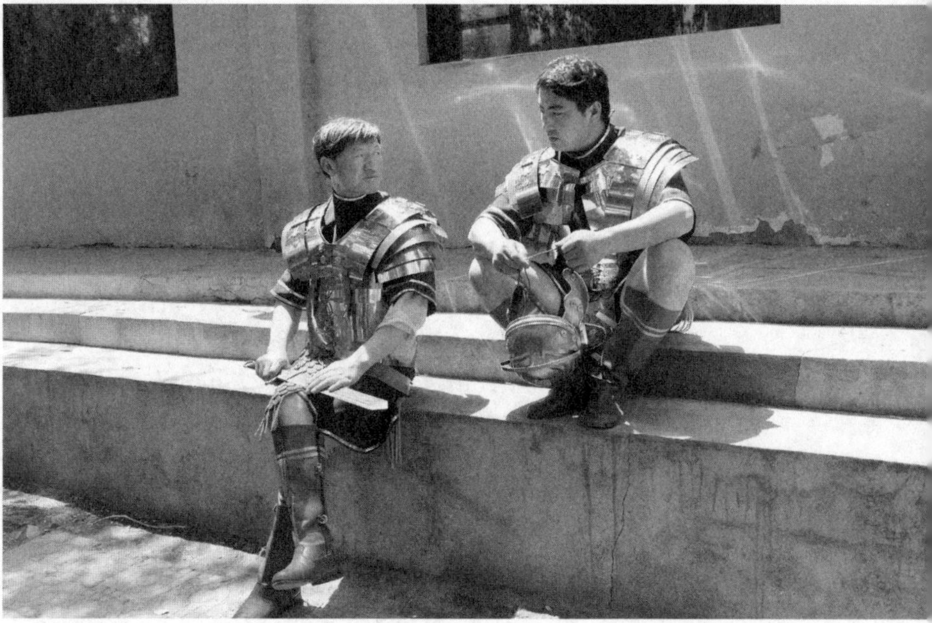

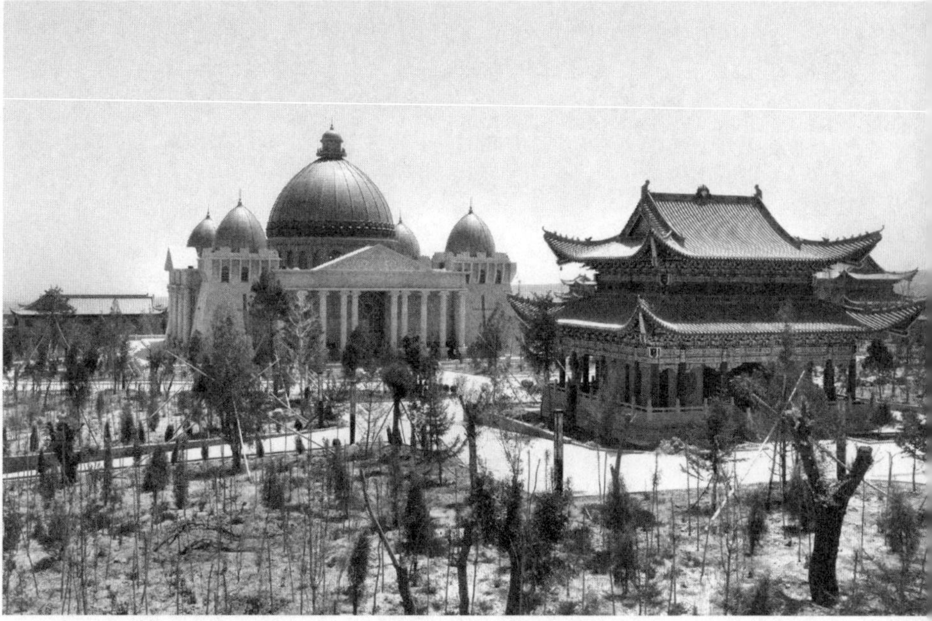

»Wir haben es hier mit einer einzigartigen Tourismusressource zu tun. Einer wirklichen, echten, historisch-
anthropologischen Tourismusressource. Einem herausragenden menschlichen, kulturellen Erbe. Hier ist nichts
überhöht, hier ist nichts hochgejazzt. Alles ist echt.«

Professor für Tourismus
an der Universität von Lanzhou

9. Der chinesische Römer

Kaum bin ich vom Berg zurück und in Peking angekommen, ist er am Telefon. Wie hätte ich seine hohe, lispelnde Stimme nicht sofort erkennen können? Sun Jiejun.

»Wir kommen nach Peking. Wir kommen nach Peeeeeeekiiiiiiiiing!« Er klingt so aufgeregt, als sei Peking das Gelobte Land, die Stadt aller Träume. »Freitag«, sagt er atemlos. »Samstag gehen wir aus, ja? Machen was Tolles! Oh Mann, das wird der Hammer.«

»Okay, Samstag«, sage ich, »aber nicht zu früh, ja? Ich muss ausschlafen.«

»Gehen wir zur Verbotenen Stadt? Wie du's mir versprochen hattest?«

»Machen wir«, sage ich.

Samstag um halb sieben klingelt das Telefon. Er ist dran.

»Halloooooooo! Ich bin schon seit einer Stunde wach. Holst du mich ab?«

»Jiejun«, sage ich, »ich bin nicht wach, hörst du? Ich treff dich um zehn, vor der Verbotenen Stadt. Gleich vor dem Mao-Porträt. Das findest du sicher.«

Seine Stimme wird dünn vor Nervosität. »Oh Gott, ich bin noch nie in meinem Leben U-Bahn gefahren.«

»Das schaffst du, Jiejun«, sage ich und bin schon fast wieder eingenickt.

Punkt zehn erreiche ich den Tiananmen-Platz. Direkt unter dem Mao-Porträt steht: Sun Jiejun, 41, Bauernsohn aus der Provinz Gansu, Han-Chinese, Analphabet und von Berufs wegen: Römer. Bislang nur in Teilzeit, die Abteilung für Propaganda und Tourismus seiner Heimatstadt hat zu seinem Leidwesen noch keine Vollzeitstelle geschaffen.

Sun hat weiße Haut, von der Sonne rotgebrannt, grüne Augen, flachsfarbene Haare und ein Gesicht, dessen Züge irgendwo zwischen Europa und Asien oszillieren. Gerade grinst er breit wie die Katze in »Alice im Wunderland«, in seinen Augen steht die Begeisterung eines Menschen, der soeben im Schlaraffenland angekommen ist. Er hat sich seine besten Klamotten angezogen: ein Hemd mit Streifen und eine Jeans mit Applikationen. Er hat sich die Haare schneiden lassen und sie in fliegendem Schwung zur Seite gestylt. Daheim in Gansu, am Rande der Wüste Gobi, wäre er damit modisch der letzte Schrei.

Als ich ihn das erste Mal traf, vor beinahe vier Jahren, führte man ihn uns vor wie ein Zirkuspferd. Wie einen besonders seltenen weißen Elefanten.

»Hier«, sagte der Propagandabeauftragte, und sein Arm beschrieb eine stolze Geste. »Das sind unsere Römer.«

Wir saßen in einem kleinen stickigen Zimmer in einem Dorf am Ende der Welt, als vier Männer zur Tür hereinkamen. Er machte sich klein zwischen ihnen, er wusste, ihn würden wir am meisten anstarren. Sie alle sahen für chinesische Bauern sehr ungewöhnlich aus. Sie hatten schmalere Nasen und große runde Augen, einer von ihnen wirkte wie ein Syrer, keiner aber war so auffällig wie er.

Er schaute mich aus seinen grünen Augen schüchtern an, sein Haar war verwuschelt, er sah aus, als ob er am liebsten in seinem alten blauen Trainingsanzug verschwunden wäre. Er setzte sich an den Tisch, die Schultern fielen nach vorne, ich hatte den Eindruck, er hätte sich am liebsten aufgelöst. Er sah erst auf seine Hände, dann auf den Boden. Sprach mit leiser dünner Stimme. Der Propagandabeauftragte klopfte ihm väterlich auf die Schulter und sagte: »Na komm schon, Jiejun. Erzähl deine Geschichte.« Und Sun erzählte:

Als seine Mutter ihn vor knapp vierzig Jahren auf einem Kang gebar, da sagte die Hebamme: »Schon wieder so einer.« Weiß und grünäugig. Wie der Vater, ein Schäfer. Wie der Großvater, ein Schäfer. Immer wieder wurden in diesen kleinen Dörfern am Rande der Wüste Gobi Kinder wie er geboren. Die Haut weiß wie der Schnee. Die Augen blau wie der Himmel an einem Sommertag. Bisweilen auch grün oder von hellem Braun. Die Nasen schmal, die Haare lockig, rot, braun oder weizenblond. Alles höchst ungewöhnlich, und keiner konnte sich erklären, was es damit auf sich hatte. Besucher kamen nur selten, die wenigsten hier konnten lesen. »Eine Hautkrankheit«, mutmaßten die einen. »Gelbhaarige Teufel«, sagten die anderen.

Auf Suns Geburtsurkunde stand »Han-Chinese«, und doch nannten sie ihn »den Engländer« oder »den Deutschen.« Ging er in die benachbarte Kreisstadt, tuschelten sie hinter seinem Rücken. Kaufte er in einem Laden ein, rief die Kassiererin erstaunt: »Dass ein Ausländer so gut Chinesisch spricht!«

Suns Vater starb, als er noch ein kleiner Junge war. Dann verließ Sun die Schule und hütete die Schafe, später schippte er Sand und schleppte Lasten, schuftete am Bau. Er führte ein Leben wie die anderen, harte Arbeit für wenig Geld, nur dass er ein wenig anders ausschaute. Während sie in den Städten begannen, sich die Haare blond zu färben, um aufzufallen, begann Sun sich die flachsfarbenen Haare schwarz zu tönen. Wie gerne hätte er einfach nur ausgesehen wie die anderen.

Ich war in dieses Dorf namens Liqian gekommen, in die nord-westliche Provinz Gansu, weil mir ein Typ auf einer Party einst von den »chinesischen Römern« erzählt hatte. Ich war sofort elektrisiert. Noch in der Nacht begann ich zu recherchieren. Doch es gab nur wenige Artikel zu diesem Thema. Einiges immerhin fand ich heraus: Im Jahr 1955 hielt der bekannte amerikanische Sinologe Homer Hasenpflug Dubs an der China Society in London einen aufsehenerregenden Vortrag. Dubs war der Sohn zweier Missionare, die in China tätig gewesen waren, er war dort aufgewachsen und galt als anerkannter Spezialist chinesischer Kultur. In London lieferte Dubs nun eine elektrisierende These zu einem Problem, das die Forschung schon oft beschäftigt hatte. Lange hatten Wissenschaftler gerätselt, warum die beiden antiken Großreiche Rom und China erst so spät in Kontakt getreten waren. Chinesischen Chroniken zufolge fand sich erstmals im Jahr 166 nach Christus ein römischer Gesandter beim chinesischen Kaiser ein. Dubs zufolge waren die ersten Römer bereits zweihundert Jahre früher nach China gelangt.

Und das sollte sich folgendermaßen ereignet haben: Ihre Odyssee begann im Jahr 53 vor Christus, als Marcus Crassus gegen die Parther in Persien zu Felde zog. Die Schlacht geriet zum Desaster, die Hälfte der Legionäre starb, ein Viertel wurde gefangen genommen. Laut Plinius, dem Älteren, setzten die Parther die Gefangenen als Wachen an ihrer östlichen Grenze ein, dort, wo sich heute Turkmenistan befindet. Östlich davon lag das Reich der berüchtigten Hunnen. Dubs glaubte, dass einige der römischen Gefangenen geflohen waren und sich dem Heer der Hunnen anschlossen. Dann aber, 36 vor Christus, zog das chinesische Reich gegen die Hunnen und schlug es vernichtend. Unter den Gefangenen, die die Chinesen machten, befanden sich, Dubs zufolge, auch einhundertfünfundvierzig Römer.

Zwar werden diese von den chinesischen Chroniken an keiner Stelle erwähnt, Dubs aber ließ sich davon nicht verunsichern.

Schließlich hätten die Chinesen die Römer nicht gekannt, wie hätten sie diese also beschreiben sollen? Dubs stützte sich auf andere Hinweise: Die chinesischen Chroniken erwähnen einhundertfünfundvierzig Hunnensöldner, die sich erst ergaben, als der Hunnenkönig getötet worden war. Keine anderen Krieger als die Römer, so Dubs, hätten so tapfer bis zum Ende gekämpft. Des Weiteren beschreiben die Chroniken eine »Schildkröten-Verteidigungstechnik«, mit der, so Dubs, nur die »Fischschuppentechnik« gemeint sein könne, der sich die römischen Legionäre bedienten: Alle Männer stehen zusammen, halten die Schilde nach oben und zur Seite, so dass die ganze Legion von einer Panzerhaut geschützt ist. Und schließlich, so Dubs, sei da der Name des Dorfes, in dem die einhundertfünfundvierzig Gefangenen angesiedelt wurden: Liqian. So bezeichneten die alten Chinesen das Römische Reich.

Ich googelte Bilder, tatsächlich waren dort Fotos von einigen sehr europäisch aussehenden Menschen zu sehen. Unter anderem auch ein Foto von Sun Jiejun, den ich damals noch nicht kannte.

Dubs' These brauchte viele Jahre, um nach China zu gelangen, den Römer Sun Jiejun zu erreichen. Sie nahm sich Zeit, sie machte Umwege, doch als sie erst mal angekommen war, schlug sie mit voller Wucht ein. Ein junger Australier namens Debbie Harris hatte von Dubs' These gehört und beschlossen, sich Ende der 1980er Jahre auf die Suche nach dem geheimnisumwitterten Dorf zu machen. Er war jung, frisch geschieden, so gut wie pleite und abenteuerlustig. Im Jahr 1989 fuhr er in Begleitung einiger Funktionäre nach Liqian und gab anschließend der französischen Presseagentur AFP ein Interview. Es war der Schneeball, der eine Lawine auslösen sollte. Bald berichteten Medien im In- und Ausland, Harris' Buch »Black Horse Odyssee« wurde in China ein gewaltiger Erfolg. Und die Lokalregierung einer armen Kreisstadt witterte ihre Chance.

Als ich zum ersten Mal mit meiner Assistentin nach Liqian fuhr, wurden wir ganz vom Propagandabeauftragten der Kreisstadt Yongchang in Beschlag genommen, zu der das Dorf Liqian gehört. Er hieß Herr Wang. Herr Wang war ein ehrgeiziger Typ, das sah man an seinem korrekten Scheitel, am gutsitzenden grauen Flanellanzug. Beamte in der Provinz tragen äußerst selten gutsitzende Flanellanzüge. Herr Wang, das wurde gleich zu Beginn unseres Aufeinandertreffens klar, befand sich in einem Dilemma. Einerseits wollte er uns gerne empfangen, »damit ihr Propaganda für uns machen könnt und bald ganz viele ausländische Touristen hierherkommen«. Andererseits barg das Römerdorf einige Geheimnisse, die er vor uns verbergen wollte. Gleich zu Anfang nahm er meine Assistentin zur Seite und sagte: »Fragt bloß nicht nach dem Geld. Nach der Finanzierung. Das ist ein Tabu. Seid nicht zu neugierig. Ihr schreibt, was euch erzählt wird, verstanden?«

In den folgenden Tagen schwankte das Verhalten von Herrn Wang zwischen Zuchtmeister und Autoverkäufer, je nachdem, welches seiner recht widersprüchlichen Anliegen gerade die Oberhand gewann.

Mit einer Truppe von Beamten fuhr uns Herr Wang in das Dorf Liqian. Damals gab es noch keine Straße, das Auto ruckelte über Schlammwege, blieb ein paarmal fast in Schlaglöchern und im Dreck stecken. Die Landschaft war atemberaubend. Der Boden war karg und von dürrem hartem Gras bedeckt, in der Ferne lag eine Kette schneebedeckter Berge. Bauern hatten den Boden bewässert und Pappeln in einer Reihe mitten in der Wüstenei gepflanzt, ihr Herbstlaub glänzte goldgelb.

Mitten in dieser kargen Schönheit lag Liqian. Ein Weiler, wie vergessen in der Zeit. Lehmhütten, die sich ins Grasland duckten. Gehöfte, aus Sand und Lehm und Stroh erbaut. Rauch stieg aus den Kaminen. Der Wind pfiff über das Dorf hinweg, die Pappeln flüsterten, die Pappeln rauschten, die Pappeln erzählten.

Ich stieg aus dem Auto, sah eine Schwalbe, die versuchte, gegen den Wind anzufliegen, es gelang ihr nicht, sie blieb am Himmel stehen. Eine Katze lauerte an der Ecke wie versteinert. Alte Frauen saßen neben alten Hunden, sie warteten darauf, dass ein Zeitalter zu Ende ging. Dörfer wie diese gibt es überall in China, eine untergehende Welt, bald wird sie ausgelöscht sein von Hochhäusern und Neubauprojekten, von der neuen Zeit. Und mit ihr werden viele der Sitten und Bräuche untergehen, die China jahrtausendelang ausmachten. Einst lebten in Liqian dreihundert Seelen, doch die meisten hatten das Dorf damals bereits verlassen. Herr Wang führte mich über den Dorfplatz, auf dem Boden lag ein Paar alter verlassener Männerschuhe, warum lagen sie dort, und wo waren die Füße dazu hin? Ein Misthaufen, ein Basketballkorb, den keiner nutzte, denn die Jungen hatten das Dorf längst verlassen. Ein Propagandaposter, ausgewaschen vom Wüstenlicht: »Willkommen im Römerdorf Liqian.« Ein Huhn hastete gackernd vorbei. Herr Wang begleitete uns in den kleinen Raum und präsentierte uns stolz seine vier Römer mit dem Blick des Pferdezüchters, der seine edelsten Tiere anpreist. Unter ihnen auch Sun Jiejun.

Nach unserer Tour durchs Dorf verfrachtete uns Wang in sein Auto und fuhr mit uns auf einen Hügel, von dem wir das ganze Tal überblicken konnten. Es regnete in Strömen, wir patschten durch den Matsch, Herr Wang amüsierte sich köstlich darüber, dass ich in Sandalen gekommen war. Er stellte sich in den strömenden Regen, ein Gehilfe spannte einen Regenschirm über ihm auf, Herr Wang machte eine große umfassende Geste.

»Dies«, sagte er, »wird unsere chinesische Römerstadt.« Vor ihm breitete sich Gewaltiges aus. Mitten im Nichts standen Baukräne, wuchs eine Stadt empor, mindestens viermal so groß wie das Dorf. Da war die gewaltige Stadtmauer im chinesischen Stil, die kleine chinesische Palastbauten umgab, mittendrin entstand ein Kuppelbau römischen Stils. »Diese Stadt vereint das Beste aller Welten«, schwärmte Herr Wang. »Die chinesische und die römische. Touristen werden hierherströmen, sie werden unsere Römer singen und tanzen sehen. Wir werden chinesische Römermusicals veranstalten. Die Touristen können reiten und Pizza essen. Unsere herrliche Luft genießen, den phantastischen Ausblick. Und das ist erst der Anfang.« Er drehte sich einmal um die eigene Achse: »Dorthin kommt die Filmstadt. Wir werden die größte Filmstadt Chinas bauen. Wir werden historische Filme drehen, chinesische und römische, wir werden das Schicksal der Römer Liqians verfilmen, ach, alles, was man sich nur denken kann.« Seine Augen begannen zu leuchten. »Unser Bruttosozialprodukt wird steigen. Um sieben Prozent mindestens. Wir werden die zweitwichtigste Touristenattraktion der Provinz Gansu werden. Gleich nach den Höhlen von Dunhuang.« Er war so begeistert, dass er gar nicht merkte, wie der Schlamm von unten seinen grauen Flanellanzug fraß.

Durchweicht stiegen wir ins Auto und fuhren in die Kreisstadt zum Mittagsbankett. Die Lokalregierung tischte groß auf, neben mir saß ein Professor für Tourismusindustrie von der Universität Lanzhou, der, so stellte Herr Wang vor, hergekommen war, »um unsere Lokalkräfte im erstklassigen, wirklich professionellen Tourismus von internationalem Niveau zu trainieren«. Offensichtlich war er ein hohes Tier, jedenfalls schmeichelten ihm alle oder, wie man auf Chinesisch sagt, »klopften den Hintern seines Pferdes« oder »拍马屁 – pai mapi«. Der Ausdruck stammt noch aus der Kaiserzeit, damals soll einer dem Pferd des Kaisers einen heftigen Klaps versetzt haben, damit es beim Pferderennen gewann. Die Stimme des Professors wurde dick vor Pathos, als er deklamierte: »Wir haben es hier mit einer einzigartigen Tourismusressource zu tun. Einer wirklichen, echten, historisch-anthropologischen Tourismusressource. Einem herausragenden menschlichen, kulturellen Erbe. Hier ist nichts überhöht, hier ist nichts hochgejazzt. Alles ist echt.« Aber, wagte ich einzuwenden, es sei doch nicht wirklich bewiesen, dass es sich tatsächlich um die Nachfahren von Römern handele? Herr Wang warf mir einen bösen Blick zu, alle redeten auf mich ein, natürlich, und wie das bewiesen sei, wie könne ich nur. Doch gleich darauf war alles vergessen, denn der Schnaps floss in Strömen. Immer musste irgendeiner mit einem Trinkspruch einen anderen ehren, Herrn Wangs Apfelbäckchen leuchteten bald feuerrot, selig saß er auf seinem Platz und wurde immer leutseliger. Ich glaubte, er werde gleich von sich aus all seine Geheimnisse verraten. Doch kurz bevor es so weit war, gab er sich einen Ruck, sagte: »Los, zurück an die Arbeit«, und torkelte in sein Büro.

Als ich mich das zweite Mal auf den Weg nach Liqian begab, beschloss ich, mich vorher gut vorzubereiten. Ich machte einen Abstecher an die Universität von Lanzhou, der Hauptstadt der Provinz Gansu, um die Wissenschaft zu befragen. Ich traf Genetiker und Historiker, Anthropologen und Kulturwissenschaftler. Tatsächlich hatten genetische Tests ergeben, dass einige der Menschen in der Region um Liqian europäische oder westasiatische Vorfahren hatten. Es gab jedoch keinen einzigen Beweis, der belegte, dass es sich bei ihnen um Nachfahren römischer Legionäre handelte. Viel wahrscheinlicher erschien den Wissenschaftlern, dass diese Menschen Nachfahren von Seidenstraßenhändlern waren. Die Seidenstraße führte einst direkt durch Liqian.

Am nächsten Tag stand ich abermals auf dem Dorfplatz in Liqian, den Propagandabeauftragten Wang neben mir. Sun Jiejun und seine Römerkollegen hatten sich mittlerweile professionalisiert. Sie zogen ihre Kostüme für die Fotografin an, Ledersandalen, Brustschutz und Helme mit Federbüschen. Sie warfen sich in Pose und zeigten ihre neuesten Moves. Zum Beispiel: sich hinter den Plastikschild kauern und dann mit einem markigen Schrei hervorspringen.

»Das hat uns ein Filmschauspieler gezeigt, der neulich hier war«, erzählte mir Sun. »Mann, der Typ hatte es voll drauf.«

Er wirkte lockerer als beim ersten Mal. Er wollte sich von sich aus mit mir unterhalten. Er könne es gar nicht erwarten, dass die Römerstadt endlich fertiggebaut wurde. »Ich habe schon so lang geübt.«

»Im Jahr 1994«, erzählte Sun, »klopften die Leute von der Kulturabteilung zum ersten Mal an.« An das Tor seines Bauernhofes, zehn Kilometer von Liqian entfernt. Sie sagten: »Du bist der Nachfahre eines römischen Legionärs. Und wir haben Großes mit dir vor.« Sie lehrten ihn, wie man das Schwert benutzt. Sich wieselschnell im Kreis dreht, in Deckung geht, aus der Deckung heraus angreift. Sie brachten ihm bei, ein Römer zu sein. »Ich weiß nicht, woher sie wussten, wie das geht«, sagte Sun. »Vielleicht haben sie es im Fernsehen gesehen.« Sun selbst schaute sich alte Filme an: »Ben Hur«, »Spartakus«.

»Eines Tages«, erzählte Sun, »kamen Wissenschaftler vorbei und machten einen Gentest.« Es stellte sich heraus, dass er europäisches oder westasiatisches Blut hatte. Er war glücklich. Stolz. Mit einem Mal schaute er in den Spiegel, und da war kein gelbhaariger Teufel mehr. Stattdessen sah er einen Mann, umgeben von Pferdegetrappel, Wiehern und Schwertkämpfen, einen Mann, der den Glanz und die Glorie Roms in sich vereinte, dem eine goldene Zukunft bevorstand. Er hörte auf, sich die Haare zu färben.

Er hoffe, sagte Sun, er könne bald als Reiseführer arbeiten. »Oder hauptberuflich als Römer, derzeit mache ich den Job nur nebenberuflich, sonst arbeite ich auf dem Bau.«

Ich wollte wissen, was man nebenberuflich als Römer so mache. »Na ja, ich mache Propaganda. Für die Lokalregierung. So wie jetzt mit dir. Ich lasse mich fotografieren, ich ziehe ein Römerkostüm an, ich mache den Schwertkampf vor und tanze.«

Nach Sun Jiejuns Auftritt wollte ich noch ein bisschen durchs Dorf gehen, doch Wang wich mir nicht von der Seite. Ich interviewte ein paar Bauern, unterbrochen von Wang, der sich bisweilen räusperte und sagte: »Darüber sollten wir jetzt vielleicht nicht sprechen.« Manchmal reichte auch ein strenger Blick, oder er sprach den Bauern ihren Text vor. Ich musste ihn loswerden. Ich trennte mich von der Fotografin, schlug ein paar Haken, so gelang es mir, Herrn Wang eine Stunde lang abzuschütteln.

Die Bauern schickten mich zum Opa mit dem roten Bart, sie sagten, er kenne die Geschichte des Dorfes besonders gut, denn er sei dreiundsiebzig Jahre alt. Ich klopfte an die Eisentür seines Hofes, ein Mann mit rotem langem Bart öffnete mir, er sah aus wie ein Zentralasiat. Der Opa trug noch immer den Mao-Anzug und eine blaue Arbeiterkappe. Überhaupt schien in seinem Hofhaus die Zeit eingefroren zu sein, irgendwann in den 1960er Jahren, allein der Fernseher in der Ecke kündete von der Gegenwart.

Der Opa strich über seinen langen Bart und erzählte von früher. Die Armut, die kalten Winter, die Räuberkönige, die ihr Unwesen trieben, bis die Kommunisten kamen und sie verjagten. Die Kommunisten predigten den Himmel auf Erden für die Bauern, sie verteilten Mao-Bibeln, die Bauern blieben so arm wie ehedem. Fast nie kamen Fremde im Dorf vorbei, der Rest der Welt, er war unendlich weit von Liqian entfernt.

An den Australier Debbie Harris konnte sich der Opa nicht erinnern. Wohl aber an die Ausländer, die ein Jahr später das Dorf erreichten. Das war 1990. Echte leibhaftige Ausländer, nie zuvor hatte er welche gesehen. Ihre Ankunft war ein Spektakel. Sie stapften durchs Dorf mit gewaltigen Nasen und Händen so groß wie Mistgabeln. Jeder ihrer Schritte verfolgt aus hundert Bauernaugen. Kurz bevor sie gingen, sagten sie den Satz, der einschlagen sollte wie eine Bombe: »Wir sind Italiener. Und ihr seid die Nachfahren römischer Legionäre.« Ganz Liqian versammelte sich in den Gassen, das Dorf war in heller Aufregung, die Bewohner blickten in altbekannte Gesichter, und mit einem Mal war ihnen, als erkannten sie etwas ganz Neues darin: einen Hauch von Rom. »Vielleicht können wir ja bald ins Ausland reisen«, flüsterte einer. »Womöglich unsere Kinder zum Studium hinschicken«, ein anderer.

Nachdem die Italiener gegangen waren, erzählte der Opa, kamen die Funktionäre. »Bald werden Ausländer kommen«, sagten sie. »Sie werden euch viel Geld geben. Reich werdet ihr werden.«

Es kamen tatsächlich Besucher. Manchmal waren es siebzig Autos am Tag. Ausländer waren auch darunter, »einer war dreimal so dick wie ich«, sagte der Opa und lachte, »nie werde ich den Anblick vergessen«. Alle kamen, um sich seinen roten Bart anzuschauen, keiner aber gab ihm je Geld. Wissenschaftler nahmen ihm Blut ab, um zu prüfen, ob er ein Römer sei. »Keine Ahnung, ob ich das bin. Hab mich nicht getraut zu fragen. Bin doch Analphabet und verstehe nichts von diesen Dingen. Wissen würd ich's aber schon gerne.« Im Jahr 1994 ließ die Lokalregierung einen römischen Pavillon auf der Anhöhe über dem Dorf errichten. Da thront er nun über den Lehmhütten, als habe ihn ein Ufo dort abgesetzt. »Anfangs«, sagte der Opa, »fanden wir das aufregend. Wir gingen abends dorthin und plauderten. Jeder, der ein Foto von sich machen wollte, ließ es vor dem Pavillon machen.« Irgendwann wurde ihnen das aber langweilig. »Jetzt gehen wir nicht mehr dorthin. Was sollen wir da?«

Hat ihnen das Römersein irgendwas gebracht? Der Opa schüttelte den Kopf. In diesem Moment stürzte der Propagandabeauftragte Herr Wang zur Tür herein, Jagdfieber im Blick. Er sah mich an, als wäre ich eine Wachtel, die er auf der Stelle rupfen müsse, Triumph lag in seiner Haltung, er setzte bereits zu einer Standpauke an, erinnerte sich dann aber seiner Rolle als Propagandist. Er nahm neben dem Opa Platz, tätschelte ihm das Knie und sagte: »Nicht wahr, seit sich die Regierung so sehr um eure Renten kümmert, geht es euch doch viel besser?« Der Opa nickte pflichtbewusst.

Am nächsten Tag täuschte ich Krankheit und vorzeitige Abreise vor, um Wang loszuwerden. Ich wollte mir in Ruhe die Baustelle der Römerstadt ansehen und mit den Investoren sprechen. Ich fuhr auf die Baustelle, die Stadtmauer war schon halb fertiggestellt, vom römischen Kuppelbau standen nur die Grundmauern. Als ich ausstieg, hörte ich verwundert buddhistische Gesänge vom Band, Menschen liefen in buddhistischen Roben umher. Auch der Investorenvertreter trug eine buddhistische Robe, er breitete den Entwurf der Römerstadt auf dem Boden aus.

Ich schaute ihn mir an und war sprachlos. Den Auftakt machte eine Kopie des Arc de Triomphe in Paris.

»Da ist doch früher Caesar immer durchgeritten, wenn er eine erfolgreiche Schlacht feierte«, sagte der Bauleiter.

Es folgte eine Kopie des Trafalgar Square in London. Dann eine Kopie einer alten chinesischen Stadtmauer.

»Dann müssen die Leute nicht mehr so weit zur echten Mauer im Norden fahren, sie können sich einfach bei uns die Kopie anschauen«, sagte der Bauleiter.

Innerhalb der Mauern befanden sich nachgebaute Gebäude unterschiedlicher chinesischer Epochen. Song-, Ming- und Qing-Dynastie.

In der Mitte erhob sich ein riesiger pantheonartiger Bau.

»Da hinein kommen Skulpturen von Caesar und anderen Römern, buddhistische Statuen, vielleicht auch eine Statue von Jesus und Mohammed.«

Ich nickte und presste mir ein »Schön« ab.

»Das ist unser Beitrag zum Weltfrieden. Für das Verständnis der Kulturen.«

Ich nickte.

»Die Römerstadt wird den armen Leuten hier endlich Wohlstand bringen.«

»Wunderbar«, sagte ich.

»Na ja, vielleicht werden wir das alte Dorf Liqian abreißen müssen. Um Raum für Villen und andere Gebäude zu schaffen.«

»Abreißen?«, fragte ich.

»Abreißen«, sagte er und lächelte mit buddhistischer Seligkeit.

Als wir abfuhren, hielten wir auf einem Hügel an, ich sah über das weite Land und die Römerstadt. Ich rieb mir die Augen. Es musste ein Fieber sein. Das Römerfieber. Als wären plötzlich Römer aus dem All gelandet, in Helmen, Sandalen und voller Rüstung und hätten schleichend die Macht übernommen. Sie stahlen sich in Tempel, Regierungsstuben und Universitäten, sie diktierten Baupläne, Drehbücher und Investitionsprogramme. Ich hatte mit drei Beamten über die Römerstadt gesprochen, zwei von ihnen hatten im Lauf des Gesprächs Drehbücher aus ihren Schubladen gezogen, sie hatten sie selbst geschrieben.

Wahrscheinlich konnte man an keinem anderen Ort so schön von Rom träumen wie an einem abgelegenen Weiler im letzten Winkel Chinas.

Zurück in Peking, fragte ich mich oft, was aus Sun Jiejun und der Römerstadt geworden war. In jener Zeit häuften sich die Zeitungsberichte über Lokalregierungen, deren ehrgeizige Bauprojekte pleitegingen. Um das Übergreifen der weltweiten Finanzkrise 2008 auf China zu vermeiden, hatte die chinesische Regierung ein gewaltiges Stimulierungsprogramm aufgelegt. Sie drehte den Geldhahn auf, ließ die Lokalregierungen nach Herzenslust bauen, um so die Wirtschaft anzukurbeln. Die ließen sich das nicht zweimal sagen. Sie bauten Straßen, Brücken, U-Bahnen, die dringend gebraucht wurden. Sie bauten aber auch gewaltige Opernhäuser im Nirgendwo, Brücken, die direkt neben Brücken lagen, Ferienparks, die keiner besuchen wollte. Im ganzen Land rotteten Geisterstädte, und oft fragte ich mich, ob die Römerstadt in Liqian ein ähnliches Schicksal ereilt hatte. Ich versuchte, im Internet zu recherchieren, doch es gab so gut wie keine Berichte darüber. Jahre später beschloss ich, erneut nach Liqian zu fahren.

Als ich das dritte Mal nach Liqian kam, machte ich mich sofort auf den Weg zur neuen Römerstadt. Der Weg führte jetzt nicht mehr über die Holperstrecke, der neue »Römer-Highway« war fertiggestellt. In die Wüstenei gelangt man jetzt über eine breite Straße, gesäumt von meterhohen Säulen im pseudorömischen Stil, die mit chinesischen Schriftzeichen versehen sind. Ich passierte die Baustelle der Filmstadt, ein riesiges Poster informierte über geplante Bauprojekte, sie waren gigantisch. In der Ferne, zwischen Hügeln und Grasland machte ich bereits glitzernde goldene Kuppeln aus. Unwirklich wie eine Fata Morgana.

Ich fuhr darauf zu, parkte, trat durch das gewaltige Stadttor. Buddhistische Gesänge ertönten. Vor mir erhob sich ein zweiter Petersdom, nur mit goldenen Kuppeln. Buddhistische Gläubige brannten Räucherstäbchen ab, knieten davor nieder, wie sie es vor einem Tempel tun würden. Ich ging auf den Dom zu, das Buntglas in den Fenstern bildete Kreuze, als ich durch die Fenster hineinblickte, sah ich aber, dass darin gerade ein gewaltiger goldener Buddha errichtet wurde. Wie im Traum wandelte ich durch die Römerstadt, vorbei an chinesischen Bauten im pseudotraditionellen Stil. Ich erklomm die Stadtmauer, entdeckte das Villenviertel unter mir, in dem dereinst reiche Buddhisten, Anhänger der finanzierenden Gruppe, wohnen sollten.

Ich verließ die Römerstadt, stapfte durch die Wüste, der Wind blies mir ins Gesicht, die Sonne verbrannte mir innerhalb von Minuten die Arme. Ich lief auf ein halbfertiges Amphitheater im Süden der Römerstadt zu, in dem einmal Römerspiele und Musicals aufgeführt werden sollen. Ich trat ein. Es war ganz still, kein Laut außer dem Rauschen des Windes. Im Halbrund der Arena stand die Statue eines römischen Gladiators oder besser: irgendetwas, das sich einer darunter vorstellt, der noch nie einen römischen Gladiator gesehen hat. Er trug etwas, das aussah wie ein Minikleid, darauf waren Szenen von chinesischen Heiligen oder Dichtern gemeißelt. Der Gladiator hatte einen Arm erhoben und hielt zwei Finger ausgestreckt, als würde er zwei Bier bestellen wollen. Unter der Statue lagen Bauarbeiter auf Kartonpappen und ruhten in ihrer Mittagspause. Sie sahen aus wie Leguane, die unbeweglich Sonne und Sandsturm trotzten. Einer hatte eine Kippe im Mund, sie brannte herunter, ohne dass er sich bewegte, ich fragte mich, ob er tot sei, doch gerade, als der Stummel fast bis auf die Lippen geschrumpft war, schnippte er ihn weg.

Ich ging weiter durch die Wüste in Richtung des Dorfes Liqian. Ich passierte einen zahnlosen Alten, der Schafe hütete, hinter ihm in der Ferne ragten die goldenen Kuppeln des Domtempels auf. Ich betrat das Dorf. Es wirkte noch verlassener als Jahre zuvor. Ein dreibeiniger Hund humpelte an mir vorüber. Aus einem Hof drang das Singen eines Kindes, ich klopfte an die Tür, doch keiner machte auf. Ein Alter auf Krücken schleppte sich vorbei, ich sprach ihn an, doch er schien taub zu sein. Der Wind trieb eine Spielkarte durch verwaiste Gassen, ließ sie von Hoftür zu Hoftür tanzen, es war die Herz-Zehn.

Ich ging weiter, passierte den verlassenen römischen Pavillon. Und entdeckte endlich eine Alte. Sie war fünfundachtzig Jahre alt, erzählte sie mir, und noch immer bei der Feldarbeit. Die Haut ihrer Hände war so ledrig wie die einer Schildkröte. »Fast alle sind weggezogen«, sagte sie. »So gut wie alle Jungen. Jetzt wollen sie, dass wir anderen auch noch gehen.« Immer hätten die von der Regierung ihnen gesagt: »Wenn erst die Römerstadt gebaut ist, werdet ihr reich werden.« Jetzt drehte die Regierung ihnen das Wasser ab. Leitete es zum Tempel um. »Sie hofft wohl, das Land billiger von den Bauern zu bekommen, wenn wir nichts mehr anbauen können. Dann kann sie das Land teuer an die Investoren weiterverkaufen.« Die Alte schüttelte den Kopf: »Ich verstehe das nicht«, sagte sie. »Da bauen sie eine Stadt für die Römer. Und dann leben darin buddhistische Mönche.«

Ich ging weiter zum Dorfplatz. Er sah aus wie ehedem: Ein Misthaufen. Ein Basketballkorb, den keiner benutzte. Ein sonnengebleichtes Propagandaposter, das das Römerdorf pries, darauf auch ein Foto von Sun Jiejun.

Ich betrat den Kiosk. Es gab Waschpulver, Kekse, Zahnbürsten, Softdrinks, Zigaretten, die Marke, die dir die Lunge ausbläst. Auf einem Stockbett lagen zwei Kinder und schliefen, davor saß die Mutter, eine junge Frau. Sie hatte ein winziges, schlaues Gesicht, rote Wangen und zwei Zöpfe wie Pippi Langstrumpf. Sie stickte an einem Sticktuch, das Muster war vorgemalt, eine der beiden aufgemalten Lotusblüten hatte sie schon fertig. Ich fragte nach Sun Jiejun.

»Gib mir hundert Kuai, und ich rufe ihn an.« Hundert Kuai, sie meinte hundert Yuan, sagte aber Kuai, wie alle das umgangssprachlich tun.

»Aha, und wofür sind die hundert?«

»Vermittlungsgebühr.«

»Aha.«

»Wir machen das immer so.«

Ich setzte mich auf einen Stuhl und schaute mir die Zahnbürsten auf der Auslage an. »Aber noch besser ist's, wenn du mir zweihundert gibst, dann bringe ich dir zwei Römer«, sagte sie. Ich betrachtete die Zahnbürsten so genau, als hätte ich noch nie zuvor welche gesehen.

Dann sagte ich: »Ich brauche keine zwei Römer.«

»Zwei Römer sind besser als einer.«

Ich zuckte die Schultern und trat halb aus dem Laden.

»Du wirst sie sonst nicht finden«, rief sie mir nach.

»Ich brauche keine zwei Römer, ich brauche Sun Jiejun«, sagte ich.

»Es gibt sie nur im Doppelpack.«

»Ich brauche aber keinen Doppelpack.« Ich legte hundert Yuan auf den Ladentisch und sagte: »Sun Jiejun.«

Sie seufzte, steckte den Schein ein und wählte eine Nummer.

Eine halbe Stunde später vernahm ich das Knattern eines Motorrads. Es war Sun auf einer roten Maschine chinesischer Produktion. Er stieg schwungvoll ab, schritt auf den Kiosk zu. Er hatte sich verändert. Hatte sich die Haare neu schneiden lassen, trug eine Jeans, ein rosa Hemd und eine Cordjacke mit Applikationen. Um den Hals hatte er kunstvoll ein blaues Tuch mit weißen Schneeflocken drapiert. Er war damit in dieser Region auf dem Zenit der Mode angekommen.

Er lächelte. Strich sich durchs Haar. Reichte mir die Hand. Tiefer Blick in die Augen. Langes Halloooooo. Er hatte sich ganz offensichtlich in einen Menschen verwandelt, der daran gewöhnt war, dass sich Augen und Kameras auf ihn richteten.

Er lächelte bescheiden. »Entschuldige die Vermittlungsgebühr. Die Lokalregierung zahlt mir noch immer nur tausendfünfhundert Yuan im Monat, und das muss für Frau und Sohn reichen. Man muss ja schauen, wo man bleibt.«

»Noch immer Römer in Teilzeit?«, fragte ich.

»Genau«, sagte er.

Gemeinsam fuhren wir die zehn Kilometer in sein Heimatdorf.

»In Liqian«, sagte er, »gibt es ja keine richtigen Römer wie mich.« Das Auto glitt erst über den sogenannten Römer-Highway, ruckelte dann einen Feldweg entlang.

»Wie ist es dir ergangen, Sun?«, fragte ich ihn.

Er lächelte. »Ich war schon zweimal in Lanzhou, in der Provinzhauptstadt«, sagte er. »Und einmal in Peking. Aber nur ganz kurz. Ich würde so gern mal wieder hin.« Seine Augen leuchteten auf. »Peking ist der Wahnsinn!« So große Häuser. So viele Straßen und Autos, »und die Straßen sind sogar übereinandergestapelt«. Er lächelte versonnen. »Wir waren Statisten in einem Römerfilm. Haben zweihundert Yuan am Tag bekommen. Wir sind sechsunddreißig Stunden mit dem Zug hingefahren. Ein paar Stunden hatten wir frei.« Sie fuhren zum Zoo. Der Zoo kostete aber vierzig Yuan Eintritt. Konnten sie sich nicht leisten. Da machten sie halt nur ein Foto vor dem Eingang, er und der andere Römer. Danach gingen sie in den Billigmarkt gleich gegenüber. Und er kaufte sich die Cordjacke, die er jetzt trug. Ich ahnte, sie war sein ganzer Stolz, seine Verbindung zur weiten Welt.

»Ich wäre so gerne zum Tiananmen-Platz gefahren. Und hätte das Bild von Mao gesehen. Und die Verbotene Stadt. Aber wir hatten keine Zeit.« Er schaute ein bisschen traurig.

»Macht nichts«, sagte ich. »Wenn du mal wieder nach Peking kommst, zeig ich dir die Verbotene Stadt.«

Er kicherte: »Ja, genau, so machen wir das.«

Wir erreichten sein Dorf. Eine Oase mitten in der Wüstenei, grüne Reisfelder und gelbe Lehmgehöfte. Er öffnete das Tor zu seinem Hof, auch hier sah es noch immer aus, als sei die Zeit stehengeblieben. Ein Poster von Mao hing an der Wand. Er deutete auf den Kang und erklärte: »Hier wurde ich geboren.« Sun zeigte mir ein Foto seines Vaters, schmale Nase, Pelzmütze und Felljacke, er sah aus wie ein Bandit aus den Bergen. »Er hatte grüne Augen und blonde Haare. Mein Sohn hat auch blonde Haare und grüne Augen. Er ist gut in der Schule. Er mag Geschichte und Literatur. Aus ihm wird mal was werden.« Er lächelte traurig. »Ich habe nie lesen und schreiben gelernt. Ich versuch's mir jetzt selbst beizubringen. Damit ich Straßenschilder lesen kann.«

Er habe ja die Zeit dafür, sagte er. Montag bis Freitag wohnt Sun in Liqian, in dem kleinen Verschlag neben dem Kiosk, gemeinsam mit dem anderen Römer, der bei der Lokalregierung angestellt ist. Manchmal kämen Touristen, meist aber nicht. Sie schliefen und träumten vor sich hin. Starrten auf die Pappeln, die rauschten. Auf den Basketballkorb, den keiner benutzte. Manchmal, wenn er so rumliege, gerate er ins Träumen, sagte Sun. Er stelle sich dann vor, wie er durch Rom laufe. Es fühle sich ganz vertraut an, denn irgendwie sei er ja Römer. Er schreibe seinen Sohn an der Universität dort ein. Sie stünden gemeinsam vor der Uni und lachten ins römische Sonnenlicht.

Am nächsten Tag besuchte ich einen alten Bekannten: Herrn Wang, den Propagandabeauftragten. Er saß noch immer im selben Büro. Er trug noch immer einen gutsitzenden grauen Anzug. Er war noch immer Vizeabteilungsleiter. Ich ahnte, dass das ein Problem sein könnte. Er deutete auf einen schwarzen billigen Kunstledersessel und bot mir Tee in einem Pappbecher an. Während er telefonierte, sah ich mich in seinem Büro um: eine kleine Waschschüssel auf Metallfüßen, weiße Emaille mit bunten Blumen darauf, dazu Seife und ein kleines Handtuch. Eine Topfpflanze mit ungefähr hundert ausgedrückten Kippen darin, keine Ahnung, wie die Pflanze das überlebte. Auf Wangs Tisch stapelten sich Unterlagen, Zeitungen, dazwischen ungeöffnete Briefe, es war ein Stapel von mindestens sechzig Zentimeter Höhe. Ab und an kam ein Mitarbeiter vorbei und legte einen weiteren ungeöffneten Brief auf den Stapel. Ich beschloss, Wang nie einen Brief zu schreiben. Am meisten aber faszinierte mich das Bett in der Ecke des Büros. Auf die Bettdecke waren kleine lustige Autos und Häuser gedruckt, darunter die Aufschrift »Romantic love in our hearts forever«. Ich fragte mich, was das Bett dort sollte, bis Wangs Assistentin zur Tür hereinkam und sich mit einer Selbstverständlichkeit auf die Bettkante setzte, die alle Fragen erübrigte.

»Wie geht es Ihnen?«, grüßte ich.

Herr Wang setzte einen gequälten Blick auf. »Das Büro ist zu groß«, sagte er. »Zumindest nach den neuen Richtlinien der Antikorruptionsverordnungen. Als Beamtem meiner Stufe stehen mir eigentlich zwei Quadratmeter weniger zu.« Er kratzte sich am Kopf. »Doch was soll ich machen? Ich kann das ja jetzt nicht abschneiden.«

»Die Antikorruptionskampagne, mmh?«, sagte ich.

Seit Xi Jinping 2012 Generalsekretär der Partei und 2013 Präsident wurde, werden die Beamten des ganzen Landes gemaßregelt, das süße Leben, also Korruptionsgeschenke, feuchtfröhliche Studienfahrten und Bankette, wird plötzlich streng geahndet.

Stattdessen reiht sich Studiensitzung an Studiensitzung. Herr Wang schaute so gequält, dass er mir fast leidtat. Dann wischte seine Hand durch die Luft, als würde er eine Fliege verscheuchen. »Lass uns nicht über die Antikorruptionskampagne sprechen, sondern über Tourismus und Propaganda.« Großes hätten sie vor. Das große Liqian-Festival für Tourismus. Drei Tage lang, eine Riesensause. Pferderennen und Volkstänze, Essen und Trinken vom Feinsten.

»Das Beste aber ist«, sagte Herr Wang, und seine Augen wurden ganz groß dabei, »dass uns fünfundzwanzig echte Gladiatoren aus Rom besuchen werden. Unsere chinesischen Römer können also endlich ihre Verwandten treffen!« Er lachte. »Uns steht ein großer chinesisch-römischer Austausch bevor.« Er klatschte in die Hände. »Und jetzt, auf zu Tisch!«

Die Stadtregierung hatte ein neues superschickes Gästezentrum gebaut, Herr Wang ließ erlesene Speisen servieren, dazu gab es aber nur Tee. Wang schaute bedauernd drein. »Vor ein paar Jahren konnten wir noch Schnaps trinken. Jetzt gibt's nur noch Tee.« Er seufzte. »Die Antikorruptionskampagne.«

Sun Jiejun und sein Römerkollege saßen mit uns am Tisch, sie trauten sich aber fast nichts zu sagen. Nach dem Essen warfen sie sich in Schale, für das große Fotoshooting. Ihr Kostüm hatte sich enorm verbessert. Statt der Sandalen trugen sie jetzt Lederstiefel, statt der Leibchen eine Rüstung aus Blech. Wir fuhren zum Park der Kreisstadt. In der Mittagshitze liefen Sun und sein Römerkollege den Parkweg entlang, vorbei an der Piratenschaukel, vorbei am Kinderkarussell, von dem das Lied »Drei Tiger« herüberschallte. Vorbei an tanzenden Großmüttern, die sich begeistert nach meinem Begleitschutz in Römermontur umdrehten. Sie liefen hinter ihnen her, eine eigentümliche Prozession, vorne die Römer, hinten die Großmütter. Die Großmütter wollten Fotos machen, mit den Römern posieren.

Herr Wang runzelte die Stirn. »Aber nicht im Internet verbreiten. Das geht gegen unsere Copyright-Regeln.« Beim Fotoshooting war Sun jetzt noch viel professioneller. Zwischendrin rauchte sein Römerkollege eine Zigarette, Schweiß perlte ihm von der Stirn, die Rüstung wog etwa vierzig Pfund. Sun lehnte sich derweil über die Brüstung am Ufer des künstlichen Sees der Römerstadt und schaute verträumt auf das Wasser. Aus seinen Lederstiefeln ragten seine dünnen weißen Beine. Und zum ersten Mal fiel mir auf, wie zart und zerbrechlich er wirkte.

Er drehte sich zu mir um. »Hey«, sagte er. »Kann ich dich anrufen, wenn ich nach Peking komme?«

»Aber klar«, sagte ich.

Er schrieb mir seinen Namen und seine Telefonnummer auf einen Zettel, er tat es voller Konzentration, am Ende standen ein paar runenartige Zeichen auf dem Zettel. Ich stellte mich darauf ein, dass er nie anrufen würde.

Zwei Monate später aber klingelt das Telefon. Er war in Peking. Die Lokalregierung hatte sie hergeschickt, sie sollten mal wieder tanzen und Propaganda machen. Sechsunddreißig Stunden waren sie mit dem Zug hergefahren, billigste Klasse und jetzt im Wohnheim einer Uni untergebracht. Aber Samstag, Samstag hatte er frei.

Ich glaube, ich hatte noch nie so viel Spaß beim Besuch der Verbotenen Stadt wie mit Sun.

Er zerrt mich zum Eingang, steht mit staunenden Augen davor. »Oh«, sagt er, »ist das groß hier. Unglaublich.«

Er läuft von Nord nach Süd, von Ost nach West, er lacht vor Begeisterung. Er fasst alles an, die Steine, die Skulpturen, die Rinde der Bäume, er rutscht mit den Slippern auf den Marmorschnitzereien herum, die den Boden bedecken. Er entdeckt die

Audioguides. »Was, damit kann ich alles hören? Wow! Auch wenn ich daheim bin oder woanders in China, erzählt mir der Kopfhörer dann immer die Geschichte?« Er mustert verstohlen die farbigen Touristen. »Schau mal, die kommen aus dem Land, in dem die Menschen schwarz sind.« Er fotografiert begeistert jede Informationstafel, auch wenn er sie nicht lesen kann, er tut es für seinen Sohn, der sich doch so sehr für Geschichte interessiert. »Irgendwann will ich noch mal mit ihm hierherkommen. Ich will, dass er hier studiert. In Peking. Vielleicht an der Universität, in deren Wohnheim wir gerade untergebracht sind.«

»Warum dort?«

»Der Boden ist dort so toll. Es ist eine Art Plastik, und es staubt wirklich überhaupt nicht.«

Sein Enthusiasmus ist unerschöpflich. Von all den Tausendschaften, die an diesem Tag durch die Verbotene Stadt getrieben werden, den Reisegesellschaften mit identischen Mützen, müdegereisten Kosmopoliten, ist er mit Sicherheit der begeistertste Besucher. Und, man kann nicht anders, man muss ihn dafür einfach ins Herz schließen, wie sehr er sich freut.

Als er mit den Touristenmassen aus der Verbotenen Stadt drängt, wirkt er selig. Er läuft durch den Strom der Touristen, Ellbogen, Knie, Arme überall, doch er lächelt übers ganze Gesicht.

Sun würde sich gerne noch eine Hose kaufen. Ich wähle extra ein Geschäft, das nicht so teuer ist. Sun aber schaut geschockt auf die Preisschilder. »Siebzig Kuai«, raunt er mir zu, das sind umgerechnet acht Euro, sagt mein Kopf, und Sun fügt hinzu: »Wirklich so viel?«

Viel schlimmer aber ist der Blick des Verkäufers. Er gleitet einmal über den ganzen Sun, Kopf bis Fuß, neue Frisur, neue Jeans, bleibt an den Lederslippern hängen. Lederslipper, wie sie Wanderarbeiter überall im Land tragen. In denen sie über Staub und

Dreck stapfen, Hochhäuser, ja ganze Städte hochziehen. Sobald der Pekinger einen Lederslipper sieht, bekommt sein Blick diesen Ausdruck wissender Überheblichkeit, Mädchen, die eben noch lächeln wollten, haben plötzlich anderes zu tun.

Die Augenbrauen des Verkäufers ziehen sich fast unmerklich nach oben. Und er sagt, jede Silbe betonend, auf Suns leise, unglaublich vorsichtige, fast geflüsterte Frage: »Nein, wir geben hier ganz sicher keinen Rabatt.«

In den anderen Geschäften ergeht es Sun nicht anders. Ich würde diese Blicke gerne wegradieren, auslöschen, weil ich will, dass dieser Tag ein Triumph für Sun ist, ein Triumph von fast römischen Ausmaßen.

Später sitzen wir gemeinsam am See, essen Eis und lassen die Beine von der Parkbank baumeln. Sun schleckt einmal Erdbeer, dann Schokolade und sagt: »Weißt du, früher dachte ich, ich wäre nur ein kleiner unbedeutender Bauer, der nicht mal lesen kann. Aber jetzt, wo ich in Peking bin und die anderen sehe, denke ich: Ich bin auch wer. Und was die anderen können, das kann ich doch auch.«

»*Wenn du daran glaubst, dass es passiert ist,
ist es passiert. Sonst eben nicht.*«

Zheng Chengyi,
emeritierter Geschichtsprofessor

10. Das Medium

Der Römer ist wieder in den Zug nach Gansu gestiegen, ich hänge in Peking meinen Liqian-Erinnerungen nach. Frage mich, wie es den Bekannten in der Zwischenzeit ergangen ist. Am meisten interessiert mich das spiritistische Medium. Ich kenne mich mit Medien sonst nicht so aus, ich kenne nur dieses eine, diese Frau aber ist phantastisch. Wo sonst findet man eine chinesische Hausfrau, die behauptet, dass aus ihrem Mund Gaius Julius Caesar spreche? Der übrigens, anders als landläufig vermutet wird, keineswegs bei einem Attentat in Rom gestorben sein soll. Ihr zufolge habe Caesar bereits Lunte gerochen und frühzeitig einen Doppelgänger installiert. Daraufhin sei er nach Liqian, Provinz Gansu, geflohen, wo bereits sein Sohn, der Dritte Prinz, auf ihn wartete. Beide, Caesar und sein Sohn, seien demzufolge in Gansu gestorben. Als Buddhisten.

Wahrscheinlich gibt es sogar mehrere chinesische Hausfrauen, die behaupten, dass Gaius Julius Caesar aus ihnen spreche. Doch nur an einem Ort, der so sehr Tausendundeiner Nacht gleicht wie Liqian, kann es ihnen gelingen, derartig viel Einfluss zu gewinnen. Nur hier wird nach ihren Plänen eine chinesische Römerstadt erbaut.

Ich mache mich ein weiteres Mal auf den Weg nach Liqian, meinem erklärten Lieblingsdorf in China. Ich nehme den Flieger nach Lanzhou, in die Provinzhauptstadt der nordwestlichen Provinz Gansu. Sobald ich aus dem Flugzeug gestiegen bin und mich in ein Taxi gesetzt habe, um vom Flughafen in die Stadt zu kommen, ist das Gefühl wieder da: ganz große Einsamkeit. Es ist jedes Mal das Gleiche, ganz egal, ob ich alleine unterwegs bin oder mit Freunden – dann fühlen wir uns eben gemeinsam einsam. Es ist die Landschaft. Ich kann mich an keine erinnern, die mich melancholischer machte. Kahle Lössberge, so weit das Auge reicht. Endloses Gelbgrau, kein Baum, kein Tier, kein Mensch. Gigantische Werbeposter grüßen in die Einsamkeit hinaus: »Ewige Schönheit durch Brustvergrößerung«, »Kaufen Sie jetzt eines der luxuriösen Anwesen im Heim des Generals«. Nach einer Stunde Fahrt fühle ich mich wie der letzte Mensch der Welt, als würde da nichts mehr kommen als gelbes Grau, graues Gelb und verlassene Werbetafeln, doch dann erreichen wir Lanzhou. Meine Laune wird dadurch nicht unbedingt besser. Lanzhou ist eine der reizlosesten Provinzhauptstädte des Landes, regelmäßig wird sie zur Stadt mit der schlechtesten Luft gekürt, und das will in China etwas heißen. Vor meinen Augen drängen sich Wohnblöcke aneinander, Grau in Grau, nicht alt und doch vor der Zeit heruntergekommen. Blätternde Farbe, ratternde Klimaanlagen an den Außenwänden, vergitterte Balkone, mit allerlei Zeugs vollgestellt. Das Auge rutscht ab an den Fassaden, weil es nichts findet, an dem es sich erfreut. Auch die Neubaugebiete schenken wenig Hoffnung. Rosafarbene und gelbe Hochhäuser, jedes im gleichen Stil erbaut, alle gen Süden ausgerichtet, Block um Block, so geht das kilometerweit. Erstaunlicherweise aber füllt sich in China noch die stumpffeste Siedlung mit Leben – zumindest dann, wenn es keine Geisterstadt ist. Die Hausfrauen tanzen, die Kinder spielen, als rebellierten sie gegen die geballte Trostlosigkeit.

In Lanzhou wirken die Menschen recht munter, wäre da nicht ihre nervenaufreibende Angewohnheit, auch dann dauerzuhupen, wenn kein anderer auf der Straße ist. Um vier Uhr nachts zum Beispiel. In dieser Nacht liege ich schlaflos im Hotel, irgendwann gehe ich zum Fenster, um zu schauen, warum der Lärm eigentlich nicht aufhört. Und sehe zwei Autos. In entgegengesetzter Fahrtrichtung unterwegs und weit voneinander entfernt, hupen sie einsam vor sich hin.

Doch die Menschen in Lanzhou können fahren. Und wie. Einmal musste ich dringend einen Bus erreichen, der eine halbe Stunde später abfahren sollte, vom Hotel aus lag aber ein Weg von bestimmt sechzig Minuten vor uns.

»Ich gebe dir das Doppelte, wenn du's schaffst«, sagte ich zum Fahrer, ich duzte ihn, wie es im Chinesischen üblich ist. Soeben hatte er noch recht dösig gewirkt, jetzt aber drückte er voll aufs Gas. Er zog auf die Gegenfahrbahn der sechsspurigen Stadtautobahn, schlingerte zwischen eigener Fahrbahn und Gegenfahrbahn hin und her, preschte einen Erdhügel hinauf, fegte durch einen Markt, vorbei an aufgehängten Schweinehälften und wild gackernden Hühnern, beförderte uns dreimal um ein Haar ins Jenseits und kam dann exakt auf die Minute vor dem Busbahnhof zum Stehen.

»Nicht schlecht, oder?«, sagte er mit breitem Grinsen.

Ich versuchte, meinen Magen wieder in die anatomisch dafür vorgesehene Position zu rücken, sagte: »Nicht schlecht« – und gab ihm das Dreifache des Preises. Einfach, weil ich froh war, überlebt zu haben.

Im Bahnhof von Lanzhou kaufe ich mir ein Zugticket nach Norden, Richtung Liqian. Ich habe noch ein wenig Zeit, setze mich auf die Stufen, um zu schauen. Der Bahnhof von Lanzhou ist ein Ereignis. Gansu ist eine arme Provinz, Tibeter, Hui-Muslime und andere Minderheiten leben hier, es gibt so viel zu sehen. Eine Gruppe Wanderarbeiter kommt herbei, ein Unternehmer treibt sie vor sich her wie ein Hirtenhund eine Herde Schafe, er sammelt Personalausweise ein und gibt Zugfahrkarten aus. Die Wanderarbeiter sind arme Männer, sie sehen aus, als seien sie gerade erst aus einem Dorf hier angekommen, die Gesichter von Arbeit und Sonne gezeichnet. Sie tragen Reisstrohhüte, die Füße stecken in offenen Schlappen, sie tragen ihr Hab und Gut in riesigen Säcken auf dem Rücken oder schleppen es in Eimern mit sich. Decken, Tassen, ein paar Kleidungsstücke. Einer hat sich auf seinem Sack ausgestreckt, er ist sechzig, vielleicht sogar siebzig Jahre alt, er liegt dort, als sei der Sack das gemütlichste Sofa der Welt, die Augen fallen ihm zu, innerhalb von Sekunden ist er eingeschlafen. Immer habe ich in China die Fähigkeit zu schlafen bewundert. Die Menschen hier bringen es fertig, an den abenteuerlichsten Orten einzunicken. In einer Schubkarre, auf dem Boden, im Stehen an eine Zugwand gelehnt, in der Bibliothek oder vor laufender Kamera im Nationalkongress: Jahr für Jahr sieht man im Fernsehen Dutzende friedlich schlafender Abgeordneter.

Eine Geschäftsfrau stöckelt vorbei, ganz in Weiß und Spitze gekleidet, ihre Füße stecken in viel zu kleinen High Heels, das Fleisch quillt heraus, zackig rennt sie voran, wirft die Beine nach vorne, als ziehe sie in eine Schlacht. Sie hastet auf die Schalter zu, wo lange Reihen Wartender drängeln und weibliche Staatsbeamte mit milder Verachtung für das Volk da draußen Tickets verkaufen.

Ich beobachte und schreibe und habe darüber gar nicht bemerkt, dass sich eine Traube Menschen um mich versammelt hat. Einer senkt den Kopf über mein Notizbuch, bis seine Stirn fast die Seiten berührt. Sie diskutieren, lachen, kommentieren. Sie stehen keine zwanzig Zentimeter von mir entfernt, sie starren mich an. Mustern das Haar, die Augen, die Kleidung. Schaue ich hin, schauen sie weg, um gleich wieder herzustarren. Da ist nichts Feindliches in ihrem Blick, sondern einfach nur Neugier, sie ist ihnen nicht unangenehm. Sie betrachten mich mit der gleichen Selbstverständlichkeit, als wenn da jetzt ein Panda säße. Irgendetwas, was ihnen die fade Wartezeit vertreibt. Fair, denke ich. Ich beobachte sie, sie beobachten mich.

Es ist Zeit, zu gehen. Der Zug fährt ein in den Farben Rot, Weiß und Blau, er verkehrt bis nach Urumqi in Xinjiang, durchquert die Wüste Gobi. Mit einer Familie dränge ich mich auf schmale Zugsitze, wir teilen, was wir an Essen mitgebracht haben. Wieder und wieder dränge ich mich durch den Zug, um heißes Wasser zu holen, wunderbare chinesische Errungenschaft: Überall gibt es heißes Wasser. Im Hotel, im Zug, am Flughafen, wer sich eine Tasse oder Kanne Tee im Restaurant bestellt, erhält, selbstverständlich umsonst, so viele Aufgüsse, wie er denn nur trinken mag. Ich passiere zwei Jungs vom Land, die zwischen den Abteilen rauchen, sie sind offensichtlich stolz auf die Coolness, die sie sich auf dem Trip in die Stadt zugelegt haben. Sie tragen bunte Shirts, Undercuts und Haartollen, sie ziehen den Rauch mit der geschäftigen Nervosität von Sechzehnjährigen in ihre Lungen. Der Zug rattert durch einen Vorort von Lanzhou, vorbei an einem Betonschloss mit blauen Türmchen darauf, und schon sind wir draußen auf dem Land. Bauern bestellen ihre winzigen Parzellen von Hand, Frauen mit Kopftüchern kauern nebeneinander auf Holzschemeln und setzen Reissetzlinge. Dieser Landstrich, der Hexi-Korridor, ist ein schmaler Streifen, der an beiden Seiten von hohen Bergen begrenzt ist, einst zogen die Karawanen der Seidenstraße hier entlang. Am nördlichen Ende des Korridors breitet sich die Wüste Gobi aus. Auf dem Langen Marsch schickte Mao Zedong einen Teil seiner revolutionären Truppen über den Hexi-Korridor, um den Soldaten der Guomindang zu entfliehen. Unzählige mussten damals verhungern. Denn das Ackerland ist der Wüste nur abgetrotzt, Bauern haben Bewässerungskanäle gelegt und dadurch künstliche Oasen geschaffen.

Doch immer wieder wird das Grün von steiniger, sandiger Wüste abgelöst, als könnte sich der Flecken Erde nicht entscheiden, was er sein will: Wüste oder Zivilisation. Der Hexi-Korridor ist ein Zwischenort, einer, an dem man bereits ahnt, dass die Zivilisation bald ausfransen, ermatten, sich zwischen Sanddünen verlieren wird.

Ein Schaffner kommt vorbei, preist krächzend seine Waren an, all das, was die Bahn gerne ihren Kunden verkaufen möchte. Die Stimme des Schaffners leiert, erschöpft davon, immer wieder das Gleiche sagen zu müssen, das Gleiche, das Gleiche, so eintönig, dass die Stimme selbst sich beim Reden langweilt. Er bietet lustiges, brüllendes, blinkendes Kinderspielzeug feil, und jeder im Abteil hofft, dass keiner etwas kaufen möge, damit nicht stundenlang das gleiche Kinderlied durchs Abteil plärrt. Er will Schutzfolien für Bankkarten und Personalausweise verkaufen. Und Kopfhörer in Neongrün, -gelb und -rot.

Wir halten in Jinchang. Jinchang ist die Station für das Dorf Liqian und die Kreisstadt Yongchang, in der das Medium wohnt, die Frau, die ich besuchen möchte. Meine Tasche ist schwer, ich versuche, sie hinauszubugsieren. Vor mir steht ein Wanderarbeiter und schaut mir fasziniert zu. »Hilf mir doch mal«, sag ich, er rührt sich nicht und schaut weiter, ich winke, er rührt sich nicht, da werfe ich ihm die Tasche zu, und endlich fängt er sie auf, durch Zwang zum Kavalier geworden.

Die Region um Jinchang ist äußerst seltsam. Einst war dies ein verlassener Ort in der Wüste, bis Chinas größte Nickelmine hier entdeckt wurde. Deng Xiaoping pries Jinchang als »Goldjungen«. Aus dem Nichts entstand eine Bergbaustadt. Und unter dem Wüstensand lagerte noch viel mehr: Kupfer, Kohle, Edelmetalle, Gas und Öl. Arbeiter kamen aus allen Winkeln des Landes. Sie hoben Minen aus, stellten Fabriken ins Wüstennichts, errichteten Strommasten, gruben Wasserreservoirs, trotzten der Wüste Land ab, bewässerten Felder und pflanzten Pappeln.

Fährt man durch die Wüste, entdeckt man Fabriken und Minen, sie stehen dort wie versteinerte Dinosaurier, wie eigentümliche Wüstentiere. Propagandasprüche sind mitten im Nirgendwo auf Wüstensteine geschrieben, »Gemeinsam vorangehen mit der Volksbefreiungsarmee«, »Sich nach wissenschaftlichen Kriterien entwickeln«. Durch all das Geld wurde das verschlafene Jinchang zu einer reichen Goldgräberstadt mit riesigen Museen und einem Multiplexkino. Und doch wirkt der Ort, als könne ihn die Wüste jederzeit wieder verschlucken. Als habe er seine Existenz nur geborgt.

Ein ganz besonderer Menschenschlag siedelte sich hier an. Schatzsucher, Goldgräber, Minenarbeiter. Männer mit rauhen Sitten. Es gebe, erzählte mir einmal bei einem meiner Besuche der lokale Propagandabeauftragte (nicht Herr Wang) zwei Arten, auf die man in Jinchang trinke. Die eine heiße »Nass trinken«, wenn man zum Schnaps etwas isst, eine Kleinigkeit nur. »Trocken trinken« aber bedeutet: Schnaps pur. Ich mag keinen Schnaps, das Essen in Jinchang aber habe ich liebgewonnen. Die Lammfleischspieße hier gehören zu den besten in China, man isst sie draußen in Restaurants, die bayerischen Biergärten ähneln.

Die Menschen hier feiern gerne heftig und laut. Einmal fuhr ich nach Jinchang, als dort gerade ein großes Treffen lokaler Funktionäre abgehalten wurde. In meinem Hotel wimmelte es von Parteifunktionären und Prostituierten in hoteleigener Uniform. Im Zimmer neben dem meinen schleppten zwei Kader vier Prostituierte ab, auch für mich war in dieser Nacht an Schlaf nicht zu denken.

Die Menschen in dieser Region sind über Nacht relativ wohlhabend geworden. Sie haben fast alles. Was ihnen fehlt, ist ein

Traum. Etwas, das ihrer Identität schmeichelt, das aus ihnen mehr macht als die Aufsteiger, die sie sind. Ihnen mangelt es an einer Geschichte, schön wie ein fein gewebtes römisches Tuch. Und wer könnte sie besser erzählen als Li Jinlan, 60, das Medium.

Früh am nächsten Morgen fahre ich nach Yongchang, zwischen der Stadt Jinchang und dem Dorf Liqian gelegen. Yongchang ist ein schläfriges kleines Städtchen, die Menschen auf den Straßen bewegen sich, als hätten sie alle Zeit der Welt. Der Fahrer biegt in die Straße, die durch einen Neubaukomplex führt, ein, ich laufe in den dritten Stock und klingele. Das Medium öffnet so gutgelaunt und entspannt wie immer, Li Jinlan scheint kein bisschen gealtert zu sein seit meinem letzten Besuch. Die Sonne scheint auf ihr eigentümlich unbewegtes Gesicht. Sie bittet mich in ihre geräumige Wohnung. Irgendwer hat sich die Mühe gemacht, sämtliche Lichtschalter mit lilafarbenen Bären zu umhäkeln.

Als ich Li Jinlan vor ein paar Jahren zum ersten Mal traf, war sie noch arm. Sie lebte nicht weit von ihrer jetzigen Wohnung entfernt, und doch scheinen Welten dazwischenzuliegen. Wir trafen uns in einem Viertel ärmlicher Lehmhäuser, die Straße, auf der wir uns gegenüberstanden, war nicht gepflastert. Li trug einen lilafarbenen Jogginganzug und Hausschuhe, ihre Haare waren zu etwas geschnitten, das man nicht wirklich Frisur nennen konnte. Sie hatte den runden Körper einer chinesischen Hausfrau und die Hände einer Bäuerin, ihre Bäckchen leuchteten so rot, wie ich das sonst nur von alten Propagandapostern kannte. Sie führte mich in das Lehmhaus, das sie gemietet hatte. Es war alt, heruntergekommen und ziemlich vermüllt, mitten im Zimmer stand ein Kohleofen, die Fenster waren schmutzig und ließen nur wenig Sonnenlicht herein. Ich war mir nicht ganz sicher, wie man mit einem Medium kommunizieren sollte, doch meine Sorgen waren völlig fehl am Platz. Li Jinlan war sehr unkompliziert und begann ganz von selbst zu erzählen.

Das Leben des Mediums, bevor es ein Medium wurde, war ein Leben der Armut, des Scheiterns und der Krankheit. Sie startete unter ungünstigen Vorzeichen. Der Vater ein Soldat, die Mutter eine Beamtin, und doch war die Familie so arm, dass sie nur ein Kind, den Sohn, auf die Schule schicken konnten. Li Jinlan sah kein Klassenzimmer von innen und wurde stattdessen mit dreizehn zum Geldverdienen in die Fabrik geschickt. Erst arbeitete sie für eine Firma, die Traktoren herstellte, dann für eine, die Ersatzteile für Autos fertigte, beide machten irgendwann Pleite, und sie hatte keinen Job mehr. Das war 1994. Li Jinlan war arbeitslos und hatte als Analphabetin keine großen Chancen auf dem Arbeitsmarkt.

Von klein auf war sie oft krank gewesen. Kein Arzt hatte ihr helfen können, und nach ihrer Hochzeit verschlechterte sich ihr Zustand. Schon damals begann sie, unter den Symptomen zu leiden, wegen denen ihr Mann sie später verließ – und die Leute sie für verrückt erklärten. Nachts lief sie weg, sie aß ohne Unterlass, sie sprach in fremden Zungen. Man schickte sie in ein Spital, doch keiner dort wusste etwas mit ihr anzufangen, also entließ man sie nach kurzer Zeit wieder.

»Als ich siebenunddreißig war, nach der Geburt meines Sohnes, kam der Dritte Prinz.« Der Dritte Prinz ist, so das Medium, der Sohn Caesars. Caesar habe ihn auf eine Erkundungstour nach China geschickt, in Liqian, Gansu, habe er sich niedergelassen.

Das aber habe sie damals noch nicht gewusst: »Alles war mir ein Rätsel.«

Es begann mit Fieber. Mal war ihr eiskalt, dann wieder siedend heiß. Sie hatte eine Infektion in der Brust, ihre Tochter einen Tumor im Hals.

»Damals hat er noch nicht gesprochen, das kam erst zwei Jahre später.« Im Traum sah sie manchmal einen sehr großen Mann auf sich zukommen. Tags darauf konnte sie nicht aufhören zu essen. »Er hat so viel gegessen. Doch damals wusste ich noch nicht, dass er meinen Körper benutzt, um zu essen. Ich glaubte, ich selbst habe so viel Hunger.«

»Irgendwann begann der Dritte Prinz zu sprechen«, sagte das Medium. Aus Li Jinlans Mund drang eine merkwürdige Sprache, voller Us und Os und Rs, eine Sprache, die sie selbst nicht verstand, obwohl sie diese fremde Zunge doch ganz flüssig sprechen konnte. »Keiner hat es verstanden. Bis auf meine Tochter.« Die Sprache, sagte das Medium, sei Altlatein. Oder Griechisch. »Irgendwas in der Richtung.«

Sie suchte einen daoistischen Meister auf. »Er sagte, ich hätte große Dinge im Körper, doch er wusste nicht, was. Er sah blondgelocktes Haar, er sagte: ›Was in dir steckt, ist nicht von hier.‹ Doch er konnte es nicht einordnen.«

Das Medium litt. Aus ihrem Mund sprudelten all diese fremden Dinge. Früher schon hatte ihr Mund ganz unkontrolliert gesprochen, damals noch in Mandarin. Hatte den Tod von Mao Zedong vorausgesagt. Immer habe der Mund gewusst, was in der Zentralregierung geschah.

»Solche Sachen durfte man doch nicht sagen, aber ich hatte meinen Mund, meinen Körper nicht unter Kontrolle. Würde mein Körper mich ins Gefängnis bringen? Ich hatte solche Angst.«

Eines Tages begann die fremde Macht zu schreiben. Mit ihrer Hand. Niemand habe es lesen können.

»Später habe ich erfahren, dass es sich um komplizierte Militärtechniken handelte.« Nur eines verstand sie: Die fremde Macht befahl ihr, ein Kloster in Datong zu besuchen. »Ich hatte große Angst, denn ich kannte niemanden dort. Als ich in Datong aus dem Bus stieg, sah ich einen sehr schönen jungen Mönch. Er brachte mich in einen Tempel.« Der Klostervorsteher dort habe ihr gesagt, dass manchmal Caesar aus ihr spräche. Manchmal auch sein Sohn, der Dritte Prinz. Und weil Caesars einstiger Übersetzer den Körper ihrer Tochter in Besitz genommen hätte, könne nur diese die fremde Sprache übersetzen.

Es war, wie sollte es anders sein, ein großer Glücksfall. Denn genau zu dieser Zeit hatte die Lokalregierung mit ihren Plänen für den Bau der chinesischen Römerstadt begonnen.

»Der Dritte Prinz war zur richtigen Zeit gekommen«, sagte das Medium. Und der Dritte Prinz sollte das Leben Li Jinlans für immer verändern.

Das zweite Mal besuchte ich das Medium wenige Monate später in Begleitung des emeritierten Geschichtsprofessors Zheng Chengyi, 67. Zheng pflegte einen extravaganten Stil – in jeder Hinsicht. Mal trug er ein mit Rosen bedrucktes Hemd zu Lederkappe und Lederweste. Dann ein grünes Käppi mit Glitzerpailletten darauf.

»Wow, Sie interessieren sich für Mode, ja?«, sagte ich.

Zheng lächelte geschmeichelt. »Stil ist mir wichtig. Ich kenne die Regeln. Bei westlicher Garderobe nicht mehr als drei Farben miteinander kombinieren.«

Doch auch sonst war Zheng außergewöhnlich. Er wusste unglaublich viel über chinesische Geschichte, glitt, wenn er darüber sprach, aber gerne in esoterische Bereiche und zu Verschwörungstheorien ab. Er liebte es, endlose Vorträge zu halten, doch schon nach wenigen Minuten verstrickte er sich darin, umso mehr, als er davon überzeugt war, dass die östliche und westliche Han-Dynastie in China in engster Verbindung zu Nero, Caesar und der von den Maya geweissagten Katastrophe stünden. Ja, dass diese »zwangsläufig« zueinanderführen müssten, das heißt also Nero zur Maya-Katastrophe. Wie genau das funktionieren sollte, habe ich zugegebenermaßen vergessen, es war zu kompliziert. Jedes Mal, wenn ich Zheng begegnete, brummte mir danach der Schädel. Ich traf ihn trotzdem, denn einst diente Zheng dem Australier Debbie Harris als Gehilfe, dem Entdecker der Römer in China. Keiner kannte die Geschichte Liqians so gut wie er.

Zheng war lange an der Universität von Lanzhou tätig, er unterteilte seine Forschung in zwei Etappen. Die erste, die er die »wissenschaftliche« Forschung nannte, das war, bevor er das Medium kennenlernte. Die zweite bezeichnete er als die eher »ganzheitliche oder Caesar-Forschung«. Als ich ihn fragte, was genau das bedeute, sagte er: »Im Moment forsche ich vor allem über Li Jinlan, das Medium.« Er habe noch nicht alle Beweise gefunden, die ihre These untermauerten, »doch die wichtigsten Punkte widersprechen sich nicht. Das Römische Reich wird zurückkommen als Symbol der Katastrophe, Jesus wird wiederkehren, Nero wird wiederkehren, Caesar wird wiederkehren. Es wird eine Flut geben.«

Als das Medium im Jahr 2003 in sein Leben trat, erzählte Zheng, habe das sein Leben verändert. Er habe versucht, seinen Studenten seine neuesten Erkenntnisse nahezubringen, nämlich, dass Caesar nach Gansu kam und dort als Buddhist verstarb, »doch die Studenten haben das nicht verstanden. Viele an der Universität begreifen das einfach nicht.« Er zog sich aus dem Lehrbetrieb zurück, er schrieb auch nicht mehr.

»Wozu das Ganze«, fragte er. »Menschen schreiben ja immer eher von einer menschlichen Warte her, und die interessiert mich nicht so sehr.« Historische Bücher wollte er schon gar nicht verfassen, denn: »Man weiß ja eh nie genau, was passiert ist.« Die besten Bücher seien ohnehin schon geschrieben worden, sagte Zheng. »Die Bibel, buddhistische Schriften ...« Er dachte einen Moment nach. »Na ja, und Harry Potter.«

Caesar und ihn, Zheng Chengyi, verbinde das Schicksal, erklärte Zheng. Schon in der Kulturrevolution, während alle Mao Zedong anhimmelten, habe er heimlich für Caesar geschwärmt. Inzwischen wisse er auch, warum. »Ich bin in einem früheren Leben Caesars Diplomat gewesen.«

Professor Zheng und ich fuhren also bei meinem zweiten Besuch gemeinsam zum Medium, er hatte sich extra fein gemacht, er wirkte ein wenig nervös, wie ein junger Mann vor einem Date, immer wieder klappte er den Spiegel am Beifahrersitz herunter, strich sich die Haare nach hinten und rückte sein Käppi zurecht. Das Medium wartete bereits auf der Straße auf uns. Sie hatte sich verändert. Sie trug jetzt eine richtige Frisur, einen Kurzhaarschnitt, sie hatte eine schicke rote Filzjacke angezogen, die zu ihren Apfelbäckchen passte. Sie sah uns mit ihrem gelassenen Blick gutgelaunt an.

Zheng ging aufgeregt auf sie zu, er schüttelte ihre Hand und wollte sie gar nicht mehr loslassen, seine Augen leuchteten sie wie Scheinwerfer an. Das Medium führte uns zu ihrer neuen Wohnung. Sie lag in einem Viertel, in dem noch gebaut wurde, überall wurden schicke Neubauwohnungen hochgezogen. So eine hatte Li Jinlan sich gekauft. Die Wohnung war ein echter Aufstieg. Sie war groß, lichtdurchflutet, hatte einen nagelneuen Fliesenboden, Sofa, Tische, Stühle, alles gerade gekauft, auf der Kommode thronte ein riesiger neuer Flachbildfernseher.

Professor Zheng schaute sich erstaunt um. »Pah!«, machte er erst mal. Dann sah er das Medium vorwurfsvoll an. »Li, du sollst doch nicht immer so viel für die Leute weissagen, schau dich um, du hast ja wohl genug Geld gemacht, das müsste deinem Ehrgeiz nun wirklich langsam reichen.«

Das Medium lächelte geheimnisvoll und antwortete nicht. Li Jinlan nahm auf dem Sofa Platz und legte ihr schickes neues Handy vor sich hin. Zheng schob aufgeregt seinen Stuhl an sie heran, er leckte sich die Lippen. Die Tochter des Mediums, die in den Vierzigern war, setzte sich ihm gegenüber.

»Bereit?«, fragte Zheng aufgeregt.

»Bereit«, sagte das Medium und nickte.

»Verehrter Dritter Prinz, wie soll es weitergehen?«, fragte Professor Zheng.

Das Medium hob an zu sprechen, in dieser eigentümlichen Sprache, die weder nach Griechisch klang noch nach Latein, sondern eher in diese Richtung ging. »Hubdaran olokum ratantotono buluwar.« Li Jinlan sprach die Sprache fließend.

Zheng schaute sie verzückt dabei an.

Die Tochter des Mediums übersetzte: »Der Dritte Prinz sagt: Mal gewinnst du, mal verlierst du. Wir kennen uns jetzt seit acht oder neun Jahren, und auch wenn wir in verschiedenen Welten leben, traue ich dir doch. Nun beginnen manche Menschen endlich, langsam meine Existenz zu sehen.« Die Tochter sagte das mit einem so abschätzigen Blick, dass ich nicht umhinkonnte zu folgern, sie müsse von der Lokalregierung sprechen. »Doch diese Erkenntnis wird nur der Stadt Yongchang helfen und nicht ihnen. Manche Menschen schauen nur auf ihren Profit.« Der Dritte Prinz sprach weiter, das Medium wirkte dabei übrigens kein bisschen besessen, sondern ganz wunderbar alltäglich entspannt. Mitten in dieser Ausführung in der U-und-O-und-R-Sprache klingelte das Telefon, und Li Jinlan meldete sich auf Chinesisch. Ein andermal unterbrach sie ihren U-O-R-Wortschwall einen Moment und wies ihren Sohn auf Chinesisch an, den Gästen Tee nachzuschenken, dann fiel sie wieder zurück in ihre Zunge. Der Dritte Prinz, übersetzte die Tochter, habe gerade einige buddhistische Sutren aufgesagt und ermahne uns, »reinen Herzens zu sein«. »Buddha hat den Römern die Chance gegeben, in Gansu zu bleiben, um Erlösung zu finden. Sie hatten so viele Menschen getötet. Er wollte sie aber auch testen. Zu sehen, ob die römischen Legionäre gierig sein würden. Ob Mutter und Tochter gierig sein würden. Und siehe, das sind sie nicht.« Die Tochter lächelte zufrieden bei ihrer Übersetzung.

Zheng war verzückt, höchst verzückt: »Oh nein, das Niveau ist so hoch, ich als Professor könnte das nicht besser sagen.« Vielleicht, sagte er, vielleicht spreche heute ja noch Gaius Julius Caesar zu ihm. Zweimal habe er es schon getan. »Ehrwürdiger Caesar, großer Kaiser, bitte sprich zu mir.«

Und wieder antwortete das Medium in U-O-R-Sprache, es tat das in genau dem gleichen Tonfall wie zuvor, und doch, die Tochter machte uns darauf aufmerksam, war es Caesar, der gerade zu uns sprach.

Zheng war begeistert. »Ein Glückstag, was für ein Glückstag!« Caesar ermahnte uns, Gutes zu tun. Gleichzeitig war er an diesem Tag auch ein wenig schweigsam. Er blieb dem Professor die Antworten auf viele Fragen schuldig, er antwortete vage, trotzdem war Zheng überglücklich.

Das Medium ging einen Moment auf die Toilette, und der Professor raunte mir zu, dass es das Medium privat ja nie leicht gehabt habe. »Li Jinlan war bereits dreimal verheiratet. Denn der Prinz geht manchmal nachts um zwölf hinaus und kommt erst früh am Morgen wieder. Und das macht die Männer sauer, denn sie wissen ja nicht, dass es der Prinz war.«

Das Medium setzte sich wieder aufs Sofa. »Bist du müde?«, fragte ich sie. »Es muss doch anstrengend sein, besessen zu sein.«

»Aber nein, aber nein«, erzählte Li Jinlan, und tatsächlich wirkte sie dabei so quicklebendig, als sei sie gerade aus tiefem Schlaf erwacht.

»Wer ist das?«, fragte ich und deutete auf eine Fotografie, die an dem Ehrenplatz über dem Fernseher hing. Darauf war ein Mönch in gelber Robe zu sehen, Li Jinlan zur Rechten, die Tochter zur Linken, alle drei grinsten.

»Der berühmte taiwanesische Mönch Jingkong Fashi«, erklärte mir das Medium.

»Im Grunde«, sagte der Professor, »hat die Kreisstadt Yongchang den Bau der Römerstadt nämlich vor allem dem Medium zu verdanken.«

Lange hatte die Lokalregierung von Yongchang nach einem Investor gesucht, doch einer nach dem anderen war abgesprungen. Die Entscheider waren verzweifelt. Dann aber schrieben Zheng, der Propagandabeauftragte von Jinchang und ein weiterer Autor die Geschichte des Mediums auf und verlegten das Buch. In China durfte es nicht gedruckt werden, galt es doch als Ausdruck des Aberglaubens, in Taiwan aber fand es begeisterte Leser. Unter anderem Jingkong Fashi vom Foto. Der sei, so erzählte Professor Zheng, kurz zuvor im Vatikan gewesen, »wo man ihm sagte, dass sie bereits seit zweihundert Jahren nach den verschollenen römischen Legionären suchten«.

Der Mönch lud das Medium und die Tochter nach Hongkong, wo er sich vom Dritten Prinz die Pläne für die Römerstadt eingeben ließ. Der taiwanesische Mönch wiederum kannte eine reiche buddhistische Investorengruppe vom Festland, die gerne bereit war, in die Römerstadt zu investieren. Und die Lokalregierung von Yongchang, so verhasst den Kommunisten dieser ganze Hokuspokus war – Medium, Caesar, Dritter Prinz –, willigte schließlich ein. Aus purer Not, sie fanden einfach keinen anderen Investor. Das Ganze war ihnen aber ein wenig peinlich. Das war der Grund dafür, dass der Propagandabeauftragte Wang versucht hatte, die Sache mit den Investoren vor mir geheim zu halten.

»Die öffentlichen Stellen meiden jeden Kontakt mit mir«, sagte das Medium, als ich Li Jinlan darauf ansprach, und da war es zum ersten Mal vorbei mit ihrer inneren Ruhe. »Ich bin enttäuscht von der Regierung. Sie glauben nicht an die römische Legion, sie wollen einfach nur davon profitieren.« Dann fand sie wieder zu ihrer lächelnden Gelassenheit: »Was die Regierung von uns denkt, ist uns egal. Für uns ist allein wichtig, ob Buddha uns anerkennt. Und was die Menschen sonst von uns denken. Sie geben es vielleicht nicht zu, doch sie akzeptieren uns. Jeder weiß doch inzwischen, dass die Römer hier waren.«

Zheng und ich verabschiedeten uns. Gemeinsam wankten wir hinaus, er überglücklich, ich überwältigt. Was um alles in der Welt war das?

Zu Hause in Peking begann ich, über Medien in China zu recherchieren. Ich fand ein Buch der Wissenschaftlerin Kang Xiaofei, die über Fuchsgeister und Fuchsmedien geforscht hatte, einem in China einst weit verbreiteten Kult. Dem Fuchs werden dunkle Zauberkräfte zugesprochen, er steht unter anderem für die gefährliche Macht weiblicher Sexualität, die ungezügelten Kräfte des Verlangens. Spiritistische Medien, die für sich in Anspruch nahmen, von einem Fuchsgeist besessen zu sein, waren schon zu frühen Zeiten eine alternative Autorität, waren gefürchtet, weil sie im Bund mit den Geistern standen. Gleichzeitig wurden sie verehrt, weil sie heilten, wahrsagten und halfen, Dorfkonflikte zu lösen.

»Von einem Fuchsgeist besessen zu werden«, lese ich in dem Buch, »wurde zu einem effizienten Mittel für die Unterprivilegierten, insbesondere Frauen, außerhalb ihrer Familienstruktur zu einer Autorität heranzuwachsen. Die ländliche Elite pflegte Vorurteile gegen Medien, sie misstrauten solchen Kulten, gleichzeitig hatten einige von ihnen doch Sorgen, Wünsche und Bedürfnisse, die solche Kulte für sie interessant machten.« Ich lächelte. Die Autorin schrieb über alte Zeiten, und doch traf das genau auf das heutige Liqian zu. In einer männlich dominierten Gesellschaft, las ich weiter, spielten vor allem zwei Arten von Menschen eine wichtige Rolle bei den Kulten: Frauen und Männer von niedriger sozialer Position. Oft seien es vor allem Menschen mit physischen und mentalen Unzulänglichkeiten, die als spiritistische Medien fungierten, Menschen, auf die ihr Umfeld normalerweise herabsah. »Die mystischen Bande mit den kapriziösen Geistern verleihen diesen Frauen und Männern eine höhere soziale Stellung und die Möglichkeiten, gegen jene zu protestieren, denen sie doch normalerweise untergeordnet sind.« Oft hatten die Medien eine herausragende Stellung in ihrer Familie und ihrem Umfeld inne, gelang es ihnen doch, viel Geld zu verdienen.

Ich klappte das Buch zu. Alles traf zu. Das Medium Li Jinlan war eine arme Analphabetin, die an Krankheiten litt, arbeitslos war, ins Spital eingewiesen worden war. Eine Frau, der die Männer wegliefen, die von ihrem Umfeld für verrückt erklärt wurde. Alles in ihrem Leben schien schiefzulaufen. Bis der Dritte Prinz aus ihr zu sprechen begann.

Ich grinste ungläubig vor mich hin. Es war zu phantastisch. Da war eine uralte chinesische Tradition, die der Fuchsgeister nämlich, die sich mit einem wissenschaftlichen Mythos verwob, der vor sechzig Jahren im fernen England geboren wurde: dass römische Legionäre einst bis nach China gelangten. Der Ehrgeiz einer kommunistischen Lokalregierung verband sich mit den Geschäftsinteressen einer buddhistischen Kultgemeinde, vielleicht war dabei auch, so munkelte man, Geldwäsche im Spiel. Jedenfalls entstand nach den Plänen Li Jinlans mitten in der Wüste eine chinesische Römerstadt. Die – für europäische Köpfe völlig willkürlich – Vatikan und chinesische Architektur miteinander verband. Da sage noch einer, China sei kein Märchenland.

Ich bewunderte den Einfallsreichtum des Mediums. In einem anderen Land, zu einer anderen Zeit wäre jemandem wie Li Jinlan ein Leben am Rand der Gesellschaft sicher gewesen. Sie wäre auf Medikamente gesetzt worden. Oder in einem Spital gelandet. Sie wäre einsam und arm gewesen. Stattdessen erzählte sie der Welt eine phantastische Geschichte und wurde dadurch reich und angesehen. Hatte ich erwähnt, dass in China derzeit ein Liqian-Römerfilm gedreht wird? Jackie Chan spielt dabei die Hauptrolle.

Li Jinlans Geschichte lässt mich nicht los, und so besuche ich sie jetzt ein weiteres Mal. Es ist mein dritter Besuch, Professor Zheng will später auch noch vorbeikommen, gemeinsam wollen wir zum Grab des Dritten Prinzen hinter der Römerstadt fahren.

Li Jinlan bittet mich in ihre lichtdurchflutete Wohnung, wir setzen uns aufs Sofa.

»Wie geht es dir?«, frage ich sie.

Sie lächelt. »Ich fühle mich frei und gut. Der Dritte Prinz hat seine Sünden reingewaschen, er muss nicht mehr durch mich essen. Außerdem hat der Dritte Prinz viel zu essen wegen all der Almosen, die uns die Menschen geben.« Seit sie der taiwanesische Mönch anerkannt habe, kämen immer mehr Leute vorbei. »Wir versuchen alle maximal zu befriedigen.« Manche wollten Historisches erfahren. Andere die Ursache ihres Leides kennenlernen. Einige mehr über ihre früheren Leben wissen. »Und dann sind da all jene, die ihr Schicksal ändern wollen.« Die krank sind, Pech in der Liebe oder im Geschäft haben, deren Karriere nicht so recht anlaufen will. Sie versuche, allen zu helfen. Und ja, manchmal käme auch Prominenz. »Da war der Kreisbeamte aus Sichuan, der extra hierhergekommen ist, um uns zu sehen. Ein Parteisekretär von Yinchuan ist Buddhist geworden, nachdem er uns besucht hat. Er wurde von einer schweren Krankheit geheilt.«

Sie pflückt ein paar nichtexistente Staubfussel von ihrem Hemd und schaut zufrieden.

Alles läuft prächtig. Die chinesische Römerstadt gefalle Caesar sehr gut, »obwohl der eigentliche Plan, den er sich wünschte, die zwanzig Dynastien in Rom zeigte. Daran haben sie sich nicht gehalten.« So schlimm sei das alles aber nicht, denn die Römerstadt sei ja vor allem dafür da, »dass die Menschen in Yongchang Profit daraus ziehen können.«

In ihrer Funktion als Medium ist Li Jinlan jetzt viel unterwegs. Sie bereist Orte, von denen sie einst nicht mal zu träumen gewagt hätte. Vergangenes Jahr war sie in Hongkong und Malaysia. Jetzt würde sie am liebsten nach Rom. »Nicht wegen mir selbst«, versichert sie, »ich mache mir nichts aus so langen Reisen. Doch der Dritte Prinz würde so gerne mal wieder seine Heimatstadt sehen. Er hat so schreckliches Heimweh.«

Es klingelt an der Tür. Professor Zheng Chengyi steht davor, für seine Verhältnisse ist er dezent angezogen, drei Farben Grün, ich erinnere mich an sein Diktum, bei westlicher Garderobe nie mehr als drei Farbtöne zu kombinieren.

Wir setzen uns ins Taxi, der Fahrer braust über den Römer-Highway, während das Medium die Geschichte Caesars und des Dritten Prinzen erzählt. Es ist eine epische Geschichte. Sie handelt davon, dass Caesar schon früh gehört habe, dass China reich sei, und deshalb einen seiner Söhne hinschicken wollte. Er wählte seinen Drittgeborenen, weil er viel von ihm hielt und hoffte, dass er sich auf der China-Expedition hervortun könne. Er gab ihm einen Berater, der Chinesisch konnte, mit auf die Reise sowie 100 000 Soldaten. Sieben Generäle begleiteten ihn sowie vier Generalsfrauen. Sobald sie Rom verlassen hatten, zogen sie die Kleidung von Geschäftsleuten an, um nicht erkannt zu werden. Sie machten sich auf eine lange abenteuerreiche Odyssee. Es gab eine große Liebesgeschichte, in der die vier Generalsfrauen eine bedeutende Rolle spielten. Und die in einem großen Drama endete, alle Römer brachten sich in Liqian um. Darüber, wie Caesar nach Gansu kam, kann das Medium hingegen nicht so viel sagen. »Er spricht nie über diesen Teil seiner Lebensgeschichte.«

Ich frage nach einem weiteren Detail, doch mir antwortet nicht mehr Li Jinlan, sondern es ist der Dritte Prinz selbst in der U-O-R-Sprache: »Das kann ich jetzt nicht in einem Wort sagen. Schau doch im Internet nach.«

Ich bin beglückt darüber, dass der Geist des Prinzen im 21. Jahrhundert angekommen ist. Prompt frage ich das Medium, ob es eine eigene Website habe.

Jetzt antwortet mir wieder Li Jinlan selbst: »Wir würden gerne, doch sind wir zu beschäftigt. Zu viele Leute kommen. Außerdem beneiden mich so viele Menschen, da will ich lieber gar keine Website haben. Sie neiden mir mein neues Haus. Viele Leute behaupten jetzt, sie seien vom Dritten Prinz besessen. Doch das sind sie nicht.«

Wir fahren links an der Römerstadt vorbei und biegen auf einen kleinen Bergpfad ein. Der Weg ist uneben, wir werden durchgeschüttelt, um uns herum erheben sich Berge von großer Schönheit, sie sind bereits von frühem Schnee bedeckt. Wir fahren immer tiefer in die Berge hinein, bis das Medium plötzlich »Stopp!« ruft. »Hier ist es!« Li Jinlan springt aus dem Auto und beginnt, den Berg hinaufzuklettern. Plötzlich scheint das Alter von ihr abzufallen, sie wirkt wie eine Zwanzigjährige. Mit ihren kleinen Gesundheitsschuhen aus Kunstleder, wie sie Rentnerinnen in China so lieben, läuft sie bergan, ihre Wangen färben sich noch ein wenig röter, sie hat eine schier unglaubliche Kondition. Zheng versucht, ihr nachzufolgen, doch er rutscht immer wieder ab, er keucht, er wischt sich den Schweiß von der Stirn, er bleibt im Schnee sitzen und sagt matt: »Geht ihr, ich schaffe das nicht.«

Und sie prescht weiter voran, bis sie eine Bergkuppe erreicht. Vorne, am Rand der Klippe, erhebt sich ein kleiner Grabhügel, Steine sind davor aufeinandergestapelt, Opfergaben liegen davor. Das Medium schreitet zum Grab, aus einer Tasche zieht Li Jinlan ihre Opfergaben, Äpfel und Teigtaschen. Sie faltet die Hände zum Gebet und betet leise.

Ich gehe an den Rand der Klippe und schaue ins Land. Vor mir in der Ebene liegt weit das Grasland. Die goldenen Kuppeln der Römerstadt blitzen in der Sonne. Davor liegt das Amphitheater mit der Römerstatue, die zwei Finger erhoben hat. Links daneben das alte Dorf Liqian, das es bald nicht mehr geben wird.

Das Medium und ich lächeln uns an, wir machen uns an den Abstieg, rutschen den verschneiten Abhang hinunter. Unten wartet bereits Professor Zheng. Er sitzt auf einem Stein, er hat die Hände vor seinem Bauch gefaltet, er schaut uns an, als wolle er gleich etwas Weises sagen.

Dann aber steht er auf, zuckt die Schultern und sagt: »Wenn du daran glaubst, dass es passiert ist, ist es passiert. Sonst eben nicht.«

»*Unsere größte Ehre liegt nicht darin, dass wir niemals fallen. Sondern dass wir jedes Mal aufstehen, wenn wir am Boden sind.*«

Konfuzius

11. Die Bürgerrechtsanwältin

Ich bin zurück in Peking. Stehe in ihrer Straße. Vor ihrem Haus. Dem Haus der Bürgerrechtlerin Ni Yulan, 55. Ich könnte jetzt einfach hineingehen, es sind nur ein paar Schritte, doch ich traue mich nicht. Fürchte, das könnte ihr Ärger einhandeln. Ich schaue auf mein Handy, auf meinen Wechat-Account. Ich könnte ihr jetzt eine Nachricht schreiben, doch wahrscheinlich liest die Sicherheit mit. Ich fürchte, auch das könnte ihr Ärger bringen. Ich warte.

Vielleicht kommt sie ja zufälligerweise herausgefahren in ihrem Rollstuhl, in dem sie nur aus einem einzigen Grund sitzt: weil sie an das Recht glaubte. Weil sie verteidigen wollte, was auch in China in den Gesetzen steht, schwarz auf weiß. Weil sie tat, was als Anwältin ihr Beruf war: Menschen verteidigen.

Dafür haben Polizisten sie zusammengeschlagen. Haben die Fäuste in ihren schmalen Körper gerammt, ihn mit Ellbogen, Fäusten und Knien traktiert, sie bearbeitet, bis sie einen blutigen Zahn nach dem anderen ausspuckte. Sie haben ein Seil um ihren Körper gewunden. Drei Tage und drei Nächte lang. Sie ließen sie auf dem kalten Boden der Polizeistation liegen. Sie riefen keinen Arzt, obwohl sie doch so dringend einen gebraucht hätte. Und als sie rauskam, da sorgten sie dafür, dass kein Arzt sich traute, sie zu behandeln. Sie wollten verhindern, dass es Beweise gäbe.

Nach den drei Tagen war ihr Körper nicht mehr derselbe. Nach den drei Tagen war ihr Leben ein anderes.

Ich warte und warte, ich würde sie so gerne wiedersehen. Früher wäre ich einfach reingegangen, doch die letzten Wochen haben alles verändert. Meine Freundin und Assistentin Zhang Miao wurde verhaftet, ich werde von der Sicherheit verhört, ich muss davon ausgehen, dass Sicherheitsleute mich gerade besonders scharf überwachen. Und nach Ni Yulan haben sie mich bereits in den Verhören gefragt (siehe den Artikel »Sie haben Miao« im Anhang).

Vor etwas mehr als einem halben Jahr habe ich Ni zum letzten Mal gesehen. Sie wohnt in einem jener Hofhäuser, in dem sich viele Parteien um einen Hof drängen. Ni Yulan und ihr Mann leben ganz hinten. In zwei kleinen dunklen Zimmern, in die nur selten die Sonne dringt. Ihre wenigen Habseligkeiten passen in ein paar Schränke und Pappkartons, das bisschen, was ihnen noch geblieben ist. Ni Yulan saß in ihrem Rollstuhl in der Ecke, neben ihr saß ihr Mann. Ich war überrascht davon, wie mädchenhaft sie wirkte. Trotz all dem, was sie erlebt hatte. Sie hatte offene Augen, eine kleine Nase, schön geschwungene Augenbrauen. Ihre Gesten waren weich, lachte sie, wurde ihr Gesicht ganz jung. Sie erzählte mir ihre Geschichte ruhig und mit der Akribie der Juristin. Namen, Zahlen, Daten, sie hatte alles parat. Manchmal wirkte sie bei ihrer Schilderung so sachlich, als spreche sie über eine andere Person. Bisweilen aber legten sich Schatten über ihre Augen, wenn sie von den Tagen erzählte, die besonders schlimm gewesen waren. Und davon hatte sie viele erlebt.

Sie hätte sich für ein leichtes Leben entscheiden können. Die Voraussetzungen waren gut. Die Familie besaß ein schönes altes Hofhaus. In der Kaiserzeit waren sie einflussreich gewesen, ihre Antiquitäten hatten sie in der Kulturrevolution versteckt. Ni Yulan studierte Recht, wie schon ihr Vater. Und hätte sie nicht diesen Traum von einem Staat gehegt, in dem Recht wirklich etwas zählt, wer weiß, was alles hätte werden können. Vielleicht würde sie heute in einem schicken Haus leben. Eine Firma leiten. Viel Geld verdienen. So wie viele andere Anwälte auch.

Doch es kam anders. Im Jahr 2001 fragte einer den Vater, ob er nicht den Fall eines Falun-Gong-Anhängers übernehmen wolle. Doch der Vater war bereits alt, Ni Yulan erklärte sich an seiner statt bereit. Sie wusste, dass die Fälle der Falun-Gong-Sekte politisch höchst sensibel waren, und übernahm ihn trotzdem. Hatte nicht jeder Anrecht auf Verteidigung, und wurde das nicht auch vom Gesetz gewährt? Als sie aber von der Verhandlung heimgehen wollte, zerrten sie Polizisten von der Straße in einen Streifenwagen und schlugen sie so lange, bis ihr Gesicht geschwollen war. Eine erste Warnung.

Es waren die Jahre, in denen sich Peking auf die Olympischen Spiele vorbereitete und ein Altstadtviertel nach dem anderen abgerissen wurde – auch das, in dem Ni Yulan wohnte. Die Nachbarn baten die junge Anwältin um Hilfe. »Die Regierung hält sich beim Abriss nicht an die Regeln«, klagten sie. »Unsere Entschädigung ist viel zu gering.« Ni sagte zu. Sie machte sich keine Illusionen, sie wusste inzwischen aus eigener Erfahrung, dass China kein Rechtsstaat ist. Doch war sie Anwältin geworden, um Menschen zu helfen. Nie hätte sie geglaubt, mit welcher Härte sie für diese Überzeugung bestraft werden sollte.

Im April 2002 eilte Ni zu einer Abrissstelle, um Fotos zu machen. Sie wollte für den Prozess dokumentieren, was geschah. Ein-, zweitausend Menschen hatten sich versammelt. Als Mitglieder des Abrisskommandos ihre Kamera bemerkten, rissen sie ihr das Gerät aus den Händen, Polizisten prügelten auf sie ein. Sie zerrten Ni in den Streifenwagen, schlugen sie bewusstlos. Sie brachten sie auf die Polizeiwache, misshandelten sie drei Tage und drei Nächte lang. Sie flehte um Gnade, doch die Polizisten schlugen nur noch fester zu. »Seither«, sagte Ni mir, »habe ich nie wieder um Gnade gebeten. Dann glauben sie nur, dass du noch leichter fertigzumachen bist.«

Nach einer Pause fährt sie fort: »Wenn mich damals gleich ein Arzt behandelt hätte, könnte ich heute noch gehen.« Doch niemand holte Hilfe. Und als Ni rauskam aus dem Polizeigewahrsam, hinderten Polizisten die Ärzte ja daran, sie zu untersuchen. Es sollte keine Beweise geben.

Stattdessen wurde Ni Yulan angeklagt. Der Vorwurf lautete auf Behinderung öffentlicher Arbeiten. Sie wurde zu einem Jahr Gefängnis verurteilt, die Anwaltszulassung wurde ihr entzogen. Und damit die Existenzgrundlage.

Im Jahr 2008 wurde auch ihr Haus abgerissen. Als das Abrisskommando auftauchte, im Schlepptau die Polizei, bat Ni darum, die erforderlichen Dokumente zu sehen. Wieder schlugen die Polizisten zu. Ein Polizist rannte los, stolperte und stürzte zu Boden. Seine Kollegen sagten: »Schau, du hast ihn getreten.« Sie nahmen Ni mit auf die Wache. Schlugen, beschimpften sie. Einer pinkelte auf sie. Ni lag am Boden, eine kleine versehrte Frau, über ihr stand ein Mann, eins achtzig groß. Er sagte zu ihr: »Du hast mich in die Eier getreten.«

Wieder kam sie vor Gericht, Verurteilung zu zweieinhalb Jahren Haft wegen Provokation und Verletzung eines Polizisten. Als sie dem Richter ihre Wunden zeigen wollte, sagte er: »Das tut hier nichts zur Sache.«

Im Gefängnis verweigerte man ihr den Gehstock. Sie musste kriechen, zur Arbeit, in die Dusche, aufs Klo, die Treppen hinauf und hinunter.

Als sie aus dem Gefängnis kam, war ihr Haus weg, all ihre Habe konfisziert. Sie besaß nicht mal mehr einen Personalausweis. Ihr Mann war ebenfalls in Haft gewesen. Sie suchten eine Wohnung, doch wohin sie auch kamen, die Polizei war schon da gewesen. Sie hatte potenzielle Vermieter, Verwandte, Freunde davor gewarnt, sie aufzunehmen. Ni und ihr Mann wussten nicht, wohin mit sich. Sie schliefen im Park. Unterstützer, die ihr Schicksal aus dem Internet kannten, brachten Essen und Decken.

Wenig später stand Ni wieder vor Gericht. Die Anklage lautete auf Betrug. Die Staatsanwaltschaft warf ihr vor, dass sie ihre Unterstützer hintergangen habe: Mit falschen Informationen habe Ni im Internet Mitleid erweckt.

Sie hatten ihr alles genommen, nun wollten sie ihr auch noch die eigene Geschichte nehmen. Doch die Zeugenaussagen bei dieser dritten Verhandlung gaben nichts her, woraus sich ein Schuldspruch herleiten ließ. Ni wurde freigesprochen. Nach langer Suche fanden Ni und ihr Mann die kleine Mietwohnung, in der sie jetzt leben. Als wir sie besuchten, vor einem halben Jahr, fiel Ni Yulan das Atmen schwer, sie litt an Krankheiten, und sie brauchte Medikamente, doch sie hatte kein Geld.

Wir, Zhang Miao, die mich zum Interview begleitet hatte, und ich gaben ihr damals jeweils fünfhundert Yuan für Medikamente. Umgerechnet gerade einmal siebzig Euro, zusammen also hundertvierzig. Später, nach Zhang Miaos Verhaftung, sollte mich die Sicherheit danach fragen.

Am Ende des Interviews schoben wir Ni Yulan in ihrem Rollstuhl auf die Straße, es war ein wunderbarer sonniger Tag. Wir drehten eine kleine Runde. Sie war bezaubernd, brachte uns zum Lachen. Und ich konnte nicht fassen, was für ein unendlich starker Geist in ihrem gebrechlichen Körper steckte. Mit einem Mal aber wurde sie ernst. Sie sagte, dass sie keine große Hoffnung habe, »nicht in diesem System«, doch sie hoffe, »dass mein Opfer zumindest helfen kann, damit es ein kleines bisschen besser wird«.

Ich stehe auf der Gasse vor Ni Yulans Haus. Es ist eine alte Gasse, baumbestanden, an einer Wäscheleine baumeln Socken in ausgewaschenem Blau. Ich denke an den Herbst 2012, an die Zeit, kurz bevor Präsident Xi Jinping das Amt des Generalsekretärs der Partei und später das des Präsidenten übernahm. Wie hoffnungsvoll wir damals alle gewesen waren. Viele Intellektuelle und Künstler waren davon ausgegangen, dass Xi Jinping politische Reformen einleiten würde. War doch sein Vater ein Reformer gewesen. Xi Jinping hatte leiden müssen, als sein Vater in der Kulturrevolution gedemütigt, geschlagen und in die Flugzeugposition gezwungen worden war. Ein Mann mit dieser Geschichte, da waren sich fast alle einig, würde liberaler sein als jene, die vor ihm regierten. Wie hatten wir uns getäuscht. Xi regiert mit entschieden größerer Härte als seine Vorgänger. Er beschneidet die ohnehin kleinen Spielräume in Netz, Medien, Kultur und Gesellschaft. Viele mussten ins Gefängnis, Anwälte, Unternehmer, Journalisten, Regisseure, Dichter, ganz normale Leute. Oft ist völlig unklar, warum man sie eigentlich verhaftet hat, vielleicht standen sie einfach jemandem im Weg.

Ich würde Ni Yulan so gerne sehen, sie noch mal zum Essen einladen, denn in ein paar Tagen werde ich China verlassen. Lange stehe ich vor ihrem Haus und warte. Ein Mann auf einem Dreirad kommt vorbei, er hat Kürbisse aufgeladen, auf ihn folgen ein Scherenschleifer, ein Altmetallsammler. Schulkinder rennen singend die Gasse hinunter. Eine alte Frau mit onduliertem Haar trägt einen Einkaufskorb voller Rüben an mir vorüber. Ein rotgesichtiger Dicker schlappt vorbei, er schimpft in sein Telefon.

Nur Ni Yulan, die kommt nicht. Langsam gehe ich durch die Hutongs nach Hause, es ist nicht weit zu mir, und denke an ihr mädchenhaftes Gesicht. Denke, wie schön dieses Land wäre, wenn es nur aufhören könnte, Menschen wie sie für ihre Sehnsucht zu bestrafen.

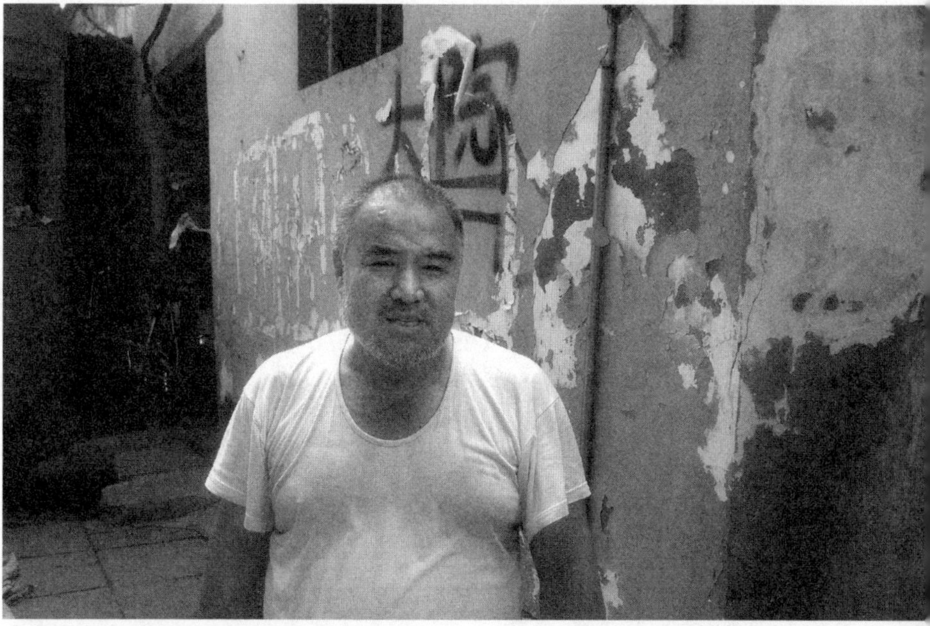

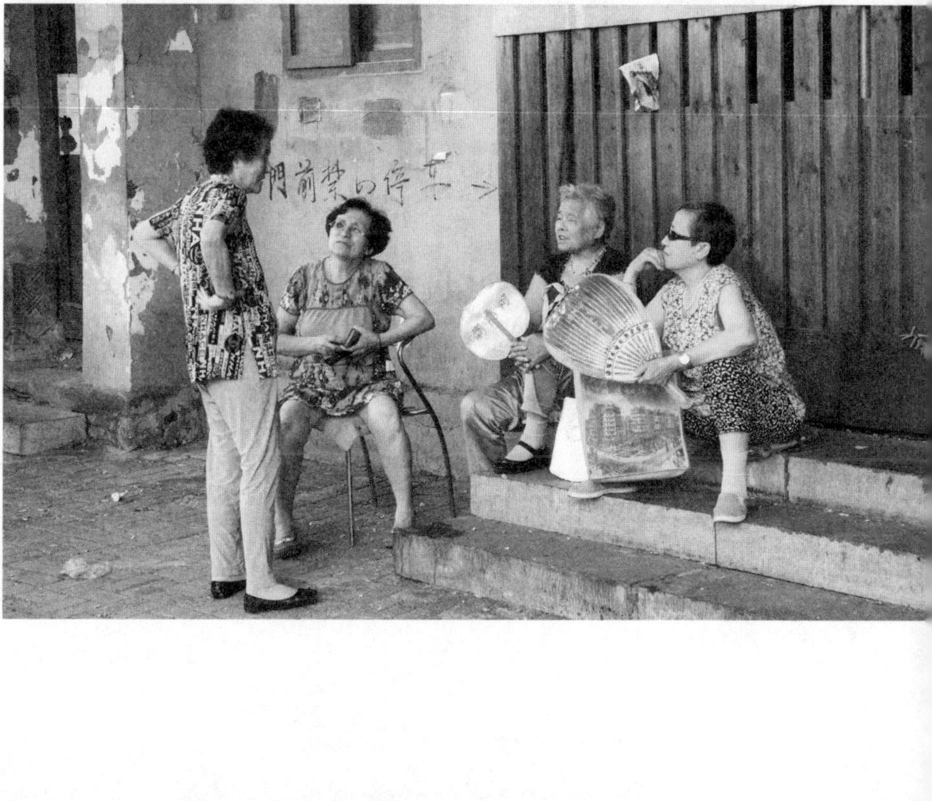

»Als er die schlammige Dreckstraße betrat, überkam ihn das Bedürfnis, auf Knie und Hände runterzugehen und den Boden zu küssen, diesen stinkenden geliebten Boden, der ihm ein Auskommen verschaffte. Xiangzi hatte keine Eltern, keine Brüder und Schwestern, ja überhaupt keine Familie, er hatte nur diese einzige Freundin: die alte Stadt. Lieber würde er hier verhungern, als es auf dem Land zu etwas bringen.«

Lao She, Rikscha-Kuli

12. Der Nachbar

Mein letzter Tag in Peking. Bin früh aufgestanden. Will noch mal durchs Viertel laufen, bevor die Freunde kommen. Koffer ins Auto laden, zum Flughafen fahren. Trete vor die Tür. Weicher weiter Morgen. Licht flutet den Platz, auf dem ein paar Alte ihre Morgenübungen machen. Ich gehe nach Norden. Laufe die Gasse hinunter, die sich links am Glockenturm vorbeiwindet. Schaue ganz instinktiv in den Winkel, in dem er immer saß. Doch er ist da nicht mehr. Der kleine Stuhl, auf dem sein schwerer Körper zu ruhen pflegte, ist verschwunden, sein Hofhaus in einer Baustelle aus Schutt und Staub untergegangen.

Ich weiß nicht mehr, wann wir uns eigentlich kennengelernt haben. Immer, wenn ich am Glockenturm vorbeilief, saß er jedenfalls schon da. Für mich ist der Glockenturm der schönste Turm Pekings. Er steht nördlich des Trommelturms, mitten auf der zentralen Achse, die Peking durchzieht. »Wir leben auf der Wirbelsäule des Drachens«, sagen die Nachbarn. Hier wurde einst die Zeit des Kaiserreichs gemessen. Wenn Trommel und Glocke ertönten, wurden die Stadttore geöffnet oder geschlossen. Der Trommelturm ist rot und mächtig, der Glockenturm bescheiden und schmal. Sein grauer Stein ist vom Wetter gezeichnet, grüne Fabelwesen zieren sein Dach. Immer, wenn ich vom Schreibtisch aufschaue, sehe ich ihn. Der Turm ist mein Peking.

Der Nachbar saß dort, wo sich die Gasse westlich um den Turm herumwindet. Er hielt die Stellung, sommers wie winters, bei Smog und strahlendem Sonnenschein, an Feier- und an Arbeitstagen. Manchmal wechselte er die Position wie eine Katze, die sich beim Dösen streckt. Mal war er halb eingenickt, den großen Kopf vornübergebeugt. Dann lag er in einer der Rikschas, in der Wanderarbeiter die Touristen herumkutschieren, eingerollt da und döste. Mal schnitt er sich in aller Öffentlichkeit die Zehennägel. Er tauchte vom Wachen ins Träumen und wieder zurück, durch unterschiedliche Zustände des Halbbewussten. Meist aber thronte er, den gewaltigen Körper auf einen winzigen Stuhl plaziert, am Gassenrand, er beugte den Oberkörper nach vorne, stützte die Hände auf den Oberschenkeln auf und beobachtete das Treiben auf der Straße. Manchmal kommentierte er es wie ein Fußballspiel für jene, die gerade vorbeikamen. Bisweilen nickte er, abgeklärt wie einer, an dem große Stürme vorbeigezogen sind. Kämpfe und politische Kampagnen, Leidenschaften, Hoffnung und Verzweiflung. Ich glaube, er kannte unsere Nachbarschaft wie kein Zweiter, er saß schließlich seit Jahrzehnten hier. Ein Chronist ohne Feder. Ein Schriftsteller ohne Roman. Ein Sitzender.

Eine Zeitlang beobachtete er nur, wie ich vorbeiging. Nach ein paar Wochen begann er mir träge zuzunicken. Irgendwann knurrte er mich mit typisch Pekinger Liebenswürdigkeit an: »Wohin gehst du?« Am nächsten Tag: »Schon gegessen?« Oder: »Was trinkst du da?« Oder: »Was ist das für ein Kerl an deiner Seite?« Oder auch: »Ist das da deine Schwester?« Er fragte es mit der größten Selbstverständlichkeit, klar hatte ihn das alles etwas anzugehen, so wie andere Nachbarn oder Rikschafahrer in meine Einkaufstasche schauen, Bananen und Pfirsiche hervornesteln und laut darüber sinnieren, ob der Preis in Ordnung geht. Anfangs hat mich das ein wenig verwundert. So wie es mich irritierte, dass in den schmalen Hutong-Gassen der Pekinger Altstadt immer alles von allen kommentiert wird. »Ah, du gehst heim?« – »Ah, du isst einen Apfel?« – »Ah, du trägst einen Hut?« Eine Zeitlang war ich ratlos. Was sollte ich auf all diese Fragen, die sich doch so offensichtlich selbst beantworteten, nur erwidern? Erwartete man Esprit und Schlagfertigkeit von mir? Bald lernte ich: Es ist alles ganz einfach. Small Talk auf der Gasse ist die leichteste Sache der Welt. Ich antwortete: »Ja, ich esse einen Apfel«, »Ja, ich gehe nach Hause«, »Ja, ich trage ein Ganzkörperhasenkostüm«, und die nachbarschaftliche Harmonie war hergestellt.

Im Winter trug der Nachbar einen grünen Militärmantel, im Sommer ein weißes Unterhemd. Seine Füße steckten in alten Schlappen. Man brauchte nicht viel Beobachtungsgabe, um zu erkennen, dass er wenig Geld hatte. Wurde es richtig heiß, verließ er seinen Platz im Schatten des Robinienbaumes nicht. Er schlang ein Handtuch um seinen Kopf, stemmte seine Hände auf die Knie und sah dann aus wie der Bauernführer aus dem Modelldorf Dazhai, das in den 1960er Jahren in unzähligen Propagandafilmen verklärt wurde.

Wenn ich ihn so sah, sagte ich immer den Propagandaspruch: »学大寨 – Xue Dazhai«, »von Dazhai lernen«, und er knurrte zurück: »Pah, was gibt's da schon zu lernen?«

In den ersten Monaten unseres Kennenlernens flogen nur kurze Sätze zwischen uns hin und her, schnell im Gehen Dahingesagtes. Er stand unter der Robinie, einen Stock in der Hand, und ich fragte: »Was machst du jetzt damit? Leute verprügeln?«

Und er sagte: »Pass auf, sonst verprügle ich dich!«

»Dann lauf ich weg.«

»Und ich hinterher.«

Ich lachte: »Mich holst du im Leben nicht ein.«

Er schaute auf seinen dicken Bauch, über dem das weiße Unterhemd spannte, und sagte: »Mmmm, da magst du recht haben.«

Lautmalerisch exakter wiedergegeben sagte er: »Da magst du rrrrrrrrrrrrecht haben!« Denn er spricht Pekingerisch, und das heißt, dass die meisten seiner Sätze auf einem tief grollenden Rrrrrr reiten. Das Pekinger Rrrr ist mit dem deutschen R in nichts zu vergleichen. Es entspringt in den Untiefen des Unterbauches, nimmt seinen Weg durch den ganzen Pekinger – je dicker der Mensch, desto größer der Resonanzkörper – und bricht sich schließlich in einem Donnerhall Bahn, der mich anfangs aufschrecken ließ. Natürlich ist es unmöglich, mit einem derart rollenden Rrrr sanft zu säuseln, der Pekinger ist daher logopädisch dazu verurteilt, zu knurren. Er tut dies in allen Gemüts- und Lebenslagen. Der Pekinger vermag es sogar, *zärtlich* zu knurren.

Gelernt habe ich das von Frau Wang, der Nachbarin direkt neben mir. Sie hat früh beide Söhne verloren und daher viel knurrige Mütterlichkeit für mich übrig. Sie schimpft mich, wenn ich zu spät nach Hause komme. Sie schimpft mich, weil ich mir so selten daheim etwas koche. Sie schimpft mich, weil ich die Zitronenbäume in meinem Hof nicht genug gieße. Sie schimpft mich tagtäglich, zärtlich und voller Gutmütigkeit. Manchmal klopft sie mir auf der Gasse auf den Po, lacht ihr rasselndes Lachen und knurrt das Pekinger Äquivalent von: »Bist a fesches Madl«, wie es die Münchner sagen würden. Man muss die nicht gerade übermäßig überschwenglich ausfallenden Sympathiebezeugungen nur zu lesen wissen.

Einmal, wir kannten uns schon ein paar Jahre, habe ich dem Nachbarn feinen Tee geschenkt. Ich sah, dass er gerührt war, doch er wollte es nicht zeigen, also nahm er nur das Päckchen in seine Pranken und knurrte: »Aha, Tee.«

Irgendwann sagte er mir seinen Namen. Meng Fanrui.

Alles an ihm ist groß. Seine Hände und Füße, sein Bauch, sein Kopf. Schlurfte er in seinen Plastikschlappen durchs Viertel, ein wenig wankend und mit leichten O-Beinen, erinnerte er mich an einen Bären. Das weiße Haar kurzgeschoren, trägt er einen Sieben- oder Zehn-Tage-Bart. Er hat ungewöhnlich viel Bart für einen Chinesen. Seine Augenbrauen sind dicht, seine Nase ist hoch. Ich mag seine Augen. Sie sind von hellem Braun, heller als die der meisten Chinesen. Es liegt eine feine Melancholie darin, so viel zarter, als der Rest seines Körpers vermuten ließe. Manchmal stand sie so sehr im Gegensatz zu dem, was er sagte.

»Pah«, machte er oft, winkte ab, zog die Schultern hoch, als sei ihm alles egal, doch wenn ich in seine Augen sah, wusste ich, dass dem nicht so war.

Ich fragte ihn, ob er zu der Minderheit der Hui-Muslime gehöre, wegen des Barts, der Nase und der Augen. Viele hier im Viertel sind Hui, arabische Schriftzüge hängen über ihren Toren. Einst stand hier eine große Moschee, die in der Kulturrevolution geschleift wurde. Nein, er ist Han, gehört also zur großen Mehrheit in China.

Einmal suchte ich nach ihm und fand ihn bei sich zu Hause. Nur ein paar Schritte von seinem kleinen Thron entfernt. Er bewohnte zwei kleine Zimmer, die nachträglich in ein mächtiges Hoftor eingelassen worden waren. Noch immer konnte man sehen, dass das hölzerne Tor fein gearbeitet war, es trug schöne Schnitzereien, einst musste dies hier ein edles Anwesen gewesen sein. Dann aber drängten immer mehr Menschen nach. Seit den 1960er Jahren siedelten viele Menschen nach Peking um, sie zogen in die einst großzügigen Anwesen, bauten Verschläge, Zimmer, Ab-

lagen in jeden freien Winkel. Und die Struktur des einstigen An-
wesens verfiel, verschwand hinter den unzähligen Anbauten.
Eine kleine Küche grenzte direkt an die Zimmer, die Meng Fanrui bewohnte, sie hatte einen Wasseranschluss, den alle Bewohner des Hofes zum Waschen und Kochen benutzten, das Klo lag
draußen auf der Straße.

Er lebte allein in seinen beiden Zimmern, das heißt, er teilte
sie sich mit dem Chaos. Die Fenster waren mit Fliegengittern
und Sonnenblenden überklebt, drinnen war es ganz dunkel. Da
er nicht genug Schränke besaß, hatte er einfach alle Dinge
aufeinandergestapelt. Ein Stapel Handschuhe, einer voller Hem-
den, Pullis, alter Schuhe, doch die Stapel fielen in sich zusammen, es sah aus, als lebte er in einer Altkleidersammlung. Alte
Zeitungen, leere Flaschen, alles Mögliche war auf dem Boden
verstreut. Hier war er geboren, hier hatte er die sechzig Jahre
seines Lebens verbracht. Seine beiden kostbarsten Besitztümer
waren, soweit ich das beurteilen konnte, ein alter Fernseher und
ein rotes Klapprad. Mit dem radelte er manchmal durchs Viertel
und sah dann irgendwie ganz jung und dynamisch aus.

Eines Nachts entdeckte ich, dass er beim kleinen Lammspießgrill
um die Ecke arbeitete. Die Nachtschwärmer stärkten sich dort
gerne, wenn sie aus den Clubs gegenüber herausgetorkelt kamen.
Der Lammspießgrill lag direkt vor dem Eingang eines Kiosks, der
vierundzwanzig Stunden geöffnet hatte. Lammspießgrills wie
diesen gibt es überall in der Stadt. Ein Grillmeister bearbeitet
dort schwitzend seinen kleinen Grill. Um ihn herum stehen ein
paar Plastiktische und Plastikstühle, dort verbringen wir unsere
Pekinger Sommer. Wir lauschen den Pekinger Geschichten und
Gerüchten, trinken Bier und schauen den Menschen auf der
Straße zu, während wir unsere mit scharfer Sauce, Kreuzküm-
mel und Chili gewürzten Spieße verzehren: Lammfleisch, Tofu,

Auberginen, Pilze, Süßkartoffeln, Oktopus. Es ist ein großes Vergnügen, und die ein, zwei oder drei Yuan, die ein Spieß kostet, kann sich wirklich noch der ärmste Schlucker leisten.

Der Nachbar kehrte die kleinen Plastiktische und -stühle ab, räumte die Bierflaschen weg, fegte den Boden. Meist aber saß er einfach nur auf seinem winzigen rosafarbenen Plastikschemel, schaute und döste. Eines Nachts, ich war gerade bei einem nächtlichen Kioskeinkauf, wies er auf den Plastikschemel neben sich und sagte: »Setz dich.« Vor ihm stand eine Eineinhalb-Liter-Flasche Eistee, aus der er mir wieder und wieder nachschenkte. Es war eine schwüle Sommernacht, wir redeten, bis der Morgen graute.

Er erzählte mir von seiner Kindheit. Damals gab es in Peking noch so gut wie keine Autos, die Kinder rannten kilometerweit durch das endlose Gewirr der Gässchen.

Seine Eltern waren Bauern aus Baoding, einem Ort im Süden von Peking. Doch ihr Feld war sehr klein, es reichte nicht, die vielen Münder zu stopfen, also zogen sie nach Peking, gleich in jene Gasse, die sich links um den Trommelturm windet. Zwei Erwachsene und sieben Kinder lebten in den beiden kleinen Zimmern. Der Vater verkaufte Holzbriketts, die Mutter kümmerte sich um die Kinder. Arm waren sie. »Es gab so gut wie nie Fleisch, wir aßen Weißkraut, Weißkraut, Weißkraut.«

Meng ist nicht lange zur Schule gegangen. Als er mir einmal seinen Namen und seine Telefonnummer auf einen Zettel kritzelte, brauchte er lange dafür. Er malte die Zeichen langsam, konzentriert. Er schaute eine Weile auf den Zettel, verbesserte sich dann, »das Fan in meinem Namen ist doch ein anderes«. Einige Zeit arbeitete er auf einem Gemüsemarkt, er hievte Wasserflaschen, riesig große Wasserflaschen, bis es den Markt irgendwann nicht mehr gab und seinen Job auch nicht. Seitdem saß er vor seinem Häuschen.

Seit dem Abend, den wir gemeinsam teetrinkend verbrachten, sprachen wir immer länger. Einmal, als wir im Sommer gemeinsam unter dem Baum standen und das Zirpen der Grillen an- und abschwoll, fragte ich ihn, ob er jemals verheiratet gewesen sei.

»Pah«, machte er. »Wer will denn einen armen alten Schlucker wie mich schon heiraten?«

»Ach«, sagte ich, »sei nicht so pessimistisch. Sechzig ist kein Alter, leg dich ins Zeug, so jung kriegst du keine mehr.«

Er legte den Finger an seinen breiten Kopf, als würde er angestrengt überlegen, und sagte: »Ja, vielleicht hast du recht. Vielleicht sollte ich mich wirklich mal ins Zeug legen.«

An einem Abend ein paar Wochen später, ich kam gerade von einer Party nach Hause, sah ich ihn ganz allein auf einem Plastikschemel am Lammspießgrill sitzen. Es war schon spätnachts. Er schaute auf die Straße vor sich, als wäre sie ein tiefer Fluss, und wirkte in dem Moment wie der einsamste Mensch der Welt. Ich nahm mir einen Schemel und schob ihn sachte neben seinen.

»Geht's dir gut?«, fragte ich.

»Mamahuhu«, sagte er, also: »So lala.«

»Warum schläfst du nicht?«, fragte ich.

»Kann nicht schlafen«, brummte er. »Zu viele Gedanken.«

Eine Weile saßen wir schweigend da und schauten auf die Straße.

»Hast du eigentlich einen Traum?«, fragte ich ihn irgendwann ganz leise.

Und er sah mich an, weich die Augen, und sagte mit einer Ruppigkeit, die nicht dazu passen wollte: »Was haben kleine Leute wie ich schon zu träumen?«

Manchmal fragte ich mich, ob er sich nicht fühlen musste wie eine aussterbende Art in der neuen Welt der Schnellen, Hastigen, Zielstrebigen. Sie kamen in Bussen in sein Viertel, polterten die Gasse in Rikschas entlang, machten Fotos von ihm, wie er dasaß, so pittoresk. Beamte und Immobilienunternehmer gingen durch die Gassen und machten Pläne, und wenn sie Mengs Haus anschauten, dann sahen sie nicht das fein geschnitzte Holztor darüber, sondern die vielen, vielen Yuan, die ein Quadratmeter des Grundes, auf dem er lebte, ohne viel dafür zu zahlen, einbringen könnte. Eine neue Welt drang ins Viertel ein, und man konnte schon ahnen, dass sie die seine eines Tages überrollen, abwickeln, planieren würde.

Ich könnte ihm ewig zusehen beim Sitzen. Es gibt heutzutage wenige Menschen, die noch so sitzen können wie Herr Meng. In diesem meditativen halbgenießerischen Zustand, in dieser völligen Absichtslosigkeit, ganz ohne Langeweile. Er sitzt und lässt das Leben an sich vorbeiziehen, nur manchmal ruft er einem Passanten zu: »Wohin des Wegs?« Oder: »Schon gegessen?«

Früher war der müßig sitzende Mensch ein weit verbreitetes Phänomen, heute findet man ihn fast nur noch an abgelegenen Ecken, an denen die dauerpiepsende Hektik noch nicht angekommen ist. Auf den staubigen Straßen von Mandalay in Myanmar habe ich viele Sitzende gesehen, deren Augen träge die zeitlupenlangsam streunenden Hunde verfolgten. Man setzt sich dazu und beginnt Dinge wahrzunehmen, die vorher in der Geschäftigkeit untergegangen sind. Wind streichelt das Haar. Ein merkwürdiger Vogel ruft. Es riecht nach Magnolien und Holzkohle.

Ein wahrhaft Sitzender weiß, dass es dabei um so viel mehr geht als darum, das eigene Hinterteil auf einen Stuhl zu plazieren. Es ist ein Lebensweg, eine Philosophie, die, so schreibt der bereits zitierte Lin Yutang, die Vorzüge der Camouflage feiert, die Weisheit des Narren, die Stärke des Schwachen, die Einfachheit des wahrhaft Kultivierten. »Die Grundlage des chinesischen Pazifismus liegt in der Bereitschaft, temporäre Verluste hinzunehmen und den richtigen Augenblick abzuwarten. Dem Glauben daran, dass in einer Natur, die den Gesetzen von Aktion und Reaktion folgt, keiner einen dauernden Vorteil dem anderen gegenüber hat. Keiner immer der *dumme Narr* sein wird.« Das Schicksal gibt und nimmt. Der Weise wartet, bis sein Moment gekommen ist.

Nur, würde dieser Moment für einen wie Herrn Meng jemals eintreten? Oder hatte diese Philosophie ausgedient in einem Zeitalter, in dem alle Welt voranstürmt, als gäbe es kein Morgen?

Während er noch saß, veränderte sich die Welt um ihn herum.

Seit langem kursierten Gerüchte, dass unser Viertel abgerissen werden sollte. Wir hatten sie so oft gehört, dass wir nicht mehr viel darauf gaben. Wir lebten von Tag zu Tag in dem dumpfen Wissen, dass bald alles vorbei sein könnte. Jedes Jahr, in dem die Abrissbagger nicht heranrollten, war ein geschenktes Jahr. Wir genossen die Zeit, die uns noch blieb, denn das Trommelturmviertel war ein wundervolles Viertel. Ein Gewirr aus verwinkelten Gassen, Hofhäusern mit geschwungenen Dächern, über denen die Baumspitzen hervorragten. Datteln und Quitten, Eschen, Robinien und Gingkos. Hier zu leben war für die meisten Anwohner nicht unbedingt bequem, die einst geräumigen Hofhäuser waren meist hoffnungslos überbelegt und bisweilen ziemlich heruntergekommen, die meisten Nachbarn mussten die öffentliche Toilette draußen benutzen. Und doch gab es hier etwas Unbezahlbares. Wir lebten in einem Dorf mitten in einer Stadt, in der Millionen Unbekannte tagtäglich aneinander vorbeihasteten. Im Trommelturmviertel kannten wir uns. Alle paar Meter rief jemand hallo oder verwickelte einen in ein Gespräch. Herr Xu riss sein Hemd hoch und zeigte mir die Narben seiner Herz-OP. Herr Li, der ein bisschen verrückt war, wollte mir eines seiner neuesten Sprichwörter vortragen. Oder etwas auf seiner Flöte vorspielen. Herr Bai zeigte mir seinen Vogeltrick, der Vogel änderte auf seinen Befehl hin mitten im Flug die Bahn und steuerte zu ihm zurück. Die Rikschafahrer lobten den neuen Mantel oder halfen mir, meine Koffer in den Hof zu tragen, wenn ich von einer Dienstreise zurückkam. Einer von ihnen war sehr auf mein Schuhwerk bedacht, er selbst trug zwar die typischen Lederschlappen, ermahnte mich aber stets, elegante Schuhe zu tragen. »Mädel, das mit den Flipflops sieht doch nicht aus«, rief er mir Tag für Tag über den halben Platz zu.

Trug der chinesische Dattelbaum in meinem Hof Früchte, kletterten frühmorgens Männer auf meine Mauer, riefen »Errrnteeeee« und schlugen mit Stöcken auf den Baum ein, bis die Datteln herunterpurzelten und der Boden unter einem Teppich aus Datteln verschwand. Die Frauen der Nachbarschaft schwärmten in meinen Hof und begannen zu sammeln. Wir kauerten auf dem Boden, scherzten und tauschten Dattelrezepte aus. In den nächsten Tagen brachten mir die Nachbarinnen im Gegenzug die Ernte aus ihrem Hof vorbei: gelbe Granatäpfel und Persimonen.

Immer war hier im Viertel etwas los. Frühmorgens, ich lag noch im Bett, hörte ich schon die fahrenden Händler. Der Messerschleifer ließ seine Klingen sausen, der Altwarensammler rief »Kongtiaaaaaaoooooooo, Diannaoooooooooo«, also: »Klimaanlagen« und »Computer«. Die Nachbarn unterhielten sich vor meinem Fenster darüber, wer gerade krank war, was der Kohl kostete und was sonst noch im Viertel passierte. Ich lag in meinem Bett und ließ mich von ihrem Gerede aus dem Halbschlaf in den Tag hineinwiegen.

Das Viertel wurde in mehreren Schichten »bespielt«. Morgens gehörte es den Frühaufstehern, den fahrenden Händlern, den alten Frauen, die sich um sechs Uhr in die Morgensonne setzten. Tagsüber kamen die Touristen. Sie ließen sich in Rikschas um das Viertel fahren, kutschiert von Wanderarbeitern aus allen Teilen des Landes, die ihren Fahrgästen meist Abenteuerliches über die Geschichte Pekings erzählten. Radelten sie nicht gerade Touristen herum, lagen sie in ihren Rikschas wie eingerollte Katzen, sie dösten, sie daddelten mit dem Handy, sie spielten Karten und Mahjong. Sie registrierten jede kleinste Bewegung in ihrem Umfeld mit seismischem Gespür und kommentierten sie ausgiebig.

Waren die Touristen weg, kamen die Nachbarn wieder hervor. Der Platz zwischen Glocken- und Trommelturm war der belebteste Pekings. Kinder ließen Murmeln rollen, spielten Feder- und Fußball, Nachbarn führten ihre Hunde aus, man ratschte, man rannte, man vertrieb sich die Zeit, saß und genoss, während langsam die Sonne unterging. Jetzt war die Stunde der Frauen gesetzteren Alters gekommen, die überall in China öffentliche Plätze betanzten. Sie drehten die Musik auf Anschlag, chinesischer Stampftechno, dazu hüpften und sprangen sie im Takt – gleichförmig alle in Reihen mit einer selbsternannten Vortänzerin. Auf dem Platz vor dem Glockenturm wurde Techno getanzt, auf dem Platz dahinter drehten sich die Paare zu Tango.

Waren die Frauen nach Hause zurückgekehrt, begann die Stunde der Nachtschwärmer. In den Gassen des Viertels fanden sich viele Bars, eine Kunstbar, ein Liveclub, ein versteckter Billardclub ohne Schild und Namen, illegale Mahjonghöllen. Nachts saßen Paare auf dem Platz und sahen zu, wie der Mond hinter dem Trommelturm hervorkroch.

Und es gab noch die anderen Bewohner. Die Hutong-Katzen, die Marder, die Elstern und Stare, die Vögel mit dem blauschwarzen Gefieder, deren Namen ich nicht weiß. Bisweilen saß ein entflogener Wellensittich auf meinem Dattelbaum.

Manchmal war mir, als würde mein Viertel schweben. Wenn die Luft ganz klar war und die Baumwipfel rauschten, wenn die Grillen zirpten und die Tauben hoch am Himmel kreisten. Die Taubenzüchter binden den Tieren kleine Flöten an die Krallen, es entsteht ein eigenartiges surrendes Geräusch, es ebbt auf und ab. Es ist der Klang von Peking.

Wenn Smog bleiern über der Stadt lag, wenn ich wieder Stunden im Stau gestanden hatte, wenn mich Staatswillkür und blöde Bemerkungen aufgeregt hatten, kurzum: Wenn mir Peking wie eine einzige in Beton gebaute Zumutung erschien, haben mich zwei Dinge immer gerettet. Erstens: die göttliche chinesische Küche. Zweitens: all die Momente des Lachens, Plauderns, Scherzens. Es gibt in China Millionen Dinge, über die man sich täglich aufregen kann und oft auch muss. So vieles ist nicht perfekt, und trotzdem oder gerade deswegen haben sich viele die Fähigkeit erhalten, zu lachen, wenn es nur irgendwas zu lachen gibt. Und am besten darin sind gerade oft jene, die doch eigentlich am wenigsten zu lachen hätten, die Wanderarbeiter, die Klomänner und -frauen.

»Ich gehe nicht«, sagte mein Nachbar Herr Meng. »Ganz sicher nicht.« Und kreuzte die Arme vor seiner Brust.
   Der Wandel kam schleichend. An einem Tag vor zwei Jahren sah ich plötzlich ein Rudel Männer, die die Häuser rings um den Platz vermaßen.
   »Was macht ihr da?«, fragte ich.
   »Messen«, sagte einer mit einer Kappe.
   »Warum?«, fragte ich.
   »Der Platz ist zu klein.«
   »Und?«
   »Wir wollen die Häuser ein wenig nach außen schieben.«

»Nach außen schieben? Ihr meint wohl abreißen?«

Er wehrte ab, schüttelte den Kopf. »Nein, nein, nein, von Abriss kann gar keine Rede sein. Nur ein wenig nach hinten schieben. Renovieren.« Er lächelte. »Mach dir keine Sorgen.«

»Ich mache mir aber Sorgen.«

»Das solltest du nicht, alles wird gut.« Er strahlte übers ganze Gesicht.

Wenn ich Herrn Meng traf, redeten wir jetzt immer öfter über die Gerüchte, die im Viertel die Runde machten.

Herr Meng interessierte sich für Architektur, für die Bauvorhaben in seiner Stadt. Manchmal fuhr er mit seinem roten Rad hin und schaute sich das an. Er war aufgeschlossen für Neues, liebte aber die traditionelle Architektur am meisten. »Man sieht sich nicht satt daran. Den Glockenturm schaue ich mir seit Jahrzehnten an, und mir wird nicht langweilig dabei.«

Manchmal erzählte ich Herrn Meng von unseren Jagden. Wochenende für Wochenende zog ich mit einer Freundin aus, die Architekturarchäologin war und Pekings Altstadt kannte wie keine Zweite. Wir nannten es »Kulturrelikte jagen«. Wir stöberten verfallene Ming-Tempel in Hinterhöfen auf, entdeckten die alten Bordelle der Republikzeit. Staksten durch den alten Garten eines Prinzenanwesens, der beinahe komplett unter einer Fabrik verschwunden war. Fanden den daoistischen Tempel im Hof eines Plattenbaus, den jetzt ehemalige Post-Mitarbeiter bewohnten. Fast immer, wenn wir unterwegs waren, lernten wir Menschen kennen. Sie waren stolz darauf, historische Gebäude zu bewohnen, sie zeigten uns verwitterte Inschriften und alte Chroniken, sie luden uns zu sich nach Hause ein. Sie schilderten die Geschichte ihrer Häuser. Hier lebte die Konkubine des Generals, dort war die alte Jungenschule. Sie erzählten aus ihrem eigenen Leben.

Und je öfter ich unterwegs war, desto näher wurde mir diese einzigartige Stadt, in der sich alle paar Schritte die Geschichte offenbarte, zumindest dem, der sie zu lesen weiß. Und je mehr ihrer Geheimnisse mir diese Stadt anvertraute, desto mehr lernte ich sie zu lieben, dieses Peking, das doch jeden Tag ein bisschen mehr verschwand. Zu etwas ganz anderem wurde.

Peking war einst ein einzigartiges Stadtensemble. Angelegt wie ein Schachbrett, strebte es danach, die Gestirne zu spiegeln, die kosmischen Energien zu kanalisieren, um die Einheit von Himmel und Erde zu gewährleisten. Als Mao Zedong 1949 vom Tor des Himmlischen Friedens aus die Gründung der Volksrepublik erklärte, schaute er auf eine Stadt, die sich in ihrer Struktur seit der Ming-Dynastie nicht groß geändert hatte. Ihm aber missfiel, was er sah. Er verlangte »eine Stadt voller Fabrikschlote zu sehen, Fabrikschlote, so weit das Auge reicht«.

Der Architekt Liang Sicheng bekniete ihn, doch zumindest die alte Stadtmauer stehen zu lassen. Liang, der Sohn eines bekannten Reformers, hatte in den USA studiert, er war der Erste, der die traditionelle chinesische Architektur systematisch erforschte. Gemeinsam mit seiner glamourösen Frau Lin Huiyin bereiste er auf Ochsenkarren und Eseln das Land, auf der Suche nach vergessenen Tempeln, von denen sie vom Hörensagen wussten. Liang schlug vor, die Stadtmauer zu begrünen, sie in einen öffentlichen Park zu verwandeln. Ein außerordentlich moderner Gedanke, er nahm das Konzept des Skyline Park in New York quasi vorweg. Das neue Peking sollte außerhalb der Stadtmauern gebaut werden, die Altstadt hätte in großen Teilen erhalten werden können. Doch Mao befahl, die Stadtmauer zu schleifen. Als Liang davon hörte, stieg er des Nachts auf die Stadtmauer und weinte. In der Kulturrevolution wurde er elend von Rotgardisten malträtiert, er starb krank und vergessen. Bis zum letzten Tag bemühte er sich, zu begreifen, warum ihn die Partei verstoßen hatte. Heute wird Liang in China verehrt, seine Residenz wurde trotzdem vor ein paar Jahren abgerissen. Auf den allgemeinen Protest hin erklärte ein Beamter, es handele sich dabei »um eine Restaurierung durch Abriss«.

Doch wenngleich Mao viel abreißen und bauen ließ, standen bis in die 1980er Jahre hinein weite Teile der Altstadt noch. Der massenhafte Abriss begann in den neunziger Jahren und erreichte vor den Olympischen Spielen seinen Höhepunkt. Ganze Stadtteile wurden dem Erdboden gleichgemacht. Auch in Peking gibt es Denkmalschutz, tatsächlich geschützt sind aber nur wenige historisch bedeutende Häuser. In einem historischen Altstadtviertel wie dem Trommelturmviertel darf abgerissen werden, solange historisierend wieder aufgebaut wird. Historisierend aber kann vieles sein, zum Beispiel eine dreistöckige Starbucks-Filiale mit pseudohistorischem Stuck.

Vor allem aber werden nicht mehr dieselben Menschen in den neuen alten Häusern dort leben. Weite Teile der Innenstadt sind noch immer von armen Menschen besiedelt, die wenig bis fast nichts für ihre Wohnungen zahlen, während die Quadratmeterpreise sonst in der Stadt in astronomische Höhen klettern. Für Stadtverwaltung und Immobilienunternehmer bietet es sich an, diese armen Menschen an den Rand der Stadt zu verfrachten und die wertvollen Grundstücke in der Innenstadt »richtig« zu nutzen. Für sie ist die besondere Lebensweise, die die Pekinger Hutong-Kultur ausmacht, ein Zeichen von Rückständigkeit. Sie wünschen sich ein strahlendes Peking, eines, das sich die eigene Geschichte am besten gleich mit neu erfindet. Glorreich, glänzend, ohne Brüche und Wunden, so wie es sich die Regierung von der Zukunft erhofft.

In diesem Sinne erschien etwa ein Jahr nachdem ich die messenden Männer auf dem Platz gesehen hatte, eine Meldung der staatlichen Nachrichtenagentur Xinhua: Der Trommelturmplatz, hieß es darin, sei zu Zeiten der Qing- und Ming-Dynastie am großartigsten gewesen. Dann aber sei er unglücklicherweise zugebaut worden. Es ginge jetzt darum, an alte Größe anzuknüpfen, ihn wiederherzustellen.

Ich erzählte Herrn Meng davon.

»Absurd. Die sagen, dass sie etwas wiederherstellen wollen, wenn sie es doch abreißen wollen.«

Ich hatte ein altes Foto aus der Qing-Dynastie gefunden, das ich ihm zeigte. »Schau mal, der Platz war früher genauso groß.«

In den sozialen Netzwerken machte sich Empörung breit. Das Trommelturmviertel war eines der historisch bedeutsamsten der Stadt, viele Menschen interessierten sich dafür. Die Regierung wusste, dass sie diesmal besonders vorsichtig vorgehen musste. Langsam und sachte. Ich fragte einen Freund von mir, der Stadtplaner war, ob er die Pläne für das Viertel für mich einsehen könne. Laut Gesetz müssen diese nämlich ein paar Monate vor Projektbeginn öffentlich gemacht werden, nie aber sahen wir Bewohner auch nur den Fitzel eines Planes. Die Regierung hatte gelernt. Als sie ein paar Jahre zuvor den Plan für den Umbau unseres Viertels publik gemacht und die sogenannte »times cultural city« vorgestellt hatte, war die Empörung groß gewesen. Hatte der Plan doch ein unterirdisches Museum mit Luxusuhrengeschäften, Shoppingmalls und mehrstöckigem Parkhaus vorgesehen. Diesmal sollte kein Mucks nach außen dringen.

Spitzel gingen jetzt im Viertel auf die Pirsch. Kameras wurden installiert. Gemeinsam mit Freunden beschlossen wir, eine Runde bei mir im Wohnzimmer zu veranstalten. Wir luden interessierte Nachbarn, Architekten, Kulturschützer, Journalisten, ja selbst einen Beamten ein, um zu diskutieren. Herrn Meng fragte ich natürlich auch.

»Pah«, machte der, »redenredenreden, was soll das bringen? Nichts als Ärger.«

Die Diskussion an diesem Abend war ausgesprochen lebhaft, einige chinesische Freunde beklagten sich aber, dass es zu unorganisiert gewesen sei.

»Ihr müsst erst eine Entscheidung treffen und dann abstimmen lassen.«

Ich lachte. »Aber das wäre doch dann gar nicht demokratisch.«

»Egal«, sagten sie und lachten, »aber vielleicht geht dann was voran.«

Trotzdem waren alle begeistert. Im Netz diskutierten wir weiter, wir planten eine Folgeveranstaltung. Erfuhren aber schon bald über Umwege, dass die Staatssicherheit unsere Veranstaltung als »Verschwörung unter Beteiligung ausländischer Kräfte« eingestuft hatte.

»Lassen wir das lieber«, sagte eine Freundin. »Die Nachbarn bekommen sonst nur Ärger.«

Schon bald fuhren kleine Vermessungswagen durch unsere Gassen. Wir fragten die Fahrer, wer sie seien, was sie wollten, sie aber sagten kein Wort und fuhren schnell weg. Das Umsiedlungsbüro zog in ein paar Häuser am Platz, oft sahen wir jetzt Beamte durchs Viertel eilen. Die Gerüchte wurden immer lauter, keiner aber wusste Konkretes.

Eines Tages hingen plötzlich Anschläge auf dem Platz und in den Gassen. Darauf notiert waren Straßennamen und Hausnummern, es war genau aufgelistet, welche Häuser renoviert, welche teilrenoviert werden sollten. Nirgends stand etwas von Abriss. Vor den Anschlägen versammelten sich die Nachbarn und diskutierten, an jeder Ecke bildeten sich solche Trauben, unser Viertel war ein einziger diskutierender Organismus. Die Floskel, mit der man sich jetzt begrüßte, war nicht mehr das traditionelle »Hast du schon gegessen?«, sondern: »Gehst du oder bleibst du?«

Es gab eine rote und eine blaue Linie. Die Häuser bis zu der roten Linie mussten abgerissen werden, die Nachbarn waren gezwungen, umzusiedeln. Die rote Linie zog sich direkt um die beiden Plätze herum. Die Nachbarn, die innerhalb der blauen Linie, ein bisschen vom Platz entfernt, lebten, sollten selbst entscheiden können, ob sie bleiben oder gehen wollten. Das Haus, in dem Herr Meng wohnte, lag innerhalb der roten Linie, meines innerhalb der blauen.

Als ich ihn das nächste Mal sah, war er aufgeregt. Äußerlich gab er sich cool, und doch merkte ich, dass es in ihm flatterte. »Ich gehe nicht, ich gehe auf keinen Fall«, sagte er und runzelte die Stirn. »Und bei dem, was sie zahlen, schon dreimal nicht.«

Den Anwohnern sollten Wohnungen in zwei Vierteln Pekings angeboten werden, eines lag hinter dem dritten Ring, das andere weit außerhalb der Innenstadt. Die Entschädigung für die alten Häuser aber war viel zu gering angesetzt, es war nur ein winziger Bruchteil des ortsüblichen Marktpreises. Zudem sollte nur die um 1950 registrierte Wohnfläche veranschlagt werden, tatsächlich hatten aber fast alle seither angebaut.

Viele waren deshalb stocksauer. Die Umsiedlung selbst sahen die Nachbarn ganz unterschiedlich. Einige freuten sich, endlich eine moderne Wohnung mit Dusche, Toilette und eigener Küche zu haben. »Ich zähle die Tage, bis ich endlich aus dem Loch hier ausziehen kann«, sagte eine junge Nachbarin zu mir. Andere wollten nicht weg, weil sie die Menschen in der Nachbarschaft kannten und schon immer hier gelebt hatten. Sie fürchteten sich vor der Anonymität der modernen Hochhäuser. »Was sollen wir da draußen, das ist am Ende der Welt«, sagte meine direkte Nachbarin Frau Wang. »Außerdem ist es gut, in einem Hofhaus in Erdnähe zu leben. Das ›地气 – Diqi‹, die Erdenergie, macht, dass du nicht krank wirst.«

Oft saß ich in jenen Tagen bei den Nachbarn und hörte ihnen zu. Ich war neugierig, ob sie beginnen würden, kollektiv mit dem Umsiedlungsbüro zu verhandeln. Schließlich kannten sich die Menschen hier zum Teil seit Jahrzehnten. Würden sie kollektiv verhandeln, wäre es ihnen vielleicht möglich, bessere Konditionen herauszuschlagen. Doch soweit ich das beobachten konnte, versuchte es keiner. Stattdessen spielte das Umsiedlungsbüro die Nachbarn gegeneinander aus. »Wenn ihr wartet, werden die anderen die tollen Wohnungen bekommen, und ihr werdet nur noch die schlechten abkriegen. Geht lieber gleich, schaut auf euren eigenen Vorteil«, sagten die Beamten.

Immer mehr Nachbarn gingen. Früh am Morgen beobachteten wir, wie sie ihre Habe hinausschleppten und wegfuhren. Sobald sie fort waren, kamen die Leute vom Umsiedlungsbüro, zerschlugen Wände und Fenster, versiegelten Türen, damit keiner auf die Idee käme, dort neu einzuziehen. Haus um Haus leerte sich. Ein paar Häuser direkt am Platz wurden abgerissen, die Regierung baute davor Potemkinsche Mauern mit Türen darin. Für die Touristen sah es jetzt so aus, als sei das Viertel noch immer intakt, wir Nachbarn aber wussten, dass hinter den Potemkinschen Mauern keiner lebte.

Auf den Straßen sah ich jetzt alte Möbel, Schutt und Müll, zurückgelassen von den Umsiedlern. Merkwürdige Relikte fanden sich dazwischen. Ein Stofftiger, der zwischen Steinen ruhte. Ein mannshohes Plüschreh, das eines Tages einfach auf der Straße lag.

Neugierige Menschen tauchten plötzlich in der Nachbarschaft auf. Ein Mann in der Uniform der Klomänner, der jedoch nicht wie die anderen vor einer öffentlichen Toilette wachte, sondern immer wieder in ein Walkie-Talkie unter seiner Jacke sprach. Ein Kerl mit einem Knopf im Ohr. Ein fetter Typ, der vorgab, Reiseführer zu sein, den ich allerdings nie mit einer Reisegruppe sah. Stattdessen heftete er sich an meine Fersen, wohin ich auch ging, und fragte mich immer wieder: »Du bist doch Journalistin, richtig? Journalistinjournalistin?«

Herr Meng beobachtete die Ausziehenden um sich herum. Mit grimmiger Miene saß er auf seinem winzigen Stuhl und erklärte: »Ich bleibe.«

Die Regierung zäunte den Platz mit blauen Blechen ein. Unsere Spielwiese wurde uns genommen. Männer klebten Propagandaposter auf die Bleche, naiv gezeichnete Kinder mit Tauben vor der Halle des Volkskongresses, dazu Sprüche wie: »Gerechtigkeit und Recht«. Nach ein paar Wochen brachen Wanderarbeiter ein paar Bleche weg, schoben Sofas drauf und rekelten sich wie Katzen in der Sonne. Nachts stahlen sich die Damas, die großen Mütter, durch die Lücke und tanzten heimlich auf dem verbotenen Platz. Ich liebte sie dafür. Anarchische Hausfrauen.

Es wurde immer stiller. Und leerer. Familie um Familie ging, Hof um Hof wurde geschlossen. Wir, die wir innerhalb der blauen Linie lebten, fühlten uns immer einsamer.

Irgendwann begann der Großabriss. Sie kamen nicht mit großen Baggern. Es war ein Abriss der kleinen Hände. Wanderarbeiter schlugen mit Hacken Wände und Fenster kaputt, andere bargen Ziegel, rissen Kabel und Fensterrahmen aus den Ruinen, zerfleischten die Häuser Stück für Stück.

Um mich herum sah es mehr und mehr aus wie im Krieg. Ich fühlte mich, als lebte ich auf einem verlassenen Schlachtfeld. Die anderen Krieger waren schon fort.

In diesen Tagen ging ich einmal um die Ecke zur Maniküre. Mehrere Frauen saßen nebeneinander auf roten Sesseln und streckten ihre Hände aus. Neben mir thronte eine aufgetakelte Dame, eine recht impertinente Person. Sie sprach so laut, dass sie auch noch der Letzte hören konnte, sie prahlte damit, dass sie sich in der vergangenen Woche für mehr als tausend Yuan die Fingernägel habe machen lassen. Sie erwähnte, dass sie die Frau des Leiters des Umsiedlungsbüros sei. Des Büros, das unseren Abriss abwickelte.

Ich stellte mich dumm und fragte, wie es denn so laufe.

Sie sagte, ach, wie gerecht das Ganze sei, alles werde entschädigt, die angebauten Häuser, ja selbst der Gang davor. »Nie hat es eine so gerechte Entschädigung gegeben.«

Ich sagte: »Echt, da habe ich auch ganz anderes gehört.«

Sie lächelte und sagte: »Ach, weißt du, es ist halt wie immer in China. Du musst einfach Leute kennen. Und irgendwie ist es hier eben immer ein bisschen korrupt.«

Fast alle Menschen, die innerhalb der roten Linie lebten, waren weg. Nur einige wenige waren geblieben. Unter ihnen war mein Nachbar Herr Meng. Er saß tapfer auf seinem Stuhl und wiederholte sein Mantra: »Ich gehe nicht«, während sich die Ruinen Tag für Tag näher an sein Haus heranfraßen. Staub legte sich auf seine Schultern, er hustete jetzt immer öfter.

Ging ich durch mein Viertel, sah ich absurde Szenen. Fast alles war Schutt, doch ein paar wohnten noch hier, untote Seelen, deren Lichter abends die bröckelnden Fassaden ringsum erhellten.

Familien grillten mitten im Staub, ein Rudel Alter trug Nachmittag für Nachmittag Autositze in die Ruinen hinein und spielte dort in aller Ruhe Karten. Und möge die Welt auch untergehen, wir zocken noch eine Runde.

Herr Meng saß da und sah zu, wie seine Welt unterging. Sie begannen, den Platz aufzureißen, Tag und Nacht wurde gehämmert und gelärmt, die Wege waren abgesperrt, wir balancierten von Schlammgrube zu Schlammgrube. Die Kioske, die Geschäfte hatten zugemacht. Ein Nachbar stellte einen Sarg in sein Haus als Zeichen des Protests, andere schrieben Banner, ließen so ihrer Wut freien Lauf. Ein Barbesitzer lebte in seiner Bar, nie verließ er sie auch nur eine Stunde, er hatte Angst, dass man sie abreißen würde, wenn er einen Moment weg war. Die Arbeiter, die auf dem Platz schufteten, errichteten ein großes Zelt in den Ruinen, darin schliefen sie in Schichten, Tag und Nacht. Die Mitarbeiter des Umsiedlungsbüros streiften durch die Ruinen wie Kojoten. Graffiti erschienen auf den wenigen Mauern, die noch geblieben waren. Eine Katze, eine Schlange, ein Messer.

Eines Morgens sah ich Herrn Meng, seine Augen waren rot, er blinzelte, Tränen liefen ihm die Wangen hinunter. Ich fragte ihn, was er habe, und er sagte: »Die Augen tränen von dem ganzen Staub, Tag und Nacht nur Staub, und überhaupt, wer kann hier denn noch leben, alles eine einzige Baustelle.«

Und ich fragte: »Na, und der Glockenturm?«

»Der Glockenturm, der Glockenturm, wer will schon ein ganzes Leben auf den Glockenturm schauen, das macht ja auch müde.«

Er war am Ende, das angebotene Geld aber war ihm noch immer zu wenig, er wollte ausharren.

Eine Woche später kam er mir mit diesem aufgeregt flatternden Blick entgegen, den ich schon öfter im Viertel gesehen hatte. Ich wusste, was das bedeutete. Sie gaben ihm noch ein paar Tage, sein Leben in Tüten zu packen und auszuziehen. Die Wohnung, die sie ihm zur Verfügung stellen wollten, war noch nicht fertiggebaut.

»Wo gehst du denn dann hin?«, fragte ich ihn.

»Mal sehen, mal sehen, ich weiß es noch nicht, irgendwas wird sich schon ergeben.« Er wirkte gehetzt wie ein kleines Tier.

Am Abend sah ich ihn gemeinsam mit seiner Schwester in einer der parkenden Rikschas sitzen. Ich wusste, dass er sich normalerweise nicht sehr gut mit ihr verstand, jetzt aber lehnten sie ganz innig beieinander. Sie legte ihren Kopf auf seine Schulter.

»Wir schauen uns noch mal unser Leben an«, sagte er. Und gemeinsam sahen sie auf den kleinen Hof, der als letzter noch stand, ein einzelner Zahn in einem zerbröselten Gebiss. Und er sagte ganz ruhig, fast zärtlich: »Denn das war unser Leben.«

Und irgendwann packte er alles, seinen ganzen chaotischen Haufen, zusammen und war weg. Und mir war, als habe soeben der Letzte das Licht ausgemacht.

Doch schon bald traf ich ihn wieder. Ich ging zum Zajia ein paar Gassen weiter, das Café, Bar und Artspace gleichzeitig ist und einer meiner Lieblingsplätze. Einst befand sich in diesem Gebäude ein daoistischer Tempel, der später zu einem buddhistischen wurde, danach erklärte man ihn zur Residenz eines mächtigen Eunuchen, schließlich wurde er in eine Fabrik umgewandelt. Jetzt teilen sich ein Gemüsemarkt und zwei Café-Bars das wunderschöne Gebäude. Auf den Stufen, die zum Zajia und zum Gemüsemarkt führen, sah ich Meng in der Sonne sitzen. Er half, die

Tassen von den Tischen draußen abzuräumen, er plauderte mit den Gästen, er rief dem Zeitungsausträger den neuesten Klatsch zu, er kommentierte die Käufe der Marktbesucher. Er wirkte wie ein Conferencier, wie der Chef des Cafés, des Markts, ja, der ganzen Straße.

»Meng«, sagte ich, »was machst du denn hier?«

»Na ja, ich hatte Streit mit meiner Schwester, bei der ich untergekrochen war. Und da bin ich wieder ausgezogen, und jetzt schlafe ich hier.« Er machte eine unbestimmte Geste Richtung Eingang.

»Wie, hier?«, fragte ich.

»Na, hier, egal«, sagte er. Und die Geste wurde noch unbestimmter.

Ich glaubte, er habe irgendwo dahinten ein Zimmerchen gefunden. Erst als ich beim Cafébesitzer nachfragte, begriff ich, dass er im Eingangsbereich von Café und Markthalle schlief. Er tat mir so leid, dass mir die Worte fehlten. Ich war wütend, stocksauer auf ein Schicksal, das einen wie Meng doch immer nur trat und schlug.

Meng ahnte nichts von meinen trüben Gedanken. Stattdessen drehte er sein Handgelenk vor mir auf und ab. »Na, was sagst du, wie würde mir eine Uhr stehen?«

»Eine Uhr?«, fragte ich.

»Na ja, nicht irgendeine. Arong, der Barbesitzer, ist doch gerade nach Italien gefahren. Na, und da habe ich zu ihm gesagt, er solle mir diese ganz bestimmte Uhr mitbringen, super Marke, fünftausend Yuan.« Er schaute stolz auf sein leeres Handgelenk, er drehte es hin und her, als trüge er schon seine Siebenhundertzwanzig-Euro-Uhr.

Ich sah ihn an und dachte mir, mein Gott, jetzt ist er völlig übergeschnappt. »Woher willst du denn so viel Geld nehmen?«

»Na ja, für etwas, das es wert ist, kann man das Geld ja mal zahlen, oder?«, sagte er lächelnd.

Und ich nickte langsam und musterte ihn mit diesem Gesichtsausdruck, den man sich für die Irren aufspart.

Ich fuhr ein paar Wochen weg. Als ich zurückkam, war Meng nicht mehr beim Café, man sagte mir, er sei wieder zu seiner Schwester gezogen. Dafür hatten sie den Platz neu gestaltet. Sauber, ordentlich, mit heroisch wirkenden Straßenlampen und Hecken, die mit dem Lineal geschnitten worden waren. Der Platz ist nicht so schlecht, er hat nur einfach nichts mehr mit dem Viertel früher zu tun. Es sind auch fast keine Leute mehr da, die Nachbarn sind fast alle weggezogen.

Um den Platz herum hat die Regierung Mauern gezogen, damit die Touristen die heruntergekommenen Häuser ringsum nicht zu Gesicht bekommen müssen, vielmehr: uns. Ich lebe neuerdings also hinter Mauern. Das heißt, ich ziehe ja auch schon weg, denn dies ist mein letzter Tag. Ich schaue über mein Viertel. Ich fühle zu viel, um auch nur ein Wort sagen zu können.

Nachdem ich den Glockenturm umrundet habe, beschließe ich, mir noch einen letzten Café im Zajia zu holen. Vor der Tür treffe ich Arong, Barbesitzer und Dokufilm-Regisseur, ziemlich guter Typ. Wir reden ein wenig über meinen Abschied, dann frage ich:

»Arong, weißt du eigentlich, wo Meng Fanrui ist?«

»Bei seiner Freundin.«

»Bei seiner ... was?«

»Er hat jetzt eine Freundin.«

»Wie das?«

»Na ja, er ist jetzt ein Mann mit Geld, da hat er eine Frau gefunden. Zehn, zwanzig Jahre jünger als er.«

»Wie bitte? Woher hat er denn auf einmal das Geld?«

»Na ja, er hatte immer so seine Quellen.«

»Wie bitte, er ist doch total arm?«

»Das erzählt er dir, haha, weil du Ausländerin bist, mimt er den Armen.«

»Woher soll er das Geld haben?«

»Na ja, er hat nachts beim Kiosk gearbeitet.«

»Ach bitte, Arong, damit macht man kein Geld.«

»Und er hatte die Entschädigung bekommen, und dann hat er noch diese anderen Quellen.«

»Welche?«

Arong schaut geheimnisvoll und sagt: »Es gibt immer irgendwelche Quellen.«

»Du willst es mir nicht sagen?«

»Ich kann es nicht.«

»Na, jetzt verstehe ich, er sagte, du würdest ihm eine Fünftausend-Yuan-Uhr mitbringen.«

»Haha, mir hat er genau das Gleiche über dich erzählt.«

Ich schüttele den Kopf und lache. »Oh Mann, das gibt's ja nicht.«

Arong lacht auch. »Glaub bloß nicht alles, was man dir erzählt. Es gibt immer eine Geschichte hinter der Geschichte. Und dahinter gibt es noch ein paar mehr. Hey, das ist China.«

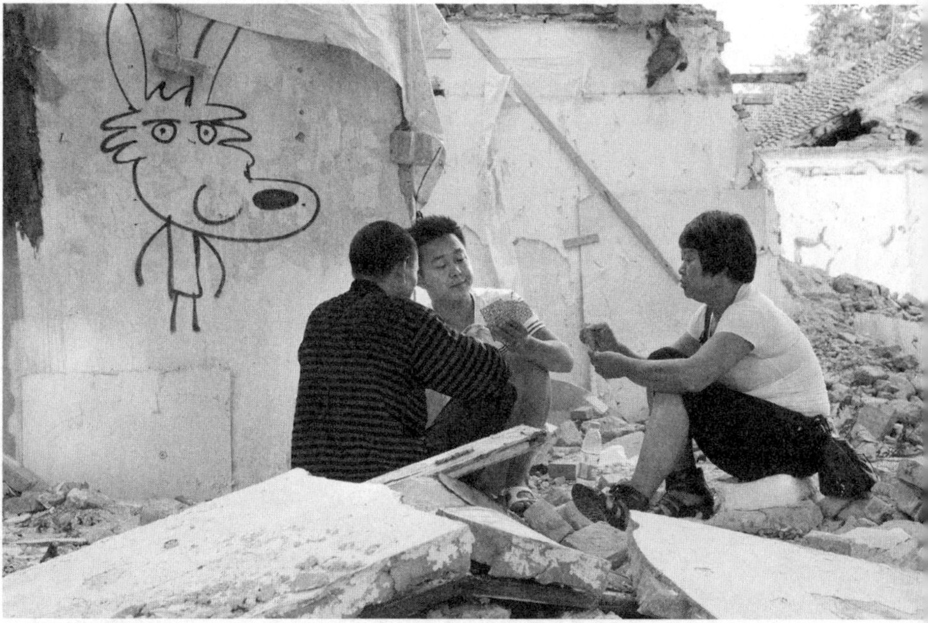

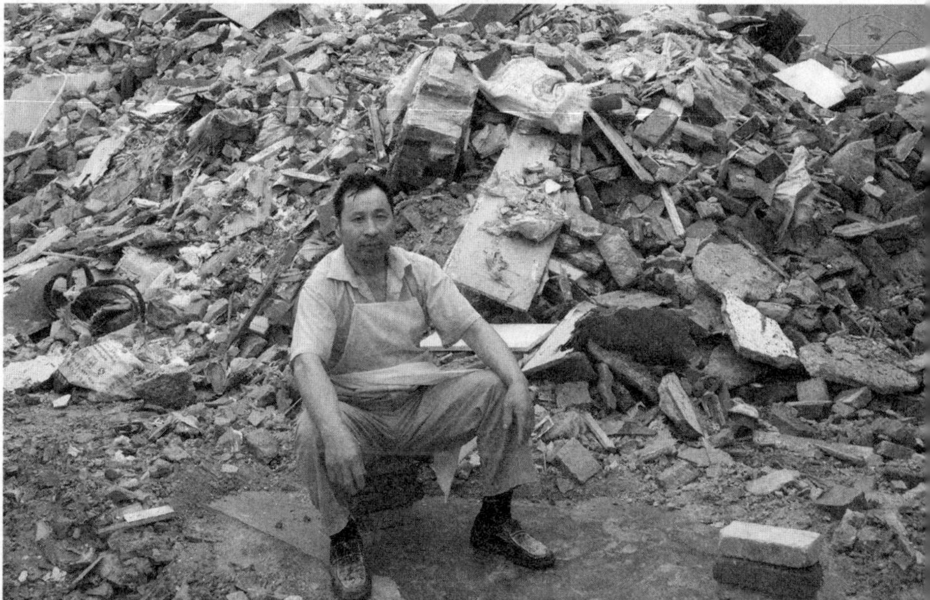

Anhang

Sie haben Miao

Wie meine Assistentin in die Mühlen von Pekings
Staatssicherheit geriet und ich die chinesischen
Behörden kennenlernte

Erstmals abgedruckt in:
Die Zeit vom 8. Januar 2015

An einem Tag vor drei Monaten, am 1. Oktober 2014, sah ich
meine Freundin und Assistentin Zhang Miao zum letzten Mal.
Es war neun Uhr morgens, als sie an die Tür meines Hotelzim-
mers in Hongkong klopfte, ich war noch im Pyjama, wir waren
bis spätnachts unterwegs gewesen, um über die Occupy-Cen-
tral-Proteste zu berichten. Miao war auf dem Weg zurück nach
Peking, ich wollte länger bleiben. Wir umarmten uns. »Pass gut
auf dich auf«, sagte ich. »Das werde ich«, versicherte sie und
lächelte. »Du auf dich auch. Wir sehen uns eh bald wieder.«

Seither ist Miao verschwunden. Sie ist in Haft.

In meiner vierjährigen Korrespondentenzeit habe ich mich
oft mit Recht und Unrecht in China befasst. Ich habe Presse-
konferenzen besucht, auf denen uns die Regierung erklärte,
China sei ein Rechtsstaat. Habe Bauern gesprochen, die enteig-
net wurden, die versuchten, zu ihrem Recht zu kommen, es

nicht bekamen, dafür aber geschlagen und in Gefängnisse verschleppt wurden, weil sie als Unruhestifter galten. Habe Bürgerrechtler interviewt, die mit unendlicher Hartnäckigkeit versuchen, China zu dem zu machen, was es vorgibt zu sein: ein Rechtsstaat. Habe Andersdenkende besucht, die bedroht wurden und eines Tages verschwanden. Gehe ich durch mein Telefonbuch, sind viele Menschen darin einfach weg. Als ich einem chinesischen Bekannten davon erzählte, zuckte er mit den Schultern, so was passiere eben Dissidenten, normalen Bürgern aber nicht. Doch noch der Unbedarfteste kann durch eine Verkettung unglücklicher Umstände in die Mühlen der Justiz und der Sicherheit geraten. Es ist wie mit Krebs: Jeder glaubt, es werde ihn nicht treffen. Ins Gefängnis kommen immer die anderen.

Diesmal traf es Miao. Und damit auch mich. Dass das Recht in China nur dann gilt, wenn es den Interessen der Regierung nutzt, wusste ich vorher. Etwas anderes ist es, das selbst zu erleben.

Miao ist 40 Jahre alt, ich kenne sie seit sechs Jahren. Sie hat lange in Deutschland gelebt, in Hamburg war sie meine Chinesischlehrerin, sie hat die deutsche Aufenthaltserlaubnis. Wir freundeten uns an. Als sie vor zwei Jahren nach Peking zurückkehrte, begann sie im Büro der ZEIT zu arbeiten. Die Rückkehr fiel ihr nicht leicht, vieles erschien ihr fremd, mit einigen alten Freunden konnte sie nichts mehr anfangen. In Songzhuang, dem Künstlerdorf in der Nähe von Peking, wo sie lebt, fand sie bald neue Freunde.

Für die Zeitung sind Miao und ich oft gereist, wir haben viel gemeinsam erlebt. Mit unserer Fotografin nannten wir uns manchmal zum Spaß *san jian ke*, drei Musketiere.

Miao und ich waren am 24. September 2014 nach Hongkong geflogen, wir hatten verfolgen können, wie sich die Proteste veränderten. Am Sonntag, dem 28. September, schoss die Polizei erstmals mit Tränengas, in dieser Nacht liefen wir bis fünf Uhr morgens durch die Straßen.

Aufgewühlt von der Nachricht, dass die Polizei Tränengas einsetzte, trieb es die Hongkonger auf die Straße. Von Minute zu Minute wurden es mehr. Sie füllten die Stadtautobahn, die Straßen, Fußgängerüberwege und Brücken. Keiner hätte im Traum daran gedacht, dass es so viele werden würden. Viele glaubten in dieser Nacht, Peking werde Panzer schicken, auch Miao. Sie schüttelte immer wieder ungläubig den Kopf. »Es ist genau wie damals. Auch '89 hätten wir nie gedacht, dass Panzer kommen würden.«

Miao war Schülerin gewesen, als die Studenten 1989 auf dem Pekinger Tiananmen-Platz demonstrierten. Sie wohnte in der Nähe, kam oft vorbei, um ihnen Wasser zu bringen. Als in der Nacht zum 4. Juni die Panzer auffuhren, passierten sie ihr Wohnhaus, noch heute kann man die Einschusslöcher in der Hauswand erkennen.

In dieser Nacht in Hongkong aber kamen keine Panzer. Auch nicht in der nächsten oder übernächsten. Stattdessen drängten in den folgenden Tagen immer mehr Menschen auf die Straßen. Die Angst wich der Euphorie. Unbekannte lachten sich an, machten unzählige Fotos, weil sie es nicht fassen konnten: Menschenmassen, wohin man nur sah. Die größten Demonstrationen auf chinesischem Boden seit 1989. »Wahnsinn«, sagte Miao immer wieder. Sie war aufgekratzt, glücklich. Ein Mädchen reichte ihr eine gelbe Schleife, das Symbol der Bewegung, sie steckte sie an. Ich konnte sie verstehen und bat sie doch, sie abzunehmen. »Wir sind Journalisten.« Sie lächelte und nahm sie ab. Wenige Stunden später hatte sie sie an anderer Stelle wieder angebracht.

Miao hatte sich in Hongkong ein iPhone 6 gekauft, wie so viele Festlandchinesen, sie machte Fotos damit. Sie postete sie auf Wechat, einem chinesischen Sozialen Netzwerk. Miao ist ein

Netzjunkie, ich habe noch nie jemanden erlebt, der so viel postet und kommentiert wie sie. Wir hatten aber erfahren, dass die chinesische Polizei Festlandchinesen, die in Hongkong Fotos gemacht und auf Wechat weitergeleitet hatten, bei ihrer Rückkehr verhört und eingesperrt hatte. »Miao, hör bitte auf damit«, bat ich sie wieder und wieder. Sie lächelte dann, legte das Telefon zur Seite. Und machte kurz darauf weiter.

Nach einer Woche war Miaos Visum für Hongkong abgelaufen, sie musste nach Peking zurückkehren, ich aber wollte bleiben. Sie verließ Hongkong am 1. Oktober, dem chinesischen Nationalfeiertag.

Am nächsten Vormittag, ich war gerade in einem Interview, erhielt ich eine Wechat-Nachricht von Miao. Es war ein Foto, das am Abend zuvor aufgenommen worden war. Es zeigte Miao und drei Männer, sie hatten alle die gelben Schleifen angesteckt und hielten die Arme vor der Brust gekreuzt. So wie es der Studentenführer Joshua Wong am Morgen des 1. Oktober getan hatte, als in Hongkong die chinesische Flagge gehisst wurde. »Der links ist festgenommen worden«, hatte Miao daruntergeschrieben. »Ein Dichter.«

»Oh Gott«, dachte ich. Ich schaute nach, sie hatte das Foto in ihrem öffentlichen Account gepostet. Sie hatte auch ihr Profilbild geändert, es zeigte die gelbe Schleife.

Die nächste Dreiviertelstunde würde ich gerne zurückdrehen. Irgendwann in dieser Zeit muss Miao in Peking aus einem Auto ausgestiegen sein, obwohl sie Polizisten am Wegesrand sah. Ich weiß nicht, ob ich sie hätte stoppen können. Zumindest hätte ich es gerne versucht.

In der Dreiviertelstunde beendete ich das eine Interview und eilte zum nächsten, der Tag war mit Gesprächen vollgepackt. In der U-Bahn war das Netz schlecht, ich fand den Ort nicht, an dem ich mit der nächsten Interviewpartnerin verabredet war, irrte durch ein riesiges Kaufhaus. Ich wollte unbedingt mit Miao sprechen, doch ich fand keine Zeit. Im Nachhinein kommt es mir vor, als sei mein Gehirn mit den blödesten Nebensächlichkeiten belegt gewesen. Als hetze einer durch die Stadt zu einer Reinigung, um ein sauberes Hemd abzuholen, während sich über ihm eine Tsunamiwelle erhebt, die er gar nicht bemerkt.

Endlich stand ich vor dem Café, vor dem wir verabredet waren. Ich suchte Miaos Nummer, da eilte die Interviewpartnerin auf mich zu. Wir hatten uns kaum zum Kaffeetrinken hingesetzt, als mich beinahe gleichzeitig über zwei Kanäle die Nachricht von Miaos Verhaftung erreichte. Die Redaktion in Hamburg war dran: »Ein Herr Zhang von den chinesischen Sicherheitsbehörden hat angerufen. Er sagt, Miao sei festgenommen worden.« Miaos Bruder schickte mir eine Nachricht gleichen Inhalts. Keiner wusste genau, was geschehen war.

Ich hänge mich ans Telefon. In den darauffolgenden Tagen mache ich kaum etwas anderes. Esse kaum, schlafe kaum. Ich muss Miao rauskriegen, irgendwie. Ich kontaktiere die deutsche Botschaft, den Foreign Correspondent's Club, Miaos Familie, Freunde, die Redaktion, Herrn Zhang von der Sicherheit. Herr Zhang arbeitet bei der Polizeibehörde, die Ausländern Visa erteilt. Bisweilen lädt sie ausländische Journalisten vor und droht ihnen, ihre Visa nicht zu verlängern, wenn der Regierung deren Berichte nicht gefallen. Ich habe bislang noch keinen Ärger mit ihnen gehabt.

»Herr Zhang, was ist los?« – »Ich weiß es nicht genau. Sie war in eine Dorfstreiterei verwickelt. Erregung öffentlichen Ärgernisses oder so was.« – »Dorfstreiterei? Das kann ich mir nicht vorstellen. Könnten Sie mir bitte die Nummer der zuständigen Polizeistation geben?« – »Das kann ich nicht.« – »Wo bekomme ich die?« – »Kann ich auch nicht sagen.« – (In der Folge verfallen wir beide in das im Mandarin übliche Du.) »Aber irgendwer muss dich doch angerufen haben?« – »Weißt du was, ich erkundige mich. Dann rufe ich wieder an.«

In der Zwischenzeit telefoniere ich wieder herum. Erfahre, dass Miao im Künstlerdorf auf dem Weg zu einer Dichterlesung festgenommen wurde, auf der die Demonstrationen in Hongkong unterstützt werden sollten. Mehr kann mir erst einmal niemand sagen.

Herr Zhang ist wieder am Apparat. Er klingt triumphierend. »Zhang Miao ist chinesische Staatsbürgerin, sie hat keinen deutschen Pass. Und sie war nicht offiziell bei dir als Assistentin angemeldet.« – »Nein, das war sie nicht.« Etliche Redaktionen haben ihre Assistenten nicht angemeldet, weil das mehr Überwachung durch die Staatssicherheit bedeutet hätte. Hätte sie das womöglich geschützt, frage ich mich jetzt. Die Behörden werden das mit Sicherheit benutzen.

»Was vorgefallen ist, hat nichts mit dir zu tun«, sagt Zhang. »Doch, sie ist meine Assistentin, ich bin verantwortlich.« – »Der Fall hat nichts mit journalistischer Arbeit zu tun. Man hat mir gesagt, sie sei ausfallend geworden. Habe Polizisten geschubst, sie wild beschimpft. Schrecklich.« Er klingt empört. »Entschuldigung, Herr Zhang, aber das kann ich mir nicht vorstellen.« – »Zhang Miao ist jedenfalls eine ganz gewöhnliche chinesische Staatsbürgerin. Und wir werden sie behandeln, wie wir mit chinesischen Staatsbürgern umgehen.«

Am nächsten Tag fliege ich spätabends nach Peking, ich komme um vier Uhr morgens zu Hause an, es ist Samstag, der 4. Oktober. Als ich mittags aufstehe, habe ich bereits viele Anrufe von Herrn Zhang auf dem Display. »Komm vorbei«, sagt er. »Wir wollen plaudern.« Er benutzt das Wort *liaotian*. Plaudern. Als träfe man sich mit Freunden in einem Café.

Inzwischen weiß ich, wer von Miaos Freunden über den Tathergang informiert ist. Ich rufe sie an, ich will vorbereitet in das Verhör gehen. Drei Zeugen erzählen mir Folgendes: Am Vormittag des 2. Oktober geht Miao mit ihren Freunden zum Haus des Dichters, der am Tag zuvor festgenommen wurde. Sie wollen die Familie besuchen. Dort wartet bereits die Polizei, es kommt zu einem erregten Wortwechsel. Danach wollen Miao und eine Freundin, eine Assistentin der BBC, zu der Lesung für die Hongkonger Proteste. Ein Künstlerfreund fährt sie hin und setzt sie dort ab, am Wegeingang stehen bereits Polizisten. Miao und ihre Freundin steigen aus, der Freund beobachtet, wie sie auf den Veranstaltungsort zulaufen, die Polizisten rennen hinterher, sie fliehen, die Polizei holt sie ein, man stößt sie gegen den Dienstwagen. Alles Weitere kann er nicht beobachten, Polizisten drängen ihn, weiterzufahren. Offenbar gelingt es Miao zu entkommen, wenige Minuten später ruft sie bei einem anderen Freund an. Das Gespräch wird mehrmals unterbrochen. Sie ruft: »Sie wollen uns festnehmen, sie haben uns geschlagen.«

Dann bricht das Gespräch ab, Miao ist nicht mehr zu erreichen. Ihre Begleiterin wird am Ortseingang von Songzhuang freigelassen, von Miao verliert sich jede Spur.

In den nächsten Monaten werden in ganz China immer mehr Menschen wegen der Unterstützung von Occupy Central festgenommen, nach Informationen von Bürgerrechtlern sind es mehr als 200. In Songzhuang sind es zehn, alle standen in irgendeiner Verbindung zu der Dichterlesung, vier davon kenne ich.

Ich fahre zu Herrn Zhangs Polizeistelle. Er geleitet mich in einen fensterlosen Raum. Dort sitzen bereits zwei jüngere Kollegen, ein Herr Xu und ein Schriftführer. Sie haben Notizbücher vor sich liegen. Ich hole meines hervor und schreibe mir ihre Dienstnummern auf. »Was soll das werden«, sagt Zhang, »das hier ist kein Interview!« Sie sprechen Mandarin mit mir. Ich antworte: »Ich möchte diesen Fall dokumentieren. Ich lese viel vom

Aufbau des chinesischen Rechtsstaats, jetzt erlebe ich ihn selbst. Ich hoffe, einen optimistischen Bericht schreiben zu können.« – »Ja«, sagt Herr Xu, »sei optimistisch. Du wirst sehen, der chinesische Rechtsstaat wird dir allen Grund dazu geben.«

Sie verhören mich. Woher kenne ich Miao, was haben wir in Hongkong getan, wen haben wir interviewt, wusste ich von den Veranstaltungen in Peking? Im Laufe des Verhörs wird aus der mutmaßlichen Unruhestifterin Miao die tatsächliche Unruhestifterin Miao.

»Warum sagt ihr immer: die Unruhestifterin?«, frage ich. »Es gab noch kein Gerichtsurteil.« Zhang herrscht mich an: »Ich sagte bereits: mutmaßlich. Soll ich das jetzt jedes Mal wiederholen oder was? Das hier ist ein Gespräch unter Freunden. Du aber verhältst dich nicht so. Und hör endlich auf, mitzuschreiben. Dies ist kein Interview!« – »Entschuldigung, aber das Wort mutmaßlich ist ein sehr wichtiges Wort.«

Zhang wird nun noch wütender. »Was soll das? Was glaubst du eigentlich, wer du bist? Bist du wirklich deutsch? Du bist ganz anders als andere Deutsche!« – »Wirklich?« – »Die sind ehrlich.« – »Und ich nicht?« – »Nein, du nicht. Du bist komisch. Sehr komisch. Mit den anderen deutschen Journalisten war es immer sehr angenehm.« – »Da haben die mir anderes erzählt.« – »Mit dir ist es gar nicht angenehm. Ich an deiner Stelle würde mich zusammenreißen.«

Während Xu in dem Gespräch allmählich die Rolle des *good cop* übernimmt, mutiert Zhang zum *bad cop*. Als ich die beiden darauf anspreche, rastet Zhang aus: »Du wirst noch öfter mit uns zu tun haben. Wenn du zum Beispiel dein Visum für das nächste Jahr beantragst. Das könnte Probleme geben. Reiß dich zusammen!«

»Ich würde gerne wissen, wo Miao ist. Nach der chinesischen Strafprozessvollzugsordnung muss die Familie 48 Stunden nach

Festnahme informiert werden. Noch haben wir nichts gehört.«
Herr Xu lächelt mich strahlend an.»Ihr Fall hat gar nichts mit
dir zu tun. Kümmere dich nicht darum. Vertraue auf den chinesischen Rechtsstaat. Er ist perfekt.« Zhang geht wütend aus dem
Zimmer, Xu begleitet mich raus. Er schüttelt meine Hand, er
lässt sie gar nicht mehr los.»Denk dir nichts über Zhang, er ist
manchmal emotional, wo er doch in Deutschland studiert hat. Er
hat so eine hohe Meinung von den Deutschen. Ich lade dich
nächstes Mal zum Kaffee ein, ja? Ein bisschen plaudern?«

Am nächsten Tag wissen wir immer noch nichts von Miao.
Miaos Bruder erhält den Tipp, dass sie sich im Ersten Untersuchungsgefängnis von Peking befinden könnte. Ein paar Stunden
später stehen wir davor, Bruder, Stiefmutter und ich, sie hat eine
Tasche voll warmer Kleidung dabei, über Nacht ist es kalt geworden. Das Gefängnis liegt am Stadtrand von Peking, eintönig
schmutzig gelbe Wohnblocks stehen davor. Hinter einer hohen
Mauer wachsen hohe Bäume, wir sehen nicht viel.

Der Wachmann ist ein junger Typ in abgerockter Uniform.
»Wir möchten uns über den Verbleib einer Gefangenen erkundi-
gen.« – »Kommt nach den Ferien wieder.« – »Nach den Ferien?«
– »Ja, in ein paar Tagen.« – »Aber im Gefängnis gibt es doch
keine Ferien?« – »Doch.« – »Sind die Gefangenen im Urlaub?«
– »Nein.« – »Und die Wärter?« – »Auch nicht.« – »Dann müsste
uns doch jemand weiterhelfen können.« Er gähnt.»Kommt irgendwann anders wieder.« – »Ich schreibe an einer Geschichte
über den chinesischen Rechtsstaat. Willst du, dass ich dich so mit
deiner Dienstnummer zitiere?«

Der Wachmann kommt in Bewegung, er lässt uns zum Pförtner vor. Auch der verweist auf die Ferien. Nach einer halben
Ewigkeit ruft er seine Vorgesetzten, zwei Männer und eine
Frau. Umständlich nimmt einer von ihnen unsere Personalien
auf. Er blättert lange in seinem Notizbuch, dann schließt er es

mit gewichtiger Miene. »Ich könnte nachschauen, ob sie da ist, doch es sind Ferien.« Er will sich umdrehen. »Aber«, sage ich, »gemäß der chinesischen Strafprozessvollzugsordnung sind Sie verpflichtet, uns 48 Stunden nach der Festnahme Bescheid zu geben. Die 48 Stunden sind um.« Er mustert mich gelangweilt. »Es sind Ferien.« – »Und der Rechtsstaat? Ist der auch in Ferien?«

Er schaut jetzt fast angeekelt. »Dir habe ich überhaupt nichts zu sagen. Du bist kein Familienmitglied und auch keine Anwältin. Geh weg.« Ich rufe Herrn Xu an. »Sagtest du nicht, der chinesische Rechtsstaat sei perfekt? Ich erlebe hier gerade eine Situation, die mir nicht so perfekt erscheint. Ich stehe vor dem Gefängnis und ...« – »Pass auf, lass das einfach, ja? Das geht dich nichts an. Wir regeln das schon.« – »Es geht mich etwas an, ich möchte jetzt gerne einen zuständigen Vorgesetzten sprechen.« – »Wir können dir nicht helfen. Wir haben keinen Namen und keine Nummer.« – »Es muss doch eine Abteilung geben. Welche Abteilung ist mit ihrem Fall betraut? Welche Staatsanwaltschaft?« – »Wir wissen es nicht. Geh einfach nach Hause.« Er legt auf. Die Polizisten vor dem Gefängnis sprechen nicht mehr mit mir, Miaos Familie behandeln sie von oben herab. Wir gehen. Als wir im Auto sitzen, bin ich außer mir vor Wut. »Diese Typen ...« Miaos Bruder zuckt mit den Schultern: »Die waren nicht mal so schlimm. Immerhin haben sie uns nicht angeschrien wie sonst immer ...«

Miaos Anwalt Zhou Shifeng bemüht sich unterdessen fieberhaft, einen Termin mit der Inhaftierten zu bekommen. Der Termin wird nicht genehmigt, der Anwalt bemüht sich weiter, reicht Beschwerde ein. So wird es Monate gehen. »Wie kann das sein?«, frage ich ihn. Im Gesetz steht, dass die Sicherheit die Familie 48 Stunden nach der Festnahme benachrichtigen muss. Doch dann folgt der Passus, »es sei denn, nähere Untersuchungen sind erforderlich«. – »Das heißt, die Polizei kann sich immer eine Ausnahme vorbehalten?« – »Wenn die Gesetzgeber die Gesetze machen, dann tun sie es für ihre eigenen Interessen, nicht weil es ihnen um die der Öffentlichkeit geht.« – »Müssen denn die Sicherheitsbehörden die Ausnahme erklären oder genehmigen lassen?« Nein, sagt Zhou. Im Prinzip könne die Sicherheit zu jedem Gesetz einen Ausnahmepassus finden. Es gebe keinen verbindlichen Schutzanspruch des Bürgers gegen den Staat und seine Vertreter.

Am Mittwoch, dem 8. Oktober, bekommt die Familie den formellen Haftbefehl zugestellt. Miao befindet sich demnach im Ersten Untersuchungsgefängnis von Peking. Es bestehe Verdacht auf Erregung öffentlichen Ärgernisses. Diesen Straftatbestand verwendet die Sicherheit gerne, wenn sie sich gegen Andersdenkende richtet, im schlimmsten Fall kann er mit bis zu zehn Jahren Gefängnis geahndet werden. Wir hoffen noch immer, dass Miao in ein paar Tagen freikommt.

In dieser Woche bereiten sich die deutsche und die chinesische Regierung auf den Deutschlandbesuch von Premier Li Keqiang vor, er wird am Donnerstag, dem 9. Oktober, mit vielen seiner Minister nach Berlin reisen, es sollen die größten Regierungskonsultationen in der Geschichte beider Länder werden. In den Tagen zuvor haben mich viele Medien angerufen, darunter die *South China Morning Post* und die *New York Times,* sie wollen über Miao berichten. Ihre Familie bittet darum, nur wenig publik zu machen. Nun stellt sich die Frage: Soll ich über den Li-Keqiang-Besuch berichten? Jeder rät mir etwas anderes. Je mehr ich darüber nachdenke, desto klarer wird mir, dass niemand vorhersehen kann, was eine Veröffentlichung bewirkt. Dies ist ein Willkürstaat. Die Unsicherheit, die mich belastet, ist beabsichtigt.

Die Deutsche Botschaft in Peking setzt sich intensiv für Miao ein. Ich lerne den diplomatischen Dienst sehr schätzen. Miaos

Fall liegt jetzt beim Bundeskanzleramt und beim Außenministerium, alle deutschen Minister sind darüber informiert. An diesem Donnerstagabend wird die *dpa* über Miao berichten, ich selbst werde für *ZEIT ONLINE* einen kleinen Text schreiben.

Am Donnerstagmorgen ruft mich Herr Xu erneut an. Ich soll vorbeikommen – zum Plaudern. Als ich den kleinen fensterlosen Raum betrete, sitzen dort bereits drei Männer, zwei Ermittler und ein Schriftführer. Sie sind von anderem Kaliber als Zhang und Xu, älter, erfahrener. Die Ermittler sagen, sie hießen Li und Guan. Li ist der Wortführer. Er hat dunkle Augenringe und ein ungewöhnliches Gesicht, sein Ausdruck kann sich in Sekunden verändern, locken, schmeicheln, drohen. Guan ist eher der Typ Bulldogge, hart, einsilbig, ausdauernd. Li sagt, er sei Vizechef der Abteilung, ich schätze aber, er ist vom Staatsschutz. Ich habe keine Möglichkeit, seine Identität zu überprüfen.

Li will das Gespräch offensichtlich locker beginnen. Er will über Hobbys sprechen, über Philosophie und Kultur. Mir ist nicht ganz klar, warum wir das in einem fensterlosen Raum auf der Polizeiwache tun müssen, außerdem weiß die Sicherheit ohnehin, wie ich meine Freizeit verbringe.

»Ich bin passionierter Reiter«, sagt Li. »Was macht deiner Meinung nach einen guten Reiter aus?«, fragt er mich. »Einfühlungsvermögen, schätze ich.« – »Ein guter Reiter weiß sein Pferd absolut unter Kontrolle zu bringen.« Er schaut mich intensiv an. »Es macht dann alles, was er will.« Herr Li liebt Reitmetaphern. Er wird sie im Gespräch oft gebrauchen, und stets sieht er mich dabei an, als wolle er sagen: Ich Reiter, du Pferd. Herr Li plaudert ein wenig, dann droht er mir, dass mein Journalistenvisum nicht mehr verlängert würde. Ich zucke mit den Schultern und sage: »Dann gehe ich eben nach Hongkong und berichte von dort.« Seine Stimme wird scharf. »Dann suche ich dich dort auf. Glaube ja nicht, dass du mir entkommen kannst.«

Immer wieder fragt er mich, wie ich Miao kennengelernt habe. Ob ich ihr vertraue.

Er verfolgt mehrere Gesprächsebenen gleichzeitig, er spielt in unterschiedlichen Gefühlstonlagen. Er versucht, mich emotional aus der Reserve zu locken. Ich frage ihn, warum unser Anwalt Miao nicht sehen darf. »Du solltest dir nicht übertrieben Sorgen machen. Wir untersuchen den Fall. Das braucht ein bisschen Zeit.«

Herr Li will wissen, wie ich die Wiedervereinigung erlebt habe. Ob ich glücklich gewesen sei, als die beiden Deutschland zusammenwuchsen. Ob ich Patriotin sei. Er selbst sei glühender Patriot. »Die Einheit des Vaterlands geht mir über alles.« Ich versuche ihm zu erklären, dass die meisten Deutschen seit Hitler ein Problem mit dem Begriff Patriotismus hätten. Dass es Dinge an Deutschland gebe, die ich liebte, und andere, die ich problematisch fände. »Ich liebe alles an der chinesischen Kultur«, sagt Li inbrünstig. »Alles?«, frage ich. »Alles«, sagt er bestimmt. »Auch den Großen Sprung nach vorn? Auch die Kulturrevolution?«

Li klappt wortlos sein Notizbuch zu und geht aus dem Raum, ich glaube, er ist sauer.

Die Bulldogge übernimmt. Er will nicht über Philosophie plaudern, er stellt harte, knappe Fragen. Am Ende des Verhörs besteht er darauf, dass ich ein Protokoll unterzeichne. Es ist auf Chinesisch, vier, fünf Seiten lang. Ich weigere mich, er besteht darauf, eine Ewigkeit geht es hin und her.

Ich lese das Protokoll langsam durch, drei, vier Mal, der nette Herr Xu kommt herein. Überhaupt kommt Herr Xu immer herein, wenn die Stimmung am Boden ist, er ist der Sonnenschein der Polizeistation. Er trägt jetzt keine Uniform mehr. Er redet auf mich ein, während ich lese, er will mich ablenken.

Ich sage Polizist Guan, dass es zum Li-Keqiang-Besuch Berichterstattung über Miao geben werde. Er sagt: »Das könnte negative Konsequenzen haben. Berichte lieber nicht. Das rate ich dir als Privatmann.« – »Was für negative Konsequenzen?« – »Negative Konsequenzen. Denke darüber nach.«

Das Verhör hat viereinhalb Stunden gedauert. Erschöpft trete ich aus dem Zimmer, in der Halle warten alle Polizisten.

Sie lachen, scherzen, sind mit einem Mal unglaublich nett.

Herr Li sagt, er würde mich gerne mal privat zum Essen einladen. »Man kann so schön mit dir plaudern.« – »Ehrlich gesagt, die Verhöre mit euch reichen mir.« – »Trotzdem würden wir dich morgen gerne sehen. Wir möchten mit dir über die Berichterstattung sprechen.« Er lacht dabei. Xu nimmt wieder meine Hand. »Wir sind doch alle alte Freunde.«

Am Nachmittag deutscher Zeit landet Li Keqiang in Berlin. In diesem Moment läuft der Text der dpa über den Ticker. Weitere Medien nehmen den Fall auf. Amnesty International fordert Miaos Freilassung. Am nächsten Morgen wird ein deutscher Journalist Li Keqiang auf der gemeinsamen Pressekonferenz mit Angela Merkel nach dem Fall fragen, Außenminister Frank-Walter Steinmeier spricht den Fall bei Li an.

Aber Miao kommt nicht frei.

Am Morgen des Freitags, 10. Oktober, erhalte ich gleich zwei Anrufe. Die Sicherheit will mich sehen, das chinesische Außenministerium ebenso. »Wie soll ich das machen?«, frage ich den Mitarbeiter vom Außenministerium. »Gestern hat mein Verhör viereinhalb Stunden gedauert.« – »Komm gleich danach zu uns«, sagt er. »Es ist dringend.«

Ich mache mich auf den Weg zur Polizeistation. Herr Li hat noch dunklere Augenringe als gestern. »Wir saßen bis zwei Uhr nachts hier. Haben viel über dich nachgedacht. Wir haben uns gefragt, wer du bist. Also, wer du wirklich bist.« Wir sind alleine im Raum. »Heute reden wir nicht um den heißen Brei herum«, sagt er. »Kommen wir zur Sache.« Ich nicke. »Was ist das Wichtigste bei Rennpferden?« – »Keine Ahnung.« – »Der Jockey muss innerhalb kürzester Zeit ihr Vertrauen gewinnen.« – »Aha.« – »Vertraust du mir?« – »Nimm's nicht persönlich, aber nein.« – »Du hast gesagt, du vertraust Miao?« – »Ja.« – »Was, wenn sie ganz anders ist, als du denkst?« – »Das glaube ich nicht.« – »Miao hat ausgesagt, dass du alles organisiert hast. Die Veranstaltungen zur Unterstützung von Occupy Central. Dass ihr nach Hongkong gefahren seid, um dort Protest zu organisieren. Dass sie privat für dich gearbeitet hat. Nicht für die Zeitung.« – »Das hat sie nicht gesagt!« – »Hat sie doch. Wir haben Beweise.« – »Ich würde das gerne persönlich aus Miaos Mund hören. Wir wissen alle, dass Geständnisse in chinesischen Gefängnissen oft nicht freiwillig sind.« – »Du hast alles organisiert.« – »Habe ich nicht.« – »Wir wissen es.« Ich sage: »Es gibt für mich drei Möglichkeiten: Entweder Miao wurde zu dieser Aussage gezwungen, oder sie sagte nicht die Wahrheit. Oder du sagst nicht die Wahrheit.« – »Es gibt noch eine vierte Möglichkeit«, sagt er ganz leise. Dann schreit er plötzlich: »Du lügst, du lügst, du lügst!« Er steht auf, wird immer lauter: »Du lügst, du lügst, du lügst.« Er wirkt bedrohlich. »Du lügst!«

Ich drehe mich zur Seite. Meint er das ernst? Will er mich zum Agent Provocateur, zur Spionin erklären?

Möglichkeit eins: Er will mich einschüchtern, das Vertrauen zwischen Miao und mir zerstören.

Möglichkeit zwei: Sie wollen mich wirklich als Spionin abstempeln. Einiges spricht dagegen: Das Verhältnis zu Deutschland ist China wichtig, würden sie einen Sündenbock suchen, dann wahrscheinlich eine andere Nationalität, einen Japaner zum Beispiel. Andererseits sind dies besondere Zeiten. Die Staatssicherheit ist im Alarmzustand. Die Führung ist im Begriff, ein großes Anti-Spionage-Gesetz zu verabschieden. Von

Anfang an erklärte sie, bei Occupy Central handele es sich um eine »Farbenrevolution«, unterstützt von ausländischen Kräften. Ihr Argument wäre glaubwürdiger, wenn sie einen angeblichen Spion präsentieren könnte. Vielleicht mich?

Beweise haben sie nicht. Doch der chinesische Sicherheitsapparat hat viele Möglichkeiten. Er kann auf andere Gesetze zurückgreifen, Beweise hinbiegen, Rufmordkampagnen initiieren, zu Mafiamethoden greifen. Einem amerikanischen Journalisten wurde über Umwege bedeutet, er und seine Familie seien in Peking nicht mehr sicher.

»Ich möchte dieses Gespräch jetzt abbrechen«, sage ich. »Ich werde nur noch in Anwesenheit eines Botschaftsmitarbeiters mit Ihnen reden. Ich rufe jetzt den Presseattaché an.« Der erste Presseattaché verspricht, den zweiten vorbeizuschicken. »Wir werden ihn nicht reinlassen«, sagen die Polizisten. – »Egal, er kommt jetzt.«

Li ist rausgegangen, Guan übernimmt. Er will alles über Miaos Wechat-Verhalten wissen, er will, dass ich Namen nenne. Ich verweigere die Aussage, er wird stocksauer. Ich gehe zur Tür, die Polizisten stürzen herbei und hindern mich daran. Das Außenministerium ruft an, sie wollen jetzt mit mir sprechen. »Jaja«, sagt Guan, »ich weiß, euer Anliegen ist auch wichtig«, es klingt, als ob der große Bruder mit dem kleinen spricht. Er ist genervt, wieder will er, dass ich ein Protokoll unterzeichne, ich weigere mich. Draußen erwartet mich Sonnenschein Xu in bester Laune. »Du bist einfach zu empfindlich.«

Der Termin mit den chinesischen Diplomaten ist im Gegensatz dazu richtig wohltuend. Es gefällt ihnen nicht, dass ausgerechnet zu einem Staatsbesuch über Miaos Fall berichtet wurde, doch sie bleiben höflich, kultiviert. Der Unterschied zu meinen neuen Bekannten von der Sicherheit könnte nicht größer sein. Im Außenministerium sitzen die Tauben, weltgewandte Menschen, doch es ist das schwächste Ministerium Chinas. Die Sicherheit hingegen ist übermächtig.

Am nächsten Tag, Samstag, den 11. Oktober, erhalte ich erneut einen Anruf von Xu. Ich soll zum Verhör kommen. Plaudern. »Ich bin krank«, sage ich. »Komm trotzdem.« – »Das geht nicht. Ich würde euch anstecken.« Am Sonntag schreibt er mir eine Nachricht: »Zieh dich warm an, es gibt einen Wetterumschwung. Vergiss nicht, dich auszuruhen. Dein Polizist Xu.«

Am Wochenende lese ich in der Zeitung Elogen auf den chinesischen Rechtsstaat. Bald wird das dritte Parteiplenum stattfinden, es steht unter dem Motto »Rechtsstaatlichkeit«. Wir haben noch immer nichts von Miao gehört.

Am Montag, 13. Oktober, ist Xu wieder am Apparat. Er will plaudern. Diesmal bestehe ich darauf, nicht mehr Chinesisch zu sprechen. Begleitet werde ich von einem Presseattaché der Botschaft und einem Übersetzer. »Du solltest dir jetzt einen Anwalt nehmen«, sagt der Diplomat auf dem Weg. »Sollten die dich in Untersuchungshaft nehmen wollen, können wir nichts dagegen tun – außer protestieren.«

Im Verhörraum warten drei Männer, einer ist der Ermittler, der Miao verhört. Kurzhaarschnitt, breites fleischiges Gesicht, die Haut des Kettenrauchers. Rechts von ihm sitzt ein Mann in Nappalederjacke, der sich nicht vorstellt. Wir fragen, wer er sei. Er lächelt geheimnisvoll. »Ich bin überall. Ich kenne Sie alle. Man sieht mich auf vielen Fotos.« Er sagt wenig, doch er ist derjenige, der droht. Er muss der Ranghöchste sein. Keiner der Männer sagt, welcher Abteilung sie angehören. Als ich den Bulligen danach frage, lächelt er so geschmeichelt bescheiden, dass es nicht wahr sein kann: »Ich bin ein einfacher Polizist.«

Er fragt knapp und hart. Vor ihm liegen seitenweise Auszüge aus Miaos Wechat-Account, ein ganzer Stapel. Seine Fragen zielen in folgende Richtung: Miao war meine private Assistentin.

Ich bin mehr als Journalistin, ich verfolge eine ganz andere Agenda. Wir haben Regimekritiker getroffen. Separatisten. Ihnen Geld gegeben.

Ich merke, wie er die Schlinge um meinen Hals enger und enger zieht. Seine Fragen stützen sich auf Tatsachen. Ja, ich habe Regimekritiker getroffen. Ja, ich habe einer schwerkranken Bürgerrechtsanwältin, die von der Sicherheit rollstuhlreif geschlagen worden war, nach einem Interview umgerechnet 70 Euro für Medikamente gegeben. Doch war ich immer als Journalistin unterwegs, nicht, wie der Bullige insinuiert, als Spionin oder Agent Provocateur.

Ich habe viel darüber gelesen, jetzt erlebe ich es selbst: ihr Geschick, alles in ihrem Sinne zu drehen. Sie dürften genug Material haben. Seit vier Jahren hören sie mich ab, am Telefon und in der Wohnung, sie lesen meine E-Mails und kontrollieren, was ich in Sozialen Netzwerken poste. Wenn sie mein Haus durchsuchen, lassen sie mich das manchmal wissen. Die Visitenkartenbox, die auf meinem Bürotisch lag, steht dann etwa draußen auf dem Briefkasten. Die Tür, die abgesperrt war, ist offen. Anderen Korrespondenten geht es auch so.

Es ist eine hässliche Vorstellung, doch meist machte ich mir nicht allzu viele Gedanken darüber, wie hätte ich sonst hier leben können? Jetzt, wo ich weiß, dass sie nicht nur sammeln, sondern es auch verwenden, sieht alles anders aus. Ich denke an all die sensiblen Arbeitsinformationen aus Miaos Handy und ihrem Mail-Account. Jetzt hat sie die Staatssicherheit. Mir wird schlecht. Das Netz macht den Bürger für die chinesischen Behörden gläsern.

Ich frage, wie es Miao geht. Warum die Strafprozessvollzugsordnung ignoriert werde. »Mach dir keine Sorgen. Es geht ihr gut.« – »Das bezweifle ich.« – »Ihr Journalisten glaubt, Occupy Central sei der Grund. Doch es geht um mehr als das, es geht um die Sicherheit des Staates, die Integrität des Territoriums, daher greift die Strafprozessordnung nicht.« – »Man sagte mir, sie sei nur in eine Dorfschlägerei verwickelt gewesen.« – »Es geht um Unruhestiftung, und das betrifft Staatsinteressen.«

Der Bullige fragt immer hartnäckiger nach Miao. Ich bestehe auf einem Anwalt. Sie wollen jetzt, dass ich das zehnseitige chinesische Protokoll unterschreibe. Eine übersetzte Version liefern sie nicht, wir dürfen das Original auch nicht zum Übersetzen mitnehmen. Wir weigern uns. »Übersetzt es hier. Mündlich. Wir haben Zeit. Wir können über Nacht hierbleiben.« Eine Stunde lang streiten wir, am Ende lassen sie uns wütend gehen.

»Puh«, sagt der Übersetzer beim Rausgehen. »Die haben dir ja alles mit reingepackt. Separatismus, Widerstand, Hongkong. Sieht gar nicht gut für dich aus.« – »Ich will morgen ausreisen.« – »Hoffentlich kommst du morgen überhaupt raus«, sagt der mich begleitende Attaché. »Wir sollten dich zum Gate begleiten. Nicht dass die dich noch abfangen.«

In der Nacht packe ich wie wild zusammen. Notizbücher, Informationen, Briefe. Ich weiß, es wird eine Durchsuchungsorgie geben, wenn ich weg bin. Am nächsten Tag bringen mich zwei Mitarbeiter der Botschaft zum Gate, der chinesische Botschafter hat auf Nachfrage des deutschen versichert, mir werde nichts passieren. Am Flughafen ruft mich eine Kollegin an, sie sagt mir, dass im Hongkonger Sender Phoenix TV ein deutscher Journalist erwähnt wurde, der in Hongkong als Agent Provocateur unterwegs war (das Chinesische hat keine Weiblichkeitsform). Ich habe gerade aufgelegt, da erhalte ich eine SMS von Polizist Xu: »Wie ist deine Wechat-ID? Schick sie doch, damit wir auch in Zukunft noch lange in Kontakt bleiben können. Willkommen zurück in Peking.«

Lange hören wir nichts von Miao, trotz unzähliger Versuche des Anwalts. Bei seinen Nachfragen erfährt er, dass sie sich nicht mehr im Ersten Untersuchungsgefängnis befindet. Wir fürchten, sie ist in einem schwarzen Gefängnis gelandet. Diese illegalen Gefängnisse sind rechtsfreier Raum, dort können Sicherheitsleute tun, was sie wollen. Erst Tage später erfahren wir, dass sie ins Gefängnis von Tongzhou überstellt wurde, einem Vorort von Peking. Laut Gesetz dürfen Polizei und Wärter dort nicht schlagen, oft bedienen sie sich aber bestimmter Zellengenossen, die die anderen Häftlinge im Wissen oder Auftrag der Wärter malträtieren.

Am 10. Dezember darf der Anwalt Miao endlich sehen. Er gibt mir zu verstehen, dass wir nicht frei am Telefon sprechen könnten, teilt mir aber mit, dass Miao körperlich und seelisch leide. Ihr Geist sei stark, sagt er. Die Sicherheit wolle sie zwingen, eine Erklärung zu unterzeichnen, in der sie unsere Beziehung als beendet erklärt.

Sie hat es nicht getan.

Statt eines Nachworts

Seit ich China verlassen habe, warte ich täglich auf Nachricht von Zhang Miao. Ich hoffe sehr, dass sie bald freikommt. Derzeit befindet sich ihr Fall bei der Staatsanwaltschaft, die prüft, ob ein Gerichtsverfahren eingeleitet werden soll. Als dieses Buch gedruckt wurde, saß Miao noch immer im Untersuchungsgefängnis von Tongzhou.

Dieses Buch ist ihr gewidmet.

Unzählige Menschen haben ihre Unterstützung und Anteilnahme ausgedrückt.

Ihnen allen möchte ich von Herzen danken.

Dank

Ich danke meiner Familie und all den wunderbaren Menschen, die meine Zeit in China trotz allem so großartig gemacht haben. Stefanie Schweiger, Monika Höfler, Juang Jinjan und Kai Strittmatter sei für die Fotos gedankt, Julia Krusch für die Illustration, der Robert Bosch Stiftung dafür, dass sie dieses Projekt unterstützt, der ZEIT dafür, dass sie es ermöglicht hat.

Bildnachweis

S. 6 Julia Krusch

S. 9, 141, 187, 215, 239, 247, 277 Stefanie Schweiger Photography

S. 37 STR / AFP / Getty Images

S. 65 Juang Jinjan

S. 79 Kai Strittmatter

S. 99, 161 Monika Höfler

S. 127 Jianchuan Museumskomplex

S. 247 o. Angela Köckritz